U0509656

上海社会科学院文学研究所学术研究文丛

上海社科院城市文化创新研究院智库文丛

城市软实力研究系列

主编 徐锦江 执行主编 包亚明

公共文化

城市实践与文化服务

上海社会科学院文学研究所公共文化研究室 编

上海人民出版社 上海远东出版社

图书在版编目(CIP)数据

公共文化：城市实践与文化服务 / 徐锦江，包亚明，上海社会科学院文学研究所公共文化研究室主编. —上海：上海远东出版社，2021
(城市软实力研究系列)
ISBN 978-7-5476-1748-9

Ⅰ.①公… Ⅱ.①徐… ②包… ③上… Ⅲ.①城市管理—公共管理—文化工作—研究—中国 Ⅳ.①G124

中国版本图书馆 CIP 数据核字(2021)第 189857 号

责任编辑 程云琦 刘思敏
封面设计 徐羽情

上海社会科学院文学研究所学术研究文丛
上海社科院城市文化创新研究院智库文丛
城市软实力研究系列
主编 徐锦江 执行主编 包亚明

公共文化：城市实践与文化服务
上海社会科学院文学研究所公共文化研究室 编

出 版 上海遠東出版社
(201101 上海市闵行区号景路 159 弄 C 座)
发 行 上海人民出版社发行中心
印 刷 上海中华印刷有限公司
开 本 635×965 1/16
印 张 22.25
插 页 2
字 数 309,000
版 次 2021 年 10 月第 1 版
印 次 2021 年 10 月第 1 次印刷
ISBN 978-7-5476-1748-9/G·1118
定 价 89.00 元

上海社会科学院文学研究所学术研究文丛
上海社科院城市文化创新研究院智库文丛

致谢与编写说明

特别感谢本书各位作者在城市软实力研究方面贡献的卓识，特别感谢各位作者慷慨授权支持。

本书由郑崇选、冯佳负责编选、统筹、约稿，钱泽红、常方舟参与约稿及相关作者联系工作。

上海社会科学院文学研究所公共文化研究室

2021年10月

总序

《毛诗序》中最早出现“城市”二字：“文公徙居楚丘，始建城市而营宫室。得其时制，百姓说之，国家殷富焉。”《共产党宣言》说：“资产阶级使农村屈服于城市的统治。它创立了巨大的城市，使城市人口比农村人口大大增加起来，因而使很大一部分居民脱离了农村生活的愚昧状态。”城市社会学家亨利·列斐伏尔说：“离开了城市生活和城市社会的实现，人类社会的进步，将不可想象。”城市规划理论家刘易斯·芒福德说：“这城市，象征地看，就是整个世界。这个世界，从许多实际内容来看，已变为一座城市。”

今天，全世界已有超过一半人口生活在城市。在中国，城镇化率也已在 2020 年达到了 63.89%，尽管城市起源仍然众说纷纭，尽管中国一些原始城邑遗址仍被含混地称为“文化城”，但这并不妨碍我们进行深入的城市研究。作为解开这个世界和我们自身之谜的一个途径，为了让城市更美好，为了实现人的全面发展，城市文化研究已然成为拥有智慧的人类必须承担的使命。

创建于 1979 年的上海社会科学院文学研究所（以下简称“文学所”）一直以文学研究为己任，但随着社会发展和学科发展，以及所属的上海社会科学院在 2015 年成为首批国家高端智库试点单位，文化研究也逐渐成为文学所的重要科研方向,并形成了学者辈出的研究团队。而身处全球超大城市上海的区位优势,也自然而然地使城市文化研究成为历任文学所决策层的心之所属,成为文化研究的一个重要方向。2005年,文学所确认"城市文化研究"为重点学科,以此为基础,将城市文化理论研究、城市文化应用研究、文化产业研究、国际文化比较研究互相结合,互通有无,互相促进,使其既具有基础学科的厚实,又具有现实关怀的敏锐,学科建设得以较全面地发展。2006年,在上海社会科学院新一轮重点学科建设中,文学所的"城市文化研究"名列其中,并确立了城市文化理论研究、城市文化现实问题研究、城市文化史研究、城市文化国际比较研究四个研究方向。为了更好地整合研究力量,在文学所中国文学、科技人文、公共文化、城市文化、文化产业、国际文化交流和比较文学、民俗和非遗保护开发七个研究室科研成果的基础上,在国家对外文化交流研究基地、上海文化研究中心等派生机构的先导下,2020年文学所自主增设二级学科"城市文化"申报成功,2021年3月,经上海社会科学院党政联席会议批准,以文学所作为运行主体,正式成立了院属城市文化创新研究院,旨在将文学所多年来积累的包括城市文学、城市科技人文、城市公共文化、城市文化创意产业、国际城市文化交流、城市民俗等学科领域在内的研究力量进一步聚焦整合。用志不分,乃凝于神,持之以恒,期有所成。

城市文化研究在世界范围内的展开历史虽然不是很长,但在西方学界已具备了基本的学术规范和学科体系,并出现了格奥尔格·齐美尔、瓦尔特·本雅明、刘易斯·芒福德、亨利·列斐伏尔、曼纽尔·卡斯特尔、大卫·哈维、简·雅各布斯、莎伦·佐金等一批学界先驱。时至今日,随着中国城镇化和以超大城市为中心的都市圈的高歌猛进,丰富而生动的中国城市创新实践必然呼唤中国特色的城市文化理论。借2021年世界城市文化论坛举办之际推出的《海派文化新论》、"城市软实力研究系列”、“海外亚洲汉学中的上海文学研究系列”，以及“文学所青年学者研究丛书”，体现了近年来文学所和新成立的城市文化创新研究院在城市文化方面的初步研究成果，与历年出版的《上海文化发展蓝皮书》、《上海文化》（文化研究版）一起成为所院学术成果的展示平台。在此请益行家里手，并接受社会各界检验，恳请不吝指教，批评匡正。

衷心祈愿城市让生活更美好。

上海社会科学院文学研究所所长、研究员
上海社会科学院城市文化创新研究院院长
徐锦江

2021年8月1日于砥石斋

序言

文化为魂的城市软实力

城市软实力，是软实力概念在城市研究中的具体运用，是指区域文化、价值观念、制度机制、城市形象、市民素质等方面所具有的感召力、吸引力、凝聚力和影响力。城市软实力是建立在城市文化、城市环境、人口素质、社会和谐等非物质要素之上的一种合力，这一力量最终通过内部公众（市民）对城市的认可和城市对外部公众（其他地区居民）的吸引而产生作用。城市软实力为城市发展提供了“无形有质”的动力，对城市竞争力具有极为重要的协调、扩张和倍增效应。如果说城市的发展速度和规模是由城市的经济水平决定的，那么城市发展的高度和质量则是由城市软实力决定的。

迈克尔·波特(Michael E. Porter)在《国家竞争优势》一书中认为：初级生产要素主要包括自然资源、气候、地理位置、非技术人工及资金等，高级生产要素包括通讯、信息、交通等基础设施，以及受过高等教育的人力、科研机构等。迈克尔·波特认为初级生产要素可以继承或者从外部获得，而高级生产要素很难从外部获得，须通过投资创造而得。随着社会的发展与进步，对初级生产要素的需求逐渐降低，初级生产要素的重要性也因此减弱，而高级生产要素对于获得竞争优势的重要程度日渐彰显。延伸到城市竞争力领域，迈克尔·波特所说的初级生产要素和高级生产要素，分别对应城市竞争力中的硬实力和软实力。在城市竞争力形成和提升的前半程，硬实力的驱动是软实力无法替代的，但在城市竞争力基本成型，特别是向外辐射之时，城市软实力就开始明显发力了，而城市竞争力发展到更高阶段时，硬实力的功效反而较难发挥，城市软实力则能够显著促进城市竞争力的可持续发展。城市软实力服务于城市发展的两个目标：一是推动城市经济社会可持续发展，这就要求形成以创新及其服务、应用等为核心的软实力增长模式；二是助推城市全面融入全球城市网络，在全球竞争中走向繁荣。

英国文化协会在2013年的《影响力与吸引力：21世纪的文化和软实力竞赛》报告中明确了"软实力"与"文化"之间的关联，并涉及传播、教育、企业和政府组织。就城市发展而言，文化本身就是一种资本性的城市竞争力，与经济资源、关系网络一样，是决定一个城市创造力的各种潜力和可能性。文化是一座城市的灵魂和根基，城市文化影响着本地居民的精神面貌与价值取向，城市文化的影响力既有对外的辐射作用，也有向内的凝聚作用。文化既是城市的创造基因，也是城市可持续发展的重要指标和组成部分。英国国家品牌研究学者西蒙·安浩特(Simon Anholt)在其著作《竞争性身份认同：国家、城市与地区品牌创新管理》认为，一个国家、城市或地区形象的改变及品牌竞争力的提升，80%靠创新，15%靠协调一致，5%靠传播。尽管对于具体权重可能有争议，但这至少说明：创新是重中之重，而文化则是城市软实力中最能体现创造能力和创新特色的组成部分。文化堪称城市软实力当之无愧的灵魂。

本丛书是一套以文化为魂的城市软实力读本，是由上海社会科学院城市文化创新研究院和文学研究所共同策划，由文学研究所下属六个研究室通力合作完成的。本丛书共分为六个主题："创意城市：空间生产与城市活力”“全球城市：文化维度与国际经验”“文学城市：文化想象与本土实践”“城市民俗：时空转向与文化记忆”“公共文化：城市实践与文化服务”和“文化产业：创意经济与中国阐释”。本丛书的编选框架是：每个主题基本按照理论视野、城市实践、上海经验和全球前沿四个板块进行编选。本丛书确立这一编选思路，是希望从文化的视角审视城市软实力中的重要资源、潜能和活力，并通过理论阐释、城市实践、上海经验和全球前沿四个方面来讨论城市软实力，特别是城市文化软实力提升的重要路径和动力来源。上海实践的板块是对独具地方经验的城市软实力的考察，之所以列入这一相对特别的板块是基于如下的考量：上海作为移民城市，本身并没有现成的完整形态的文化传统，许多文化现象都是随着移民文化逐渐形成的，这在后发展国家的城市发展进程中颇具代表性。上海城市文化是在江南传统文化的基础上，融合开埠后源于欧美的近现代工业文明而逐步形成，这使得上海城市文化既有江南文化的古典与雅致，又有国际大都市的现代与时尚，明显区别于中国其他区域文化。开放性与创新性，既是上海城市文化与生俱来的鲜明特质，又是自成一体的独特品味与精神气质。上海城市文化的创造“力度”，正在缔造富有活力的城市生活和精彩纷呈的创意城市。

城市文化软实力是城市直面挑战、干预复杂社会结构、重新配置社会网络、创建可持续发展社区、推动社区参与、推广文化创意的内在驱动力。城市文化软实力为经济社会和文化创新发展注入了城市活力，不仅关系到城市空间的变迁、城市面貌的焕新和GDP发展水平及增速，也关系到对城市现代化程度的认同度和城市发展生命力的认同度，“生机”和“活力”已经成为全球新增长城市的共同特征。文化与创新合璧是城市未来发展的双引擎。独特的创新精神和强大的文化力量，代表着城市独特的软实力，将持续驱动城市未来的发展；文化特色的认知水平、文创类产品与服务的购买、世界文化遗产的认知水平、居民参与文化活动的程度等构成的文化实力,塑造了强大的城市软实力,彰显着城市最卓越和最充满魅力的一面。

上海社会科学院城市文化创新研究院执行院长

包亚明

目录

第三部分　上海经验

第四部分　全球视野

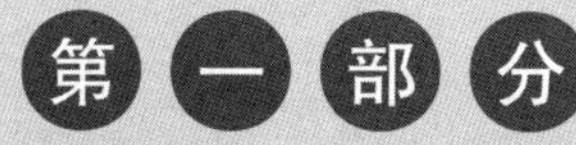

理论维度

现代公共文化服务体系的内涵与基本特征*

蒯大申**

现代公共文化服务体系是党的十八届三中全会提出的一个新概念。“现代”两字突出了公共文化服务体系建设的时代性、创新性和开放性要求。这是党中央对新时期公共文化服务体系建设提出的新任务。这一任务的提出，为我国公共文化服务体系建设指明了新的发展方向。

一、现代公共文化服务体系的内涵

现代公共文化服务是现代公共服务的重要组成部分。现代社会中的所谓公共服务，是指建立在一定社会共识基础上，由政府主导提供的保障全体公民生存和发展基本需求的各类服务，如基本公共教育、公共卫生、基本医疗服务、基本社会保障、劳动就业服务等。这些服务的水平应大体上与经济社会发展水平和发展阶段相适应。判断一种服务是否属于公共服务，关键在于其提供主体及其使用的公共权

---

* 本文原载于2014年2月24日《文汇报》。

** **作者简介**：蒯大申，国家公共文化服务体系建设专家委员会顾问、上海社会科学院研究员。

力和公共资源的性质。

保障公民基本文化权利，是构建现代公共文化服务体系的出发点和价值基础。公民基本文化权利包括参与文化生活的权利、享受文化发展成果的权利、开展文化活动及文化创造的权利，文化创造成果得到法律保障的权利。享有基本公共文化服务属于公民的基本权利，向公民和社会提供有效的基本公共文化服务是现代政府的职责和施政重要目标之一。

提供基本文化服务，满足人民基本文化需求，是现代公共文化服务体系建设的基本任务。所谓“基本文化服务”，首先不是满足公民所有的文化需求。在现阶段，国家界定的基本文化服务范围主要包括看电视、听广播、读书看报、进行公共文化鉴赏、参与公共文化活动等方面。公民多样化、多层次的文化需求则应主要由市场来满足。若是将应由市场来提供的服务变成由政府支付的公共服务，就是混淆了基本文化服务的性质。其次，“基本文化服务”满足的不是个别人或少数人的需求，而是社会的公共文化需求。正如修路、架桥是为社会提供公共物品一样，建公共阅报栏、公共图书馆、博物馆，满足的也是社会的公共文化需求，是让社会成员普遍受益的。再次，“基本文化服务”的服务内容、服务标准、覆盖面和优先事项安排是随着经济社会和文化发展水平的提高而动态发展的。

“现代公共文化服务体系”之“现代”，主要体现在以下三个层面：

在基本文化理念层面，应坚持以人民为中心的工作导向，坚持文化发展为了人民、文化发展依靠人民、文化发展成果由人民共享。尊重人民群众在文化建设中的主体地位，发挥人民群众在文化建设中的主体作用，引导群众在文化建设中自我表现、自我教育、自我服务。充分发挥公共文化服务体系在丰富人民群众精神文化生活、密切社会公共交往、促进社会共识、培养现代公民、培育核心价值方面的积极作用。构建现代公共文化服务体系，一方面是为了满足人民群众的休闲娱乐需要、获取信息的需要和学习科学文化知识的需要，另一方面更重要的是通过各类公共文化活动，形成公共文化空间和公共文化生活，促进对社会公共价值和核心价值的认同，提升全民族精神文化生活的质量。

在制度建设层面，一是建立法治框架，公共文化服务体系的各种制度与程序安排，需通过法律形式确定下来，确立有关各方共同遵守的规则与行为规范。对有关公共文化服务的各类公共组织机构、各类非营利社会组织以及市场组织，需予以不同的法律地位、法定权限与责任，在充分发挥其各自职能的同时给予必要的制约与限制。二是健全公共文化服务的社会参与机制，创造条件鼓励各类主体参与公共文化服务体系建设，建立政府和社会、市场之间的适度平衡和良性互动关系，推动公共文化服务社会化发展。公共文化服务的供给方式需从仅仅依靠政府提供的单一方式向多种方式转变，逐步实现由政府、企业、非营利组织和广大公民共同来提供，这也是现代公共文化服务与传统公共文化服务的不同之处。如果说，经济体制改革的核心是处理好政府与市场的关系，那么，文化体制改革的核心就是要处理好政府和各类文化主体的关系，其中就包括公共文化主体和文化市场主体。三是引入竞争机制，发挥市场机制的积极作用。公共文化服务领域也需实行竞争，但竞争的条件应该对各类服务主体都是公平公正的。

在现代技术运用层面，要充分利用现代数字网络技术，推进数字化公共文化服务网络建设，如数字公共文化服务平台、数字网络化文化信息管理系统、特色资源数据库等，以有效整合各类文化资源，提高公共文化服务的效能。

二、现代公共文化服务体系的基本特征

构建现代公共文化服务体系，是推进国家治理体系和治理能力现

代化的重要方面。从“管理”到“治理”,虽然只有一字之差,但蕴含着极为重大的变革意义。所谓治理,一是强调法治基础,二是强调政府职能转变,三是强调多元主体协同合作,特别是要确立社会作为公共事务治理主体的地位。按照现代治理理念,现代公共文化服务体系应具有如下基本特征。

(一)服务目标均等化

均等化是现代公共文化服务的基本要求。十八届三中全会《决定》要求,“促进基本公共文化服务标准化、均等化”。这是构建社会主义和谐社会、维护社会公平正义的迫切需要,也是全面建设服务型政府的内在要求,对于丰富人民精神文化生活,提高全民族科学文化素养,具有十分重要的意义。

基本公共文化服务均等化首先是一个相对概念。均等化的政策目标是要求逐步建立城乡一体化的基本公共文化服务体系,促进公共文化资源在城乡之间、区域之间均衡配置,缩小地区之间、城乡之间和社会群体之间基本公共文化服务水平的差距,确保所有社会成员都能够平等享有水平大致相当的基本公共文化服务的权利,特别是农村和老少边穷地区的基本公共文化服务水平应有明显提高。但是,均等化是相对均等而非绝对均等,这一目标并不意味着公共文化服务的简单平均化和无差异化。其次,均等化应该是在最基本公共文化服务意义上的均等化,具有“保基本”和“托底”的性质。我国还处于社会主义初级阶段,对任何倡导公共文化服务高端化、国际化的口号都需要谨慎。再次,均等化也是一个动态发展的概念,在不同阶段具有不同标准和内容。由于我国经济社会发展水平的不平衡和公共财政的有限性等因素,实现公共文化服务均等化是个长期的过程。在政府财力相对有限的情况下,实现公共服务均等化应分层次、分阶段进行,不同的阶段应该有不同的均等化标准和目标。目前首先应当着重满足的是现阶段国家规定的基本公共文化服务的均等化供给。

基本公共文化服务均等化的一个基本前提，是要有一个全国基本统一的服务标准体系。标准化是达成均等化目标的手段。基本公共服务标准，是指在一定时期内为实现既定目标而对基本公共文化服务所制定的，包括服务范围、服务项目、保障水平和服务质量的标准，以及技术和管理等相关规范。中国是一个大国，地域广阔，不同地区的经济发展水平、生活方式等差异较大，应当有国家标准和地方标准两个层面，有国家强制性标准和地方选择性标准两个内容。国家制定统一的基本公共文化服务标准，各地在实施国家统一基本标准的基础上，可结合实际情况制定本地区的基本服务标准。同时，建立健全基本服务标准的动态调整机制。

（二）供给主体多元化

公共文化产品和服务的生产与供给是现代公共文化服务体系最基本的制度安排，这种制度安排决定了现代公共文化服务的内容及整体运行模式。在传统体制中，政府是公共文化服务的唯一供给主体，在现代公共文化服务体系里，政府依然负有提供公共文化服务的首要责任，但政府主导并不等于政府包办，也并不意味着政府就是公共文化服务的唯一供给主体。比如在全国各地逐步兴起的政府购买公共文化服务模式中，政府就不是直接履行社会管理和服务职能，而是将可以社会化的一部分服务转为购买和监管，政府与社会组织之间形成了新的契约合作关系，从而提高了公共文化服务的供给效率。供给主体多元化的必要性在于，即使是公共文化产品的消费，也具有“选择性”的特点，政府也有可能提供公众不需要的公共产品而浪费公共资源，就像市场存在“失灵”现象一样，政府也有可能“失灵”。此外，政府受能力和预算制约，不可能包揽所有的公共文化服务。因此，必须创新公共文化服务的供给方式，实现公共文化服务提供主体和提供方式多元化，按照党的十八届三中全会《决定》所要求的："引入竞争机制，推动公共文化服务社会化发展。鼓励社会力量、社会资本参与公共文化服务体系建设，培育文化非营利组织。"这是满足人民群众日益增长的公共文化服务需求的必然要求，也是克服传统体制供给不足、水平不均、质量偏低、效率低下等弊端的必然要求。构建国家、市场、社会之间的良性互动机制，建立政府与各类文化非营利组织和市场组织之间的合作伙伴关系，这既是实现国家治理结构现代化的必由之路，也是构建现代公共文化服务体系的必由之路。

（三）运行机制民主化

运行机制民主化是现代公共文化服务体系体现公共性和提高服务绩效的必然要求。民主原则需贯穿从公民基本文化权利到国家保障公共文化服务提供的各个重要环节。从事公共服务供给的各类机构应贯彻开放透明的原则，强化社会公众对公共文化服务供给及运行的知情权、参与权和监督权，增加决策透明度。党的十八届三中全会《决定》指出，要"明确不同文化事业单位功能定位，建立法人治理结构""推动公共图书馆、博物馆、文化馆、科技馆等组建理事会，吸纳有关方面代表、专业人士、各界群众参与管理"。其核心思想就是要通过建立健全我国公共文化服务的民主管理体制，来确保公共文化服务单位不偏离自身的公益属性，进而不断提升公共文化服务的质量和绩效。通过建立和完善法人治理结构，明确公共文化服务单位各个利益相关者的权利、义务与责任，吸纳社会各界代表和群众广泛参与，来构建以公益目标为导向、内部激励机制完善、外部监管制度健全的治理结构和运行机制，实现决策、执行、监督三方的有效制衡，最终形成公共文化服务单位独立运作、自我发展、自我约束、自我管理的现代公共文化服务体系运行新机制。与此同时，逐步提高人民群众依法管理国家事务、经济社会文化事务、自身事务的能力。

（四）公共服务高效化

不断提高服务效能是现代公共文化服务体系的重要发展目标之一。首先，必须建立以需求为导向的公共文化服务提供机制，转变传统的自上而下的单一供给方式，建立健全自下而上的公共文化服务需求表达机制，根据群众实际需求提供公共文化服务。这就是党的十八届三中全会《决定》所要求的“建立群众评价和反馈机制，推动文化惠民项目与群众文化需求有效对接”。唯有如此，才有可能确保公共服务的有效性。其次要切实加强基层公共文化服务设施建设和服务能力建设，促进全社会公共文化资源共建共享，加强公共文化管理人员和服务人员的培训提高，全面提高基本公共文化服务的能力和水平。再次是创新基本公共文化服务供给模式，引入竞争机制，积极采取购买服务等方式，形成多元参与、公平竞争的格局，不断提高基本公共服务的质量和效率。最后是努力提高基本公共文化服务的信息化水平，积极构建数字化公共文化资源库和公共文化服务平台，加强公共文化信息系统建设，促进公共文化信息资源整合共享。积极利用现代信息技术提高公共文化服务机构的管理效率，创新服务模式，促进管理方法和服务技能的现代化。

（五）管理体系法治化

法治化是国家治理体系现代化的核心。传统管理体制以人治和行政化为主要特征，而现代治理以法治化和制度化为核心内容。公共文化服务体系要现代化，整个管理体系就必须法治化。因此，要完善公共文化服务相关法律法规体系，明确各级政府的公共文化服务责任和各类公共文化服务提供主体的权利、责任，制定相关工作规则、工作程序和行为规范，为公共文化服务体系建设提供法治保障。比如，推动公共文化服务社会化发展，需要建立健全各类文化社会组织的培育、支持、监管等机制；建立健全相关法律法规，鼓励各类文化社会组织、社会团体按照法律规范参与公共文化服务；明确社区公共文化服务自我管理的职能范围、管理规范程序、责任承担形式等机制。再比如，政府购买公共文化服务需要法律、监管体制等一系列的制度条件来保障，要完善政府购买公共文化服务相关法律，建立规范的采购程序和制度，确定违约责任的处理程序和办法，建立合同出现纠纷时的法律仲裁制度，建立政府采购的社会监督机制等，把政府采购公共文化服务的内容、项目、方式、途径用法律形式固定下来，使之纳入法治化、规范化、制度化轨道。

在现代公共文化服务体系上述五个基本特征中，均等化和高效化属于发展目标范畴，多元化和民主化属于体制机制范畴，法治化属于制度保障范畴。这些基本特征相互联系、相互作用，共同影响着整个现代公共文化服务体系的制度安排。目标已经明确，蓝图已经绘就，我国现代公共文化服务体系将惠及亿万人民。

公共文化服务体系的界定、一般模式及研究意义*

毛少莹

众所周知，文化(Culture)是一个十分常见但界定起来并不容易的概念，其内涵和外延可以随着语境的不同而有很大的差异。① 在本书中，考虑到研究的针对性，我们将“文化”界定为一个主要包括高雅艺术、大众娱乐(文化市场)、新闻出版、广播电影电视、文物博物等范围的所谓“中文化”或“小文化”概念，也即一般文化行政管理部门施政的范围。

“公共”(Public)一词说来似乎并不复杂，不过是“公有的、公用的、公众的、共同的”，但却颇有值得解释之处，因为传统意义上的“公”的概念和现代意义上的“公共”概念有很大区别。在中国传统中，“公”与“统治者”几乎等价，如“公田”指的是“收获物全部缴纳给统治者的土

---

* 本文是作者为《公共文化服务体系研究》一书所写的“引言”。该书为我国第一本关于公共文化服务体系研究的学术专著，出版于 2006 年 4 月(深圳报业集团出版社)。书中关于公共文化服务体系这一具有中国特色的新概念的界定、内涵分析以及相关问题研究框架的确立与展开，具有填补学术空白的意义。本书也为后来作者受文化部公共文化司委托，牵头写作我国第一本关于公共文化服务的教材：《公共文化服务概论》(北京师范大学出版社，2014 年版)打下了基础。因此，虽然本文写作年代久远，部分观点不够成熟，考虑其首创意义，仍将其提供给编者。本次选编进行了少部分的修改完善，基本保持了文章的历史原貌——作者注。

① 如美国学者克罗伯和克拉克洪在《文化，概念和定义的批判回顾》中列举了欧美对文化的一百六十多种定义。而中国传统文化界定的“文化”一词，所含“文治教化”之意也十分的宽泛。

地”。① 这种“公”以“君权神授”等理论为基础,将整个国家、包括所有老百姓都看作是最高统治者的私有财产,即所谓的“家天下”“普天之下莫非王土,率土之滨莫非王臣”。同样,西方文化传统中“公共”一词,虽然从词源学上看它强调个人能够超出自身的利益去理解并考虑他人的利益,所谓具备公共精神是一个人成熟并能够参与公共事务的标志。② 但“公共”也常被用来代表国家,是实现统治阶级私利的手段,是为维护其统治和利益服务的。随着时代的发展,一般意义上代表多数人的,或关系多数人利益的“公共”概念,大约迟至 17—18 世纪,在欧洲等国家才逐渐形成。根据哈贝马斯的分析,只有在清晰的产权制度下,有了受法律保护的“私”,才有真正的同样受法律保护的“公”。在确立“私人领域”后才能区分出“公共领域”,才出现公共事务和私人事务的分别,诞生了公共领域和真正意义上的“公共性”。③ 可见,现代意义上的“公共”(或曰“公共性”)概念,是指建立在公/私二元对立基础之上的独特概念,其基础是清晰的产权制度和市场经济体制。公共性涉及“公共需求”“公共领域”“公共精神”等诸多问题。公共部门(通常即政府,其所拥有的公共权力由个人的部分权力让渡而来)通过提供“公共服务”,满足或实现公共需求,并进而保证公民权利的实现。

所谓“公共服务”是公共部门与准公共部门为满足社会公共需求,④共同提供公共产品的服务行为的总称。它分为提供纯公共产品

---

① 《辞海》1999 年版。

② “public”一说是源于古希腊词汇(pubes or maturity),强调个人能够超出自身去考虑他人的利益。同时以为具备公共精神和仪式是一个人成熟并且可以参加公共事务的标志;另一说是源于古希腊词汇(Koinon),英语中“共同”(common)一词亦源于此,意为人与人之间工作、交往和相互照顾与关心的一种状态。转引自王乐夫、陈干全:《公共性:公共管理研究的基础与核心》,《社会科学》2003 年第 4 期。

③ [德]哈贝马斯著,曹卫东等译:《公共领域的结构转型》,学林出版社,1999 年版。

④ 现代社会通常可以区分为三大部门:即第一部门(公共部门)——政府,是照顾大众利益的公共治理部门;第二部门(非公共部门)——企业,是应用社会资源创造经济价值的部门;第三部门(准公共部门),即凡不属于政府、企业以外的团体组织,如事业单位、社会团体、公益机构、民间组织等非政府、非营利组织都可统称第三部门或准公共部门。

的公共服务和提供准公共产品的公共服务。① 公共文化服务即指：由公共部门或准公共部门共同生产或提供的，以满足社会成员的基本文化需要为目的，着眼于提高全体公众的文化素质和文化生活水平，既给公众提供基本的精神文化享受，也维持社会生存与发展所必需的文化环境与条件的公共产品的服务行为的总称。从公共管理学角度看，公共文化服务属于公共服务中的社会性公共服务。② 公共文化服务体系简单地讲就是为满足社会的公共文化需求，向公众提供公共文化产品的服务行为及其相关制度与系统的总称，它是公共服务体系的有机组成部分。

世界各国由于历史、国情和公共管理哲学的差异，形成了不同的公共服务模式。目前，公共服务模式大致可分为三种类型：一是以美国和德国为代表的自保公助模式，又称“最低保障与兼顾效率型”公共服务模式；二是以英国与北欧各国为代表的国家福利模式，又称“全面公平型”公共服务模式；三是以新加坡和智利为代表的自我积累模式，又称“效率主导型”公共服务模式。③ 就公共文化服务而言，各国也形成了不同的模式，从历史上看比较成熟的模式大致也可分为三种：一是以法国和日本等为代表的“中央集权”或“政府主导”模式，这种模式从中央到地方政府均设有文化行政部门，各级政府的文化行政部门为社会提供比较完善的公共文化服务，对文艺团体、非营利文化组织给予一定的资助；二是以美国、加拿大与瑞士等为代表的“市场分散”或“民间主导”模式，中央和各级政府并不设置专门的文化行政部门，政府主要是通过政策法规对各类文化团体、组织或机构进行管理，并给予税收优惠，以使其在市场中生存和发展，公共文化服务的提供主要

---

① 李军鹏：《公共管理学》，首都经济贸易大学出版社，2005 年 3 月，第 5 页。

② 公共服务一般可分为维护性公共服务、经济性公共服务和社会性公共服务三种。参见李军鹏：《公共服务型政府》，北京大学出版社，2004 年，第 5 页。

③ 李军鹏：《公共服务型政府》，第 170 页。

由大量的非政府组织(NGO)或非营利机构(NPO)即所谓的第三部门承担；[①]三是以英国、澳大利亚等为代表的政府与民间共建的“分权化”模式，政府以“一臂之距”(Arm’s Length Principle)原则，与民间“建立伙伴关系”进行文化资源的分配、文化事务的管理和文化服务的提供。[②]

不同公共文化服务模式的产生和形成，是不同的政治体制制约的结果。通常“中央集权”式的公共文化服务模式，主要出现在中央集权制的国家，而后两种模式，则主要出现在联邦制国家。[③] 不同的公共文化服务模式，表现为不同的文化行政管理方式，如“中央集权”模式通常是通过设立国家文化部或类似的中央文化行政主管部门[④]，建立中央领导地方的文化管理体系。在这种体系中，中央文化管理部门可以通过受其领导的地方文化行政组织，执行国家文化政策，分配国家文化财政资源、提供公共文化服务。典型的例子是法国，自1959年成立文化部后，法国一直实行“中央集权”式的公共文化服务模式。而后两种行政管理通常采用国家艺术理事会(或基金会)制，理事会(或基金会)作为中央“准行政机构”，进行文化资源的调配，通过对国家艺术基金的评估、审批和分配，达到文化管理、文化服务的目的。

进入20世纪后的20年，随着文化向政治、经济领域的快速“扩张”，随着国际文化交流和对外文化贸易活动规模的日益扩大，西方各

---

① 参见 P_{11}③，凡不属于政府、企业以外的团体组织，如社会团体、公益机构、民间组织等非政府、非营利组织都可统称第三部门。

② 所谓“一臂之距”，即中央政府部门在其所接受拨款的文化艺术团体和机构之间，设置了一级作为中介的非政府的公共机构，亦即所谓“官歌”，负责向政府提供政策咨询、负责文化拨款的具体分配、协助政府制定并具体实施政策等。

③ 西方发达国家虽然普遍采用立法、行政和司法三权分离的政治体制、但具体看，其国家政治结构形式又可以分为“中央集权制”(单一制)和“联邦制”。参见周民峰主编：《西方国家政治制度比较》，华东理工大学出版社，2001年版。

④ 各国中央文化部门的名称或不同，但职能大致相同。如挪威、新西兰称文化事务部，英国先称国家遗产部，后改为文化新闻体育部(管辖范围有扩大)，荷兰是教育文化科学部……

国政府与时俱进，调整国家文化政策；与此同时，改革国家公共管理体制，推行“政府再造”运动等，当代西方公共文化服务模式呈现出明显的整合趋势，即无论是中央集权制还是联邦制的国家，都开始根据实际情况，灵活地采用上述不同的国家文化管理与服务模式，多种管理与服务模式并存或整合的情况越来越多。如英国1946年即创立“大不列颠艺术理事会”，开创了西方国家艺术理事会的模式，为国家文化基金的使用建立了一种独立于政府系统之外的专门机构与通道。但是，1992年，梅杰政府成立了国家遗产部，将原来分散于艺术和图书馆部、环境部、贸工部、就业部、内政部和科教部的文化行政职能集中起来，初步建立了中央政府的文化行政主管机构(1997年更名为“文化新闻体育部”Department of Culture Media and Sport)，这样，英国事实上实行的是国家艺术理事会分配文化资源、中央文化部门适度“集权”、政府与民间“分权”共建的综合型公共文化服务模式。

公共文化服务体系作为一个崭新的课题，其理论背景可追溯至20世纪80年代兴起的“新公共管理”或“政府再造”，以及后来由反思“新公共管理”之不足而兴起的“新公共服务”运动。① 尽管不同的公共文化服务模式，会相应地体现出不同的特点，但可以肯定的是，建立完善公共文化服务体系的根本目的，即实现与满足公民享受文化成果、参与文化活动、从事文化创造等多层次、多样化的文化权利；建立完善公共文化服务的核心在于“公共性”。“公共性”是一个有着丰富内涵的概念，“公共性”的生成，有赖于自主性、公共空间、公共权利，有着基本的制度前提和重要的社会基础，即民主法治与公民社会的形成。② 正

---

① 见[美]珍尼特·V·登哈特　罗伯特·B·登哈特:《新公共服务，服务而不是掌舵》，中国人民大学出版社，2004。

② 关于公民社会，各国学者提出了许多不同的定义，它们大体上可以分为两类，一类是政治学意义上的，一类是社会学意义上的。两者都把公民社会界定为民间组织，但强调的重点不同。政治学意义上的公民社会概念强调“公民性”，即公民社会主要由那些保护公民权利和公民政治参与的民间组织构成。社会学意义上的公民社会概念强调“中间性”，即公民社会是介于国家和企业之间的中间领域。

因为如此，虽然公共文化服务的模式各有不同，可分可合（事实上，整合已成为世界性的潮流），但发达国家采用的公共文化服务模式，都可归结为现代公共管理学意义上的“共同治理（Governance）模式”（或称：多边治理模式）①，除了政府部门，还有大量的民间非营利组织参与公共文化服务的提供，形成了政府与社会共同提供公共文化服务、共同管理公共文化事务的格局。因此，公共文化服务体系主要包括以下几个方面：

（1）种类齐全、服务质量稳定、能满足不同社会群体基本文化需求的公共文化产品和服务。如图书馆、文化馆、博物馆等服务。（2）健全的文化政策法规及体制机制。健全的政策法规是供文化服务体系的重要组成。科学的公共文化服务管制体系，包括公共政策决策机构及机制。发达国家往往通过建立各类文化咨询委员会、召开文化政策听证会、公布咨询文件等方式，吸纳专家及公众参与公共文化服务的决策和文化产品、服务的提供。（3）高效的公共文化服务提供主体。包括政府文化行政部门和主要由公共财政提供经费的公益性文化服务机构，如图书馆、文化馆、博物馆等，也包括大量的非政府组织。发达国家往往通过鼓励各种文化协会等非营利组织、非政府部门发展，促进公共文化服务的市场化和社会化，以形成政府与社会共同提供、管理公共文化、提供公共服务的社会服务结构。（4）合理的公共资源配置。公共资源包括公共财政、土地、城市空间、人力资源等诸多方面。合理配置公共资源，妥善使用文化资源是建设和完善公共文化服务体系的重要前提。一些发达国家和地区的经验表明，公共文化服务水平的维持和提高，需要公共财政拿出相当于其总支出1%左右比例的经费用于文化投入。在特别重视文化发展或文化基础薄弱的地区，

① 根据全球治理委员会的界定，所谓“治理”即是各种公共的或私人的机构管理其共同事务的诸多方式的总和，它是使相互冲突的或不同的利益得以调和并且采取联合行动的持续的过程。

这一投入比例可能还要更大。① 当然，对非营利组织实施减免税收等优惠政策，鼓励社会捐赠以提高公共文化服务的总体投入，也构成公共投入的必要补充。而发达国家也往往在城市规划、土地使用、人才引进等多方面，对公共文化需求给予倾斜性优惠政策。(5)科学的绩效考核制度。发达国家往往通过收支分离、年报、财务审计、综合绩效审计等方式，科学考评公共文化服务机构的绩效，并通过行政、经济、法律等手段，对其进行调控。

一般来看，公共文化服务体系应有五个基本特征：一是公共文化服务的公平性。也称均衡性，指公共文化服务和资源的公平分配问题。如要对公共文化设施和活动进行均衡布局、同步开展，使得所有人都能公平地享受到政府提供的同等程度的公共文化服务。二是公共文化服务的便利性。政府提供的公共文化服务应是近距离的、经常性的服务，随时随地都能很方便地获得，因而应具有便利性。三是公共文化服务的多样性。这包括两个方面含义，首先是公共文化服务和产品的品种、层次、特色的多样化；其次是服务对象的多样性，即服务要考虑惠及不同群体，对社区居民、白领、外来务工者、未成年人、老年人、残障人等，提供不同的多样化的文化服务。四是公共文化服务的公益性。政府提供的公共文化服务主要应着眼于公共需求的公益服务，应是免费的。当然也不排除一些活动收取一定的费用，但可以透过政府补贴，体现其公益性质，实现对人的精神生活的普遍关怀，促进人的素质的提高和全面发展。五是公共文化服务的基本性。政府提

① 根据关于各国和地区文化支出占公共开支的统计，由于统计口径不一和数字不全，没有专项调查和研究，这里无法全面展开。但是，根据我们看到的资料，法国文化预算占国家财政预算的比例，1995—1999 年，一直占 0.95%—1%(苏旭《法国文化》，文化艺术出版社，2001)，芬兰、澳大利亚、加拿大、德国、荷兰、瑞典等国也在 1%左右甚至更高，韩国、我国的台湾地区也于 1999 和 2000 年立法规定文化开支不得少于公共开支的 1%。这里所说的文化预算，一般不包括文化基础设施场馆等的建设和维修成本。(参见《香港人均艺术经费的国际比较》，香港艺术发展局，2000。)

供的公共文化服务属于满足人民群众基本文化生活需求的服务。超出基本公共文化服务范围的需求,可以通过文化市场获得。

公共文化服务属于政府公共服务的重要组成部分,其责任主体是政府,所以政府必须承担构建公共文化服务体系、促进公民文化权利的职责,调动资源,深化改革,增强活力,提供高效优质的公共文化服务。如前所述,在我国,随着政府由传统管制型向现代公共服务型的转变,公共服务被确定为政府最基本的职能之一,因此构建公共文化服务体系也成为公共服务型政府建设的重要内容。但是,作为发展中国家,我国的社会主义民主法治建设还有相当艰难的路程,就我国国情来看,公共文化服务体系建设存在很多困难,也必然有其独特的途径和模式。在目前的国情条件下,中国提出公共文化服务体系建设的理论依据到底是什么?公共文化服务体系建设究竟包括哪些内容?存在什么问题?其突破口何在?保障体系是什么?一系列的问题,摆在理论工作者、政府官员、文化事业从业人员的面前。

深圳是我国改革开放的试验场、排头兵。作为深圳的理论工作者,我们希望能够立足深圳、放眼全国、面向世界,以应用性研究,让理论与实践互动,努力为我国公共文化服务理论的深入研究提供现实的基础,也为复杂现实语境中的艰难实践提供理论的总结与指导。当然,限于水平和其他种种因素,这种努力还是初步的,粗浅的,存在许多不足之处,如对我国公共文化服务发展的历史回顾与总结,对目前发展现状分析与评估,对国外经验的介绍和借鉴等,都没能充分地展开。

构建公共文化服务体系,是全面贯彻党的十六大和十六届三中、四中和五中全会精神,加快全面推进小康社会建设的迫切要求;是全面落实科学发展观、建设和谐社会的基本内容;是检验政府执政为民的绩效和衡量人民群众实现文化权利的重要标尺,是推进我国民主法治建设的重要突破口。我们期望这些初步的研究成果可以抛砖引玉，让更多的有识之士投入到公共文化服务体系这项刚刚开始的有意义的研究工作中来。

文化治理的四张面孔[*]

吴理财[**]

文化治理日益成为现代治理的一部分。英国文化研究学者本尼特(Tonney Bennett)认为,"如果把文化看作一系列历史特定制度形成的治理关系,目标是通过审美智性文化的形式、技术和规则的社会体系实现广大人口思想行为的转变,文化就会更加让人信服地构想"①。

然而,至今人们对于"文化治理"的"构想"却是五花八门的,没有形成一致性的看法。即便是较早将治理引入文化研究的英国伯明翰学派,对于文化治理的理解其实也是大异其趣的,早期的伯明翰学派主要受到马克思主义和葛兰西(Antonio Gramsci)"文化霸权"思想的影响,较为明显地体现在威廉斯(Raymond Williams)、霍尔(Stuart Hall)等人的学术研究之中;发展到后期它更主要地受到福柯(Michel Foucault)的治理术(governmentality)思想的影响,显著地表现在本尼特(Tony Bennett)的文化政策研究上。后者批评前者的"文化政

---

* 本文曾以《文化治理的三张面孔》为题发表于《华中师范大学学报(人文社会科学版)》2014年第1期。

** **作者简介**:吴理财,男,安徽省潜山市人。安徽大学社会与政治学院教授、博士生导师。主要从事文化治理研究。

① [英]托尼·本尼特:《本尼特:文化与社会》,王杰、强东红等译,广西师范大学出版社,2007年12月第1版,第163页。

治”研究，只是把文化简化为一种符号的表意实践，可以加以挪用来建构认同或反抗，但却忽略了许多现代的文化政治都是文化治理的副产品，并非自发地孕育而生。对于他而言，18 至 19 世纪之间，文化的定义在英语世界中有了变动，随着政治经济学与社会科学的诞生，在社会管理的脉络中，文化开始被视为治理的对象和治理的工具，对象指的就是下层社会阶层的道德、举止与生活方式，而工具便在于作为一种意义上更为严谨的文化—艺术与智识活动，而这也正好提供了治理干预与文化管制的手段①。

王志弘等台湾学者较早将文化治理概念引进到中文世界，并把它作为一个分析架构对台北等都市文化治理进行了实证研究②。在《文化如何治理？一个分析架构的概念性探讨》一文中，王志弘分别从福柯“治理术”（也翻译为“治理性”“统理性”等），以及新的政治组织和沟通网络、政权理论和反身性自我驾驭等治理概念说明文化治理的内涵；同时，结合文化领导权（或译为“文化霸权”）和调节学派（regulation school）等观点，将文化治理的结构性作用标定于政治和经济之调节与争议，并连结于多元文化主义和反身自控式主体化等操作机制。从而将文化治理界定为：“藉由文化以遂行政治与经济（及各种社会生活面向）之调节与争议，透过各种程序、技术、组织、知识、论述和行动等为操作机制而构成的场域。”③很显然，王志弘关于文化治理的理论建构，既吸收了葛兰西的文化霸权思想，又引入了福柯的“治理术”以及本尼特的文化治理论述，还试图将调节学派等观点包含进来。他因此招致吴彦明的批评，认为“在希望鱼与熊掌皆得的企图心下，王志弘对于文化与治理性之间的理论化关系是过于繁杂与企图兼

① 吴彦明：《治理“文化治理”》，《台湾社会研究》第 82 期（2011 年 6 月）。

② 参阅王志弘主编：《文化治理与空间政治》，（台北）群学出版有限公司，2011 年 12 月第 1 版。

③ 王志弘：《文化如何治理？一个分析架构的概念性探讨》，《世新人文社会学报》第 11 期（2010 年 7 月）。

容并蓄,以至于在这样如万花筒般的架构下,不仅治理的理论角色被稀释掉了,文化也被限缩成一种'以不在场的方式出现'的概念,它变成一个派生、临时角色式的概念,它可以是建筑物、博物馆、节庆、城市书写、社会运动、都市或国族认同等等,它轻易地变成一个可被操弄或可治理的对象"①。王志弘承认,文化治理概念还在发展之中,对吴彦明的批评作了回应,并强调他更加注重文化治理作为分析架构的工具性作用:"文化治理能否成为理解台湾社会,乃至有广泛适用性的关键词,取决于它在描述现象上的用处,优先于它是否遵从特定分析观点,犹如我们用资本主义这个概念来描述某种复杂的社会状况,但有很多不同观点来分析资本主义。"②由此可见,王志弘更加注重他所界定的文化治理概念对现实理解的适用性,而不是这个概念本身的自洽性。如果这一概念能够更加适合描述台湾社会的文化实践,我们又何必如此对它计较呢? 因为所有的概念都是为了描述、理解现实世界而人为建构的。

相对于台湾学者,大陆学者对于文化治理概念的运用似乎简洁、随意得多。从既有的文献来看,何满子早在1994年就撰文论及"文化治理",他所谓的文化治理是指"矫正社会文化趣味,提高文明水平",对"大众文化中庸俗趣味所滋蔓的社会低劣情趣"进行"治理"③。此处的"文化治理",明显不是学术意义上的论述。这种等同于"治理(或整治)文化"的类似表述,也见之于其他的文献之中。严格地从学术意义上论述文化治理的可谓屈指可数。譬如,郭灵凤《欧盟文化政策与文化治理》一文借用ERICarts的表述:"'文化治理'指的是为文化发展确定方向的公共部门、私营机构和自愿/非赢利团体组成的复杂网络。其中包括来自公共部门、私营企业、非赢利团体等各种性质的机

① 吴彦明:《治理"文化治理"》,《台湾社会研究》第82期(2011年6月)。

② 王志弘:《文化治理是不是关键词?》,《台湾社会研究》第82期(2011年6月)。

③ 何满子:《文化治理》,《瞭望新闻周刊》1994年第9期。

构和个人,涵盖文化、经济、社会等各个政策领域,涉及跨国、民族国家、地区、地方等不同地理和行政运作层面。治理也指公民不仅作为投票者和利益集团的成员,而且作为消费者、专业工作者、文化工人、企业家、志愿者以及非赢利组织的成员,拥有了更为多样化的渠道影响文化的发展。"①这一定义强调了文化作为公共事务进行管理时政府(公共部门)与非政府组织(私营机构)之间开展合作的必要性。此外,胡惠林认为:"文化治理是国家通过采取一系列政策措施和制度安排,利用和借助文化的功能用以克服与解决国家发展中问题的工具化,对象是政治、经济、社会和文化,主体是政府和社会,政府发挥主导作用,社会参与共治……文化治理的特征是通过主动寻求一种创造性文化增生的范式实现文化的包容性发展。"②如果说郭灵凤对文化治理的理解偏重于国家与公民社会之间的合作,那么胡惠林对文化治理的解释侧重于文化(产业)的(包容性)发展功能。

人们之所以对文化治理有纷纭复杂的理解,一方面是由于对文化、治理以及文化与治理关系的不同诠释,另一方面是由于文化治理本身具有诸多不同的"面孔",在具体的文化治理实践中,这些不同的面孔又以各种形式交汇在一起。对于前者的讨论或争议较多,对于后者似乎鲜有论述。本文尝试对文化治理的不同面孔作初步图绘。如果说王志弘等学者试图借鉴诸多理论资源来界定文化治理概念以描绘、分析现实的话,那么笔者更像是从文化治理的各种实践形态来反观文化治理概念,并尝试解读它、理解它。

---

① "Creative Europe: On Governance and Management of Artistic Creativity in Europe", an ERICarts Report to the NEF, 2002, pp.21.转引自郭灵凤:《欧盟文化政策与文化治理》,《欧洲研究》2007 年第 2 期。

② 胡惠林:《国家文化治理:发展文化产业的新维度》,《学术月刊》2012 年第 5 期。

一、政治面孔

“政治的视角乃是一切阅读和解释行为的地平线”①,阅读和解释文化治理也不可避免地从政治的视角出发。文化治理的政治面孔,相对而言是人们较为熟悉的。

在马克思主义经典作家看来,文化和文化治理往往具备政治的面孔。一定时期的文化观念总是服务于统治阶级的利益,并为阶级统治提供合法的意识形态支持。因为:

> 统治阶级的思想在每一时代都是占统治地位的思想。这就是说,一个阶级是社会上占统治地位的物质力量,同时也是社会上占统治地位的精神力量。支配着物质生产资料的阶级,同时也支配着精神生产资料,因此,那些没有精神生产资料的人的思想,一般地是隶属于这个阶级的……既然他们作为一个阶级进行统治,并且决定着某一历史时代的整个面貌……他们在这个历史时代的一切领域中也会这样做,就是说,他们还作为思维着的人,作为思想的生产者进行统治,他们调节着自己时代的思想的生产和分配:而这意味着他们的思想是一个时代的占统治地位的思想。②

在马克思主义者看来,文化作为意识形态,作为资产阶级片面、褊狭的支撑物,是资产阶级为了它的自身利益而设计的。而且他们还认为,文化作为意识形态还钝化了无产阶级的理解:这是一个欺骗的工具,掩盖了资产阶级的真正利益。对于马克思而言,文化的信仰和实

① Fredric Jameson (1981), The Political Unconscious, London: Methuen, pp.17.

② 《马克思恩格斯选集》第1卷,人民出版社,1995年版,第98—99页。

践是权力关系的一种文化符码①。马克思意欲表明，文化是偏袒的，经常宣扬关于世界的“虚假意识”，从而作为一种统治阶级压迫工具而起作用。例如，资本主义社会个人主义价值观、利润、竞争和市场等主导文化观念，明确表明了正在巩固其阶级力量的新兴资产阶级意识形态。在竞争激烈和个人主义泛滥的资本主义社会中，它使人们坚信人在本质上是自私自利而相互竞争的，就像在共产主义社会里，人们坚信人类本质上是相互合作的一样，文化观念使人们认为意识形态所宣扬的是自然而然的事情。然而，事实上人类和社会的关系极其复杂、充满着矛盾，但意识形态却抹平了这些矛盾、冲突和负面特性，将人类或社会一些特性理想化为个体性和竞争性，并将其提升为统治观念和主导性价值观。马克思和恩格斯批判意识形态，试图揭示统治观念重塑占统治地位社会阶层利益的机制，这些利益符合现行社会及其体制，也是社会价值观念的自然化、理想化和合法化表现②。

葛兰西认为，意识形态是一种统治性观念，它起着一种“社会粘合剂”的作用，能统一和巩固已有的社会秩序。他在《文化主题：意识形态的材料》(Culture theme: Ideological Material)一文中写道，在日常生活中，新闻传媒成为构筑现有制度和社会秩序之意识形态合法性的统治工具，而教会、学派和社会团体等各种社会建制也发挥了一定作用③。在马克思的思想基础上，葛兰西发展出一套文化霸权理论。葛兰西认为，“一个社会集团的至尊地位以两种方式展现自身，其一是‘支配’，其二是‘知识和道德领导权’”④。而知识和道德“领导权的作

---

① [英]阿雷恩·鲍尔德温、布莱恩·朗赫斯特，等：《文化研究导论》(修订版)，陶东风等译，高等教育出版社，2004 年 7 月第 1 版，第 102 页。

② [美]道格拉斯·凯尔纳(Douglas Kellner)：《文化马克思主义和现代文化研究》，《上海行政学院学报》2006 年第 5 期。

③ 引自[美]道格拉斯·凯尔纳(Douglas Kellner)：《文化马克思主义和现代文化研究》，《上海行政学院学报》2006 年第 5 期。

④ Antonio Gramsci (1971), Selections from the Prison Notebooks. London: Lawrence and Wishart, pp.57.

用是在不同阶级之间的社会关系中，去保证每一个阶级在现存的统治—从属的形式中被持续地再生产”①。

或许是在这个意义上，王志弘认为，文化治理“在政治层面上，便可以更精简地界定其性质或目标为：文化领导权的塑造过程和机制”②。所谓“霸权”（hegemony）指的是统治阶级（连同其他相关阶级或阶级成分）通过操纵“精神及道德领导权”的方式对社会加以引导而非统治的过程。在霸权之中包含了一种特殊的共识，即某个社会群体想方设法将自己的特定利益展示为整个社会的整体利益；被统治阶级因此服膺于所谓的“共同”价值、观念、目标，以及文化和政治内涵，从而被既有的权力结构所“收编”（incorporate）③。

也许某些人“在客观上”遭到了压迫，但除非这些人将自己的被统治地位认识为压迫，否则这种关系永远不会变成实际的抵抗，因此也就不可能激发社会变革。文化霸权之所以可能并产生效力，除了统治阶级把它自己的特别利益呈现为社会全体的普遍利益，还常常通过把潜在的“敌对”弱化成简单的“差异”。恰如拉克劳（Ernesto Laclau）所言，“处于霸权地位的阶级并不一定能够将一套整齐划一的世界观强加给整个社会，却往往可以用各种不同的方式来描述世界，进而将潜在的敌对力量消弭掉”④。在霸权过程之中，“文化并不像看起来的那样描述现实，它还构造现实”⑤，发挥着政治治理的功能。

---

① Stuart Hall & Tony Jefferson（eds）（1976），Resistance through Rituals：Youth Subcultures in Post-war Britain，London：Hutchinson，pp.41.

② 王志弘：《文化如何治理？一个分析架构的概念性探讨》，《世新人文社会学报》第11期（2010年7月）。

③ ［英］约翰·斯道雷（John Storey）：《文化理论与大众文化导论》，北京大学出版社，2010年7月第1版，第98页。

④ Ernesto Laclau（1993），“Discourse”，in A Companion to Contemporary Political Philosophy，edited by R. E. Goodin & P. Pettit，London：Blackwell. pp.161—162. 转引自［英］约翰·斯道雷（John Storey）：《文化理论与大众文化导论》，北京大学出版社，2010年7月第1版，第103页。

⑤ ［英］约翰·斯道雷：《文化研究中的文化与权力》，《学术月刊》2005年第9期。

也就是说，有效的文化霸权不是简单的自上而下实施的强制或控制，往往是统治阶级和被统治阶级相互“协商”的结果，是一个同时包含着“抵抗”和“收编”的过程。许多我们认为以社会公益之名而获得的权益（工会、大众教育、民主），其实都可以被更好地理解为是为了维持霸权而作出的让步。

> 但是，毫无疑问这些让步妥协不能触及本质的东西。霸权虽然是伦理的、政治的，它必然同样也是经济的，它的基础必然是领导集团在经济活动的关键内核中所发挥的、举足轻重的功能。①

也就是说，这种协商和让步却是有限度的，葛兰西明确指出，霸权的争夺绝不可能对权力的经济基础构成威胁，一旦危及统治阶级的根本利益，强权立即露出狰狞的面目，军队、警察和监狱系统等“压迫性的国家机器”不得不发挥其专制统治的功能。

随着现代国家治理的日益精致化，文化霸权的技艺也在不断发展，它逐渐深入到人们的需求和内心欲望等隐秘世界之中操控社会大众。恰如布迪厄（Pierre Bourdieu）所指出的那样，“‘利用需求而不是反复灌输规范’的方式进行统治，是一个划时代的标志。通过劝说和诱惑，由消费手段来创造身份认同的幻觉（或误认），由此来消除旧有的被支配（劳动）阶级的集体性和团结性”②。“因此要成功的统治”，伊格尔顿（Terry Eagleton）说，“权力必须理解男人与女人隐秘的欲望和他们所厌恶的事情，而不是他们的投票习惯或社会抱负。如果权力要从内部规范他们，还必须能够从外部想象他们”。尽管如此，他又指

① Antonio Gramsci (1971), Selections from the Prison Notebooks. London: Lawrence and Wishart, pp.161.

② Pierre Bourdieu (1984), Distinction: A Social Critique of the Judgement of Taste. London: Routledge, pp.154.

出:“由于世界上贫富之间的差距不断增大,即将到来的2000年所面临的前景将是在艰难中前进,独裁的资本主义在衰败的社会风景中,受到来自内部与外部的日益绝望的敌人的进攻,最终抛弃了一致同意的政府的所有伪装,转而残酷而直接地保护它们的特权。”①

但是,无论文化霸权如何发展,在本质上它都包含着主导与从属的关系,“这些关系在形式上体现为实践意识,它们实际上渗透于当下生活的整体过程——不仅渗透在政治活动和经济活动中,也不仅渗透在明显的社会活动中,而且还渗透在由业已存在的种种身份和关系所构成的整体之中,一直渗透到那些压力和限制的最深处——这些压力和限制来自那些最终被视为某种特定的经济体系、政治体系和文化体系的事物”②。威廉斯指出,“并非只有进行教育或施加外部压力才是真正的霸权过程,真正的霸权状态是霸权形式再加上有效的自我确认——这是一种具体而又主观内化了的‘社会化’过程,它被期待成是确实可信的”③。这样一来,基于霸权的文化治理愈来愈呈现为一幅社会面孔。

二、社会面孔

进入现代(特别是晚期现代性社会)以后,文化治理的社会面向越来越重要,并日渐渗透于社会的每一角落。

这一过程,本尼特将它称为“社会生活的治理化”(governmental-

---

① [英]特瑞·伊格尔顿:《文化的观念》,方杰译,南京大学出版社,2003年10月第1版,第57—58页。

② [英]雷德蒙·威廉斯:《马克思主义与文学》,王尔勃、周莉译,河南大学出版社,2008年9月第1版,第118页。

③ [英]雷德蒙·威廉斯:《马克思主义与文学》,王尔勃、周莉译,河南大学出版社,2008年9月第1版,第127—128页。

ization of social life)①。他透过博物馆这个看似中性的文化场所的观察与分析发现,它也不可避免地布满着国家规训斧凿斑斑的痕迹,艺术或文化的科层化其实是为了促使工人阶级与移民者学习自我管理并促进整体国民的文明化②。

本尼特关于文化治理的社会面向研究,深受福柯的"治理术"思想的影响。"治理术"是福柯创造的词汇,它涉及在现代社会中各种不同的权威用来管理民众或人口的方式,涉及个人用来塑造他们自我的方式,也涉及二者结合起来的方式。

> "治理术"(gouvernementalité)一词有三个意思:(1)由制度、程序、分析、反思以及使得这种特殊然而复杂的权力形式得以实施的计算和策略所构成的总体,这种权力形式的目标是人口,其主要知识形式是政治经济学,其根本的技术工具是安全配置。(2)在很长一段时期,整个西方存在一种趋势,比起所有其他权力形式(主权、纪律等),这种称为"治理"的权力形式日益占据了突出地位。这种趋势,一方面形成了一系列特有的治理装置(appareils),另一方面则导致了一整套知识(savoirs)的发展。(3)通过这一过程,中世纪的司法国家在十五六世纪转变为行政国家,而现在国家逐渐"治理化"。③

对于福柯而言,"治理"的对象不是领土,而是人(口)。他认为,"对人的治理,首先应当考虑的不再是人的恶习,而是人的自由,考虑

---

① Tony Bennett (1992), "Putting policy into cultural studies", in L. Grossberg., C. Nelson & P. Treichler (Eds.), Cultural Studies. N.Y.: Routledge, pp.26—27.

② Tony Bennett (1995), The Birth of the Museum: History, Theory, Politics. London and New York: Routledge.

③ [法]米歇尔·福柯:《安全、领土与人口》,钱翰、陈晓径译,上海人民出版社,2010年9月第1版,第91页。

他们想做什么，考虑他们的利益是什么，考虑他们之所想，所有这些都是相互关联的”①。所谓的“治理术”，用一句话来说，就是使人误认为“治理”“被认为是维护他们的自由”“通过自由来显示治理”。或者更简洁地说，通过自由进行治理②。

本尼特将福柯的“治理术”或“治理”引入他的文化研究之中，从而“将文化视为一组独特知识、专门知识、技术与机制——透过符号系统的技艺（technologies of sign system）与权力技艺（technologies of power）建立关系，以及透过自我技艺（technologies of the self）的机制——并作用在社会之上，或与之建立关系”③。因此，文化被他解读为“一系列历史建构的实体……相比于经济与社会性的生产，文化是被生产出如同一个自主的领域，并且被建构为区隔于社会并回过头以一种道德化与进步化的力量作用于社会之上”④。

本尼特对于文化的社会治理功能的看法，影响了他和跟随他的文化研究者对于文化政策的研究。

例如，麦圭根(Jim McGuigan)就注意到：无论是社会主义的还是资本主义的，几乎所有的现代国家都越来越自觉地介入文化的建设和发展。“而且，文化政策有重塑灵魂的作用——这一理念既成为集权主义的普遍假设，也在一定程度上成为自由主义和社会民主主义的思想和实践”⑤。

---

① ［法］米歇尔·福柯：《安全、领土与人口》，钱翰、陈晓径译，上海人民出版社，2010年9月第1版，第38页。

② ［美］史蒂文·卢克斯：《权力：一种激进的观点》，彭斌译，江苏人民出版社，2008年4月第1版，第92页。

③ Tony Bennett (2003), “Culture and governmentality”, in J. Z. Bratich, J. Packer, and C. McCarthy (Eds.), Foucault, Cultural Studies, and Governmentality. Albany: State University of New York Press, pp.60.

④ Tony Bennett (2005), Civic laboratories: museums, cultural objecthood and the governance of the social. Cultural Studies, 19(5), pp.542.转引自吴彦明：《治理“文化治理”》，《台湾社会研究》第82期(2011年6月)。

⑤ ［英］吉姆·麦圭根(Jim McGuigan)：《重新思考文化政策》，何道宽译，中国人民大学出版社，2010年4月第1版，第48页。

在《重新思考文化政策》一书中，他谈到纳粹德国和苏联的文化政策，指出“他们把艺术意义上的文化视为社会工程的构建手段”。根据苏联1934年作家代表大会的精神，文化政策的宗旨是造就“社会主义新人”。同时，他也指出，在社会民主条件下，在整个西欧，人们对国家的文化政策同样寄予极高、且无疑是错误的期望。即便是在标榜文化自由的英国以及与政府保持“一臂之距”的英国艺术委员会也曾遭致强烈的批评：“20世纪最严重的艺术欺骗是强行向所有人灌输……这就是英国艺术委员会建立的逻辑前提。其基础是这样一个观念：经常教育人民，把你希望他们能够‘欣赏’的艺术摆在他们面前，芭蕾、交响乐、戏剧和绘画在全国巡回展演的依据就是这个理念。”①

其实，早在19世纪阿诺德(Matthew Arnold)就曾论道：国家是社会“善良的一面”。文化与政治无调控的无政府状态是刺激“高明”国家干预的主要因素。他认为，“文化不以粗鄙的人品味为法则，任其顺遂自己的喜好去装束打扮，而是坚持不懈地培养关于美观、优雅和得体的意识，使人们越来越接近这一理想，而且使粗鄙的人也乐于接受”②；文化能够整合中产阶级、贵族和普通民众，带来国家团结，政府必须要依靠文化来规划现代国民。文化、自我、国家三者共同形成现代性，使人们服从于理性的权威③。就像本尼特所指出的那样，对于阿诺德等人来说，“文化”背后始终渗透着“改革”或“改造”民众的逻辑，它也因此成为“改革者的科学”。不过，他也指出：“如果文化是改革者的科学，它就几乎不可能是准确的，也一定不是中性的。准备启动文化改革机器和如此具体地说明这台机器运转的逻辑和方向的标

---

① [英]吉姆·麦圭根(Jim McGuigan)：《重新思考文化政策》，何道宽译，中国人民大学出版社，2010年4月第1版，第48—54页。

② Matthew Arnold (1971), Culture and Anarchy: An Essay in Social and Political Criticism. Indianapolis and New York: Bobbs-Merrill, pp.39.

③ Jim McGuigan (1996), Culture and the Public Sphere. London: Routledge, pp.55.

准内容是一个有待争论的问题。”

但是，它也从另一个侧面说明，“政策也是文化构成的重要部分”[①]。现代文化政策的目的在于，把公民培养成为有品味（taste）的人，而品味的形成方式就要通过文化管理或者文化政策。文化政策就是把治理性和品味合并起来，致力于生产个体，在个人或公众的层次上，形成类似的行为风格。对此，米勒（Toby Miller）和尤迪斯（George Yúdice）的认识非常到位，他们认为，文化和政策在美学和人类学两个方面产生联系。在美学世界中，文化所具有的是一种标识性的作用，在各个社会团体中区分品味和身份；在人类学层面而言，文化指基于语言、宗教、习惯、时代以及空间进行区分的生活方式。而文化政策就是两方面的桥梁，通过体制上的支持对美学创造力和集体生活的方式进行引导[②]。

随着社会的发展，社会面向的文化治理也在不断发展之中。从最初依赖文化政策对社会实施文化治理，转向公民的“自我治理”（self-governance）。其实，关于这一点福柯在阐述“权力”和“治理术”时也曾多次论及。

福柯从不把权力看作一种真实的实体，而是看作一种关系或机制。“将自己的分析对象界定为权力关系而非权力自身……世界上根本就不存在权力这样的实体……只有当一部分人将权力用在他人身上，只有在被付诸实践时，权力才存在……”[③]“在思考权力机制的过程中，我宁可思考它的细微的存在形式，考虑权力影响到个人的真实性情、触及他们的肉体以及将它自身嵌入他们真实的行为和态

① ［英］托尼·本尼特：《本尼特：文化与社会》，王杰、强东红译，广西师范大学出版社，2007年12月第1版，第197页。

② Toby Miller、George Yúdice：《文化政策》，蒋淑贞、冯建三译，巨流图书有限公司，2006年3月初版，第1页。

③ Michel Foucault (2000), “The subject and power”, in J. D. Faubion (ed.), Power: Essential Works of Foucault 1954—1984, Volume Tree, New York: The New Press, pp. 339—340.

度、他们的交谈、学习过程与日常生活中的特征"①。如果不理解福柯对"权力"的定义,是不能理解他的"治理术"概念的,因为"治理术"是建立在"权力"的"关系"(场域)之中的。福柯说:"个体被他者驱使以及他们如何引导自己所接触的点,我认为,就是治理。治理民众,广义来说,并非威迫民众做治理者所希望的事情,它总是在胁迫的技艺以及透过自己建构或修正自我的互补或冲突过程之中达到一种可变动的均衡状态。"②福柯所说的"治理性",就是透过自我与他人的关系来对自我进行治理③。甚至福柯认为,"治理性意味着自我与自我之间的关系,并且,治理性的概念应该包括一系列能建构、定义、组织与制度化个体在处理彼此之间关系时可运用之策略的实践"④。

狄恩(Mitchell Dean)参照福柯的治理术概念,强调他所谓的"文化治理"的形态或趋势,即当代自由民主体制越来越透过"自我治理"的方式而运作;各种制度和实际的改革,也必须接合(articulate)特定论述,这种论述是"文化性的",意思是制度改造必须紧系于个人的属性和能力,以及个人行为的转变和自我转变⑤。

与狄恩的观点相近,班恩(Henrik P. Bang)也认为:"文化治理指涉的是反身现代性(reflexive modernity)下的一种新的驾驭情境,在

---

① Michel Foucault (1980), Power/Knowledge: Selected interviews and Other Writings, 1972—1977. Brighton: Harvester, pp. 39.

② Michel Foucault (1993[1980]), About the Beginning of the Hermeneutics of the Self: Two Lectures at Dartmouth. Political Theory, 21(2), pp.203—204.

③ Michel Foucault (1997[1981]), "Subjectivity and truth", in P. Rabinow (Ed.), Ethics: Subjectivity and Truth. New York: The New Press. pp.88.

④ Michel Foucault (1997[1984]), "The ethics of concern for self as a practice of freedom". in P. Rabinow(Ed.), Ethics: Subjectivity and Truth. New York: The New Press. pp. 300.

⑤ Mitchell Dean (2003), "Cultural governance and individualization", in Henrik P. Bang (Ed.), Governance as Social and Political Communication. Manchester: Manchester University Press, pp.117.转引自王志弘:《文化如何治理? 一个分析架构的概念性探讨》,《世新人文社会学报》第11期(2010年7月)。

其中，自我治理和共同治理的扩张成为福利国家（即一切专家系统）的先决条件，以便使他们具备无法再藉由直接指挥和控制其成员与环境而获得的那种整全、连贯和效能。”①对于班恩而言，文化治理是一张庞大的网，“促使越来越多的人改变自己，成为自我反身性个体，能够、愿意且理解如何按照既定社会、领域、场域或人群里头形成决策的过程，来操作差异或操持其自由”②。如此一来，文化治理对民主甚至是一项威胁，因为它以其成功、效能或影响力的系统逻辑，殖民了公共理性、日常政治参与及民主审议③。

不仅西方社会是这样的，陈美兰通过对台湾“台语创作民歌”的脉络梳理同样发现，在东方社会，“官方文化治理”的脉络底下，种种显性隐性的条文隐含着规范的意味，当“自我”被驯化之后，个体对于生命的欲望、动能、信念、价值也相对降低动机高度，形成“自我制约”，于是个体的自我价值被放诸集体认同的框架之内形成“体制化”的直观价值。如此的驯化反过来说亦是一种相对性的自我治理。它将治理意图内隐在人民生活里，化整为零出现在理所当然的实践当中，这些架构性意识由外部渗透并调整族群的自我本质，引导个人理解自我的社会身份与主体想象④。

于是，文化治理的文化面孔也就从其社会面貌中浮现出来。

三、文化面孔

将文化视为意义争夺和身份认同的场域所进行的治理，是文化治

① Henrik P. Bang (2004), Cultural governance: Governing self-reflexive modernity. Public Administration, 82(1), pp.159.

② Henrik P. Bang (2004), Cultural governance: Governing self-reflexive modernity. Public Administration, 82(1), pp.160.

③ 王志弘：《文化如何治理？一个分析架构的概念性探讨》，《世新人文社会学报》第11期（2010年7月），第16页。

④ 陈美兰：《台湾“台语创作民歌”的文化治理脉络》，《理论界》2011年第4期。

理晚近所展现的另一幅面孔。

诚如萨义德(Edward Said)所言,"文化远远不是具有古典美的上流阶层的一个平静的领域,而甚至可以是各种动机自我暴露在光天化日之下并彼此斗争的战场"①。这个战场主要在两个方面展开,一是意义的争夺,二是身份的认同,进而延伸到性别、族群、种族、宗教、阶级等话语争议和后现代主义之中。

在这里,文化被重新理解为符码、表征系统或"意义之图",基于性别、族群、种族、宗教、阶级等区分的各种社会身份团体,试图用这种符码、意义之图来定义自己、他人以及他们在生活中的位置。社会、经济、政治以及人际关系都通过文化意义加以界定。于是,围绕着"定义"与"反定义"、"整合"与"反整合"、"霸权"与"反霸权"的冲突由此而产生。在某种意义上,对文化公民身份日益增长的关心反映了这样一个趋势:过去被认为是"社会的"问题如今被认为是"文化的"问题。身份和归属感问题似乎取代了物质权利的问题②。

实际上,身份政治还与各种新兴社会运动纠缠在一起,成为后现代主义所关注的领域。这其中最突出的是妇女解放运动、反种族主义运动、LGBT 解放运动,这些都从不同方面给治理带来了各种新的问题。

这主要是因为,"文化身份不仅是已存在的(being),更是转变生成的(becoming);既是过去的,更是未来的……文化身份有它的过去和历史,但是,像历史上其他任何事情一样,它处于不断转换过程中,从来不是固定滞留在过去,而注定要随着历史、文化和权力不断变化"③。也就是说,身份认同往往是因为文化而被建构的,而且处于不

① Edward Said (1993), Culture and Imperialism. London: Chatto & Windus, pp. xiv.

② [英]吉姆·麦圭根(Jim McGuigan):《重新思考文化政策》,中国人民大学出版社,2010 年 4 月第 1 版,第 45 页。

③ Stuart Hall (1998), "Cultural Identity and Diaspora", Identity, Community, Culture, Difference, ed. Jonathan Rutherford, London: Lawren & Wishart, pp.225.

断变换和相互冲突之中。就像伊格尔顿所说的:

> 自从20世纪60年代以来……鉴于这些身份都自认为受到了抑制,曾经一度被构想为一致性的领域已经被转变成了一个冲突的地带。简而言之,文化已经由解决问题的一种办法一跃而成了一种问题。文化不再是解决政治争端的一种途径,一个我们纯粹地作为人类同伴在其中彼此遭遇的更高级或更深层的维度,而是政治冲突辞典本身的组成部分。……对于过去几十年间支配全球议事日程的激进政治的三种形式——革命的民族主义、女性主义和种族斗争,作为符号、形象、意义、价值、身份、团结和自我表达的文化,正好成为政治斗争的通货。①

尤其是"在宗教、民族、性别、种族地位等这后一种意义上的文化,是一个论争激烈的领域,因此,文化变得越实用,就越不能完成其调和作用,而它越是起调和作用,也就越是变得丧失效用"②。伊格尔顿所论的文化"危机",揭示了文化治理的一个内在悖论,文化或许因为意义的激烈争夺或身份感的冲突,从而使它失去了"意义"。

在当今社会,文化治理已经不可能回避文化民主、多元文化主义(multiculturalism),以及差异政治等议题了,甚至这些议题已经成为后现代主义论争的一个中心问题。后现代主义总是强调"差异",即性别的差异、文化差异、种族差异、民族差异,它不是简单地将原来边缘的文化放置到文化中心,而是围绕差异所进行的"差异文化政治学"(cultural politics of difference),从而产生新的身份,使之登上文化政

---

① [英]特瑞·伊格尔顿:《文化的观念》,方杰译,南京大学出版社,2003年10月第1版,第44页。

② [英]特瑞·伊格尔顿:《文化的观念》,方杰译,南京大学出版社,2006年4月第1版,第47页。

治的舞台。种族、边缘族群、女性主义和关于男女同性恋的性倾向等都被看作是文化政治学问题，都被看作新的文化政治学带来的变化。霍尔指出，全球后现代抹去了“高”文化和大众文化的界限，但是文化霸权从来不像这个术语的字面意思那样简单纯粹，它不能显示纯粹的胜利或彻底的统治；它不是“有最终输赢的游戏”(zero-sum game)，总是在各种文化关系间的权力平衡之中起伏变化①。

很显然，文化面向的文化治理，实际上总是跟政治和社会面向的文化治理相互配合、相互影响乃至交融在一起。

四、经济面孔

如今，文化治理也日渐深入到产业发展之中，常常以其经济面孔示人。

然而，文化治理的经济面孔却不是单一、呆板的，而是多色调的(但未必是互相协调的)。最早从产业角度关涉文化治理的法兰克福学派，基本上是从“大众”的视角注视它，基本上是从负面评述文化工业和大众文化，试图揭示其维持或不断再生产资本主义制度之内在逻辑；如今，大多是从“政府”的视角凝视它，越来越多的政府把文化视为经济发展的新兴产业，企望通过文化产业促进经济的持续发展，从而提升其合法性。于是，文化便成为这些政府表现其政绩的最好修辞。

早在1944年，法兰克福学派代表人物阿多诺(Adorno)和霍克海默(Max Horheimer)就专文论述“文化工业”(culture industry)，他们评判文化工业“使得所谓的文化不再是一种艺术形式，而使启蒙变成了欺骗，灌输给人们的是一种错误的意识，文化工业使人们变得驯服，停止了对现实批判的思考”②。尤其是在所谓的休闲领域，文

① 武桂杰：《霍尔与文化研究》，中央编译出版社，2009年1月第1版，第165页。

② 霍克海默(Max Horkheimer)、阿多诺(Theodor W. Adorno)：《启蒙的辩证》，林宏涛译，(台北)商周出版社，第174页。

化工业通过迷惑人们进入一种催眠和恍惚状态来保持既有体制,反对内部挑战,以此促进利润和社会控制[①]。过去是不允许人们自由思考,如今允许人们自由思考,人们却不会去自由思考。在现代自由主义社会里,人们可以自由地加入党派、自由地投票、自由地行动,但是所有这些自由都是在一种既有的规制下运作的,而这种隐藏或前在的规制却与资本主义的治理逻辑相一致。

在法兰克福学派看来,资本主义制度下的劳动和休闲成了一种强制性的关系:劳动的本身为文化工业的效应提供了保障,文化工业又从劳动过程中获得了安全感;就像工业化规训着人的劳动时间一样,文化工业也规训着人的娱乐时间。资本主义制度下的劳动阻碍着理性的发展,文化工业扮演了帮凶的角色:"文化工业可以让人们从一整天的辛苦劳作中暂时解脱出来……仿佛一个天堂……然而,这种解脱其实是预先设计好的,其目的就是把人们拉回原点,继续劳动。娱乐本应激励他们反抗,如今却只教会他们顺从。"[②]而且,"文化向来可以产生驯服那些革命和野蛮本能的作用,工业文化也助其一臂之力。这充分说明,人们根本无法摆脱这种残酷的生活境遇。那些感到身心疲惫的工人必须把疲劳化成动力,为使他疲惫不堪的集体权力服务"[③]。然而,"集权社会不仅没有为它的成员祛除苦难,反而制造和安排了这些苦难,大众文化亦步亦趋,紧随其后"[④]。

最为可悲的是,"文化工业的权力是建立在被制造出来的需求和认同的基础上,而不是简单地建立在对立的基础上,即使这种对立是

① [美]本·阿格(Ben Agger):《作为批评理论的文化研究》,河南大学出版社,2010年9月第1版,第77页。

② Theodor Adorno & Max Horkheimer (1979), Dialectic of Enlightenment, London: Verso, pp.142.

③ [德]马克斯·霍克海默、西奥多·阿道尔诺:《启蒙辩证法》,渠敬东、曹卫东译,上海人民出版社,2006年4月第1版,第138页。

④ [德]马克斯·霍克海默、西奥多·阿道尔诺:《启蒙辩证法》,渠敬东、曹卫东译,上海人民出版社,2006年4月第1版,第137页。

彻底掌握权力与彻底丧失权力之间的对立。晚期资本主义的娱乐是劳动的延伸。人们追求它是为了从机械劳动中解脱出来，养精蓄锐以便再次投入劳动”①。于是，“被蒙蔽的大多数”被困在一个“循环往复的操纵性的怪圈里，而整个系统的一致性也就日益增强”②。

洛文塔尔(Leo Lowenthal)认为，这主要是由于文化工业生产出来的文化具有“标准化、模式化、保守、虚幻等特征，是极具操控性的消费品”。这些文化商品对工人阶级进行了去政治化，让工人阶级忘记自己在资本主义社会体系内遭遇的剥削和压迫，进而也就放弃了政治和经济理想。他还坚称：“革命的趋势只要稍露锋芒，就会立即为财富、历险、热恋、权力和感动等白日梦般的虚假满足感所冲淡和打断。”③简言之，文化工业让“大多数人”只考虑眼前，不关心将来。恰如马尔库塞(Herbert Marcuse)在《单向度的人》中所论述的那样：

> 娱乐和信息工业(文化工业)生产出来的东西是令人难以抗拒的，因其蕴含着某种预设的观念和习俗，通过激发精神上或情感上的反应将“心甘情愿的”消费者和文化的生产者绑定在一起；进而，文化的受众也就被纳入了整个资本主义体系。这些文化产品向人们灌输着某种虚假意识，操纵着人们的思想，让大众无法看清其欺骗性……这已经成了一种生活方式。这是一种很“好”的生活方式，至少比以前好。在这种生活方式之下，绝不会发生任何质变。因此，就产生了一种单向度的思维与行为模式，那些试图超越既有话语和行为范畴的观念、愿望和理想，要么被摈弃，

---

① [德]马克斯·霍克海默、西奥多·阿道尔诺：《启蒙辩证法》，渠敬东、曹卫东译，上海人民出版社，2006年4月第1版，第123页。

② [英]约翰·斯道雷(John Storey)：《文化理论与大众文化导论》，北京大学出版社，2010年7月第1版，第76页。

③ Leo Lowenthal (1961), Literature, Popular Culture, and Society. Palo Alto, California: Pacific Books, pp.11.

要么被纳入现存的体系。①

在一定时候，资本主义也会通过满足大众的某些需求，消解人们心底更为基本的愿望，文化工业阻碍了政治理想的生发②。文化工业为了追逐利润和文化的同质性，不惜剥夺“本真”文化所具有的批判功能和协商机制，使其丧失了“说不的勇气”③。或许本·阿格（Ben Agger）是正确的，他认为：“在马克思时代，虚假意识呈现出来的形式实际上是对现实合理性的虚假文本断言（如宗教和资产阶级经济理论）。今天的虚假意识还才开始，以一种看上去似乎残忍的真实性来书写和解读人们所经历的、一成不变的资本主义的日常生活。换言之，今天的人类经验具有超越的不可能性和社会变革的不可能性的特点。”④

总之，对于法兰克福学派而言，“文化工业”的发展在某种程度上迎合了资产阶级统治的需要，成为资本主义体系不断再生产的一种机制。

然而，如今许多国家（无论是资本主义国家还是社会主义国家）都把文化直接视为经济增长的一个驱动力，作为一个国家软实力的表征。“实际上，国家话语和市场话语是把文化当作工具，比如把它作为美化民族国家的手段”⑤。麦圭根就这样一语道破了当下各个国家正在盛行的经济面向的文化治理的“玄机”。

麦圭根指出，自20世纪80年代以来，公共文化投资日益且主要

---

① Herbert Marcuse (1968), One Dimensional Man. London: Sphere, pp.26—27.

② ［英］约翰·斯道雷（John Storey）：《文化理论与大众文化导论》，北京大学出版社，2010年7月第1版，第76—77页。

③ Herbert Marcuse (1968), One Dimensional Man, London: Sphere, pp.63.

④ ［美］本·阿格（Ben Agger）：《作为批评理论的文化研究》，河南大学出版社，2010年9月第1版，第184页。

⑤ ［英］吉姆·麦圭根（Jim McGuigan）：《重新思考文化政策》，中国人民大学出版社，2010年4月第1版，第70页。

是用经济因素来评判。迈尔斯可夫(John Myerscough)的新凯恩斯主义著作《英国艺术的经济意义》(The Economic Importance of the Arts in Britain)及其城市研究试图证明,艺术投资对刺激经济有立竿见影之效;在分权时代的城市更新的过程中,艺术投资尤其能够产生直接的"撞击"作用。类似的研究越来越多,这些研究成果恰好可以用来论证政府投资文化产业的合理性。在某种程度上,人们似乎抛弃了法兰克福学派对文化工业的意识形态的和政治性批评,更主要地关注文化对经济发展所产生的积极功能。

1994年,澳大利亚政府提出"创新国家"(creative nation)的议程,它认为,"文化能创造财富……文化可以增值,对创新、市场营销以及设计做出了重要的贡献。它是我们产业的徽章。我们创造力的水平在很大程度上决定了我们适应新的市场需求的能力。它本身就是一种高价值的出口商品,也是其他商品出口时的重要搭配"①。

1997年,英国不甘人后正式提出"创意产业"(creative industry)概念,努力把英国变成一个创意国家。追随其后的加拿大、新西兰、美国、芬兰和一些东亚国家和地区,也纷纷出台文化的经济发展政策。"经济论述俨然成为文化政策中最重要的部分,各国政府深信文化将带来丰厚的经济成果,相关的政策与产业评估不断出笼,对于创意产业所带来的产值、国民生产总值的贡献、就业机会的增加、市场的扩大率等等,许多国家都传来正面的消息与发展"②。不但在富裕国家文化政策演化为经济政策,而且在穷国它也成为思考发展问题的一种新方式。如今,在许多国家或地区,文化都成为发展的一个新修辞③。

---

① Department of Communications and the Arts (DCA) (1994), Creative Nation: Commonwealth Cultural Policy. Canberra: Australian Government Publishing Service.

② 王俐容:《文化政策中的经济论述:从精英文化到文化经济?》,(台)《文化研究》创刊号(2005年9月)。

③ 参阅[英]吉姆·麦圭根(Jim McGuigan):《重新思考文化政策》,中国人民大学出版社,2010年4月第1版,第126—129页。

借助它给人们描绘了一个光明的社会前景。

然而,事实未必如此。“那种‘完全利用’现有技术资源和设备资源来满足大众审美消费的想法,正是构成经济制度的重要组成部分,而这种经济制度却从来不肯利用资源去消除饥饿”①,消除不平等。这种“文化经济”所激发出来的消费主义如今正在全球蔓延,这幅全球化景观却跟全球资本主义意识形态相映成趣:“全球资本主义的文化—意识形态工程就是说服人们消费,不仅为了满足自己的生物需要和其他稍次的需要消费,而且要满足人为制造的欲望,其目的是为了私利而永久地积累资本,换言之,其目的是确保全球资本主义永世长存。”②

仅仅从产业角度来关注文化工业或文化经济显然“忽略了文化在商品化中起作用的意识形态化、霸权化和物化的力量,尤其忽视了文化商品化具有破坏公众话语真实领域的趋势”③。当文化成为发展的修辞的时候,更不能忽视它一向所起到的意识形态的作用、文化霸权的效应以及在社会和文化领域所达成的治理功效。

尽管在理论上我们可以尝试辨别文化治理的不同面孔,但是在现实生活中,文化治理的经济面孔往往与其政治、社会面孔交织、重叠在一起。而且,在不同的历史时期,政治、社会、文化、经济面向的文化治理各自所起的作用也并不一定不同。以王志弘关于台北市文化治理的论述为例,1960 年代至 1970 年代中期,台北市文化治理展现的主要是政治和社会面孔;1970 年代后期至 1990 年代初期,台北市文化治理主要侧重于文化面孔;到了 1990 年代中期以后,台北市扩展了文化治

---

① [德]马克斯·霍克海默、西奥多·阿道尔诺:《启蒙辩证法》,渠敬东、曹卫东译,上海人民出版社,2006 年 4 月第 1 版,第 126 页。

② Leslie Sklair (2002), Globalization: Capitalism and Its Alternatives. Oxford University Press, pp.62.

③ [美]本·阿格(Ben Agger):《作为批评理论的文化研究》,河南大学出版社,2010 年 9 月第 1 版,第 79 页。

理的范围和意涵，其中以经济面孔最为突出[①]。在大陆地区，改革开放之前的文化治理基本上呈现出政治面孔，改革开放以后文化治理的面孔才逐渐丰富起来，增添了文化、社会和经济等方面的色彩。我们从理论上辨别文化治理的几张面孔，不是简单地区别它们，而是为了更好地认识它，从而更加方便人们去分析具体的文化治理实践。

---

① 王志弘：《台北市文化治理的性质与转变，1967—2002》，《台湾社会研究》第 52 期（2003 年 12 月）。

我国基本公共文化服务保障标准研究*

阮　可**

促进基本公共文化服务标准化、均等化，是立足于现有国情基础之上，使全体公民都能公平可及地获得大致均等的基本公共文化服务，而制定国家层面的基本公共文化服务保障标准，是为了查遗补缺、补齐短板、兜好底线，保障好每一个公民的基本文化权益，让文化的阳光普照大众。制定合乎实际需要的保障标准，可使各级政府更好地履行与其职能相适应的服务，明确供应何种内容，供应到何种程度，达到何种标准，从而建立制度化的约束，实现公共文化服务的最佳秩序和最佳效能。

一、基本公共文化服务保障标准：目标、范围和模式选择

基本公共文化服务保障标准是体现基本权益、政府职责、地方特色以及未来方向发展的标准，内容涵盖公共文化服务设施及布局基本标准、产品和资源配置基本标准、人员配备和经费投入基本标准等。

---

* 本文系杭州市哲学社会科学重点研究基地项目“公共文化服务标准化均等化研究”(2014JD40)的阶段性成果。曾发表于《中国出版》2015 年 12 期。

** **作者简介：**阮可，国家公共文化服务体系建设专家委员会委员，浙江大学城市学院文化和创意产业研究所副所长。

当前我国公共文化服务标准化建设成果集中在技术标准、业务规范和评估指标等方面，难点和最薄弱环节是制定保障标准。

（一）保障标准主要目标是实现区域均等

从西方国家的发展情况来看，各国一般把“地区”作为均等化的主体，比较注重基本公共服务区际均等。我国东部、中部和西部的文化发展失衡问题十分突出，尤其是地区间公共文化的投入差异依然很明显。因此有必要通过划定国家基本保障标准，来熨平地区间的差异鸿沟。随着城市化的进程及社会阶层的分化，需要对外来务工人员等弱势群体加大文化扶助力度，确保其能享受基本公共文化服务。此外，我国长期受城乡二元经济结构影响，城乡基本公共服务依然存在较大差距，也需要通过设定基本保障标准和创新服务方式逐步实现城乡间的均等。

（二）保障标准的核心是起点均等

如果把均等化分为起点、过程、结果三部分，那么保障标准强调的是起点均等，也就是人人享有相同的基本公共文化服务的机会。《国家基本公共服务体系“十二五”规划》明确指出基本公共服务均等化是“全体公民都能公平可及地获得大致均等的基本公共服务，其核心是机会均等，而不是简单的平均化和无差异化。”对于政府而言，其职责便是通过出台和实施保障标准，促成全体公民能够公平均等地享受公共文化服务，并借由机会的均等保证起点的公平。必须指出的是，文化消费是一种选择性消费，保障标准并非指向每个公民最终享有公共文化服务“量”和“质”的平均，保障标准并不排斥文化享有的自由选择和多样选择。

（三）保障标准的内容、范围具有相对性

公共服务标准化建设标志着公共服务提供方式由粗放型向精细

化的转变。从内容上看,保障标准突出基本公共文化服务的均等供给,而非所有文化服务的均等供给;从程度上看,保障标准强调以满足群众基本文化需求为目标和以政府财政支持能力为尺度的统一;从范围上看,由于国内经济社会发展水平的地区差异长期存在,大致均等的公共文化服务允许存在地区差异。经济发达地区在国家标准的基础上,可以增加保障的内容、范围和标准。随着经济社会的发展,将不断拉高底线标准。

(四)保障标准的财政支出应选择最低公平模式

从国际经验来看,基本公共服务的财政支出模式有财政收支均等、收支均衡、公共服务标准化、公共服务最低公平等四种模式。

我国地广人多,区域、城乡、群体之间的差距都比较大,即使是浙江、广东等省,虽然同属沿海经济发达省份,但在这些省的内部,以上三类差距依然存在,并且不容小觑。鉴于差距和差异的客观存在,就不能一味地搞“一刀切”。另外,要考虑到社会主义初级阶段的国情和政府承受能力,最为恰当和可行的办法是寻找出最大公约数,确立一个最低标准。因此,在模式的选择上,应采用公共服务最低公平模式。国家出台一个最低标准,各省按此标准实施,财力较强的省份可在此基础上做些标准的提高;无法落实此标准的省份,可通过中央政府财政转移支付,保障标准的有效实现。该模式充分体现基本公共文化服务均等化分阶段、分步骤推进的客观规律,同时也可兼顾欠发达省份资源有限的实际情况。

二、我国推进基本公共文化服务标准化的现状

标准化引入公共文化服务领域,是推进公共文化服务体系科学发展的一个迫切任务,也是针对公共文化服务体系建设现在存在的突出

矛盾和问题而提出来的一项重要的工作任务。

（一）基本公共服务标准化的制度设计

2012年，国务院印发了《国家基本公共服务体系“十二五”规划》。作为基本公共服务领域的首部国家级专项规划，《国家基本公共服务体系“十二五”规划》首次明确了我国公民有权享受政府提供的基本公共服务项目、服务对象、保障标准、支出责任、覆盖水平等国家基本标准；并明确提出要加快建立健全公共文化体育服务国家标准体系。从基层的实践看，公共服务标准化是政府提供公共服务、进行社会管理的一种创新。标准化建设以明确的标准规范政府行为，对解决当前基层政府越位、缺位、不作为等问题，形成“政府善治”的治理结构具有重要意义，同时有利于实现公共文化资源配置的科学化，推动公共文化服务均等化。

（二）公共文化领域标准化的政策制定和地方实践

在国家层面，国务院下发的《国家基本公共服务体系“十二五”规划》提出了“公共文化场馆开放”和“公益性流动文化服务”的具体标准，并明确规定了工作任务的事权与支出责任，对各级政府形成了硬性约束。《“十二五”时期文化改革发展纲要》等规划文件也对公共文化服务的具体指标作了要求。《国家公共文化服务体系“十二五”实施纲要》包含了相关指标，从现有的单行标准来看，可分为三类：一是公共文化设施建设和服务标准，二是公共文化机构评估标准，三是对地方党委政府的评价标准。

在地方公共文化服务标准化层面，各地都有一些新的探索。云南省昆明市在2012年全面推广“公共文化服务包”，把原先不同部门的服务项目进行集中管理，形成一系列不同层次、不同类别的基层公共文化服务项目，并提出管理和服务标准。2014年，浙江省把《基本公共文化服务标准化均等化的目标及实施路径》作为省长研究课题,形成了浙江省基本公共文化服务保障标准及五年行动计划,通过试点市县实现三级联动,协调发改委、财政、广电等部门合力共促取得了成效。此外,江苏省着手拟定统一的《江苏省公共数字文化系统建设标准》,对共享工程、数字图书馆、公共电子阅览室建设计划进行有效整合。

(三)依托专家委员会和协调机制推进保障标准制定

现代社会政策议题的复杂性要求参与者具备较高的知识储备与能力素质,以保证政策方案的质量。因此,掌握了特定领域专业知识的专家学者参与政府决策的广度与深度日益显著。当前,我国以国家公共文化服务专家委员会工作机制和国家公共文化服务协调机制为依托,开展保障标准的政策研究和标准设置,召集北京大学、清华大学、浙江大学、上海社会科学院等专家学者具体承担研究工作。从2014年4月底开始,课题组先后召开了7次论证会、工作会,拟定和修正国家保障标准,此外,召集财政部、国家新闻出版广电总局通过处长联席会议积极推进标准制定。

三、保障标准的制定

时代的发展对我国公共文化服务保障标准的制定提出了新要求。在具体操作中,可以依据统筹安排、保障底线、因地制宜、公开透明、监督完善的原则,从基本服务项目、内容、设施、经费、人员保障等入手加以执行。

(一)保障标准的制定原则

统筹安排,保障底线。标准要体现公共文化服务体系建设的同一性,在加强内容引导、协调推进方面做出规定。坚持机会均等、起点公平，维护公民的基本文化权益，切实保障公民享有平等的文化发展机会，努力缩小基本公共文化服务在区域间、城乡间、群体间的差距。

需求导向，因地制宜。制定标准的依据是广大群众的公共文化服务需求和各地公共文化部门的服务能力。从国情、省情出发，依据各地经济发展水平和政府财政支持能力，制定科学合理的基本公共文化服务标准，明确各级政府的保障责任。国家的基本公共文化服务标准由中央有关部门制定发布，经济发达地区可以适当提高；短时间内难以达成相关标准的省份，可以借助财政转移支付制度保障其实现。

公开透明，简单易行。公共文化服务标准是面向公众的服务承诺，在制订过程中应广泛征求意见，发布后要广泛宣传，提高公共文化服务的公众满意度。同时，为了便于政府及公共文化部门根据标准开展服务，便于公众参与监督服务，标准内容应做到简洁明了，便于操作。

提升效能，完善监督。公共文化服务标准化是一个动态的过程，标准制定应该考虑便于工作实施时效能的提升，提高资金、设施、人力、物力的使用效率。同时，建立对标准执行的考核评估体系，确保标准体系在实际工作中发挥作用。

（二）保障标准的框架设计

当前公共文化服务发展的关键是确定服务的优先顺序和重点领域，其基本依据在于社会需求、服务现状和经济社会发展战略。基本公共文化服务保障标准的框架主要分为基本服务项目和内容、基本设施、经费和人员保障三大类，指标细化、文字简明、语言通俗，便于老百姓阅读理解，同时也便于地方各级政府和部门明确自身的责任。

围绕读书看报、广播影视、文体活动、文化鉴赏、文化教育、数字服务、免费开放、特殊群体服务等八项基本服务项目和内容，制定具体标准。八项基本服务项目和内容主要依据是《中共中央办公厅国务院办公厅关于加强公共文化服务体系建设的若干意见》中规定的群众基本文化权益，并在传统的“6”个基本项目加上农村看电影的“1”的基础上，增加了《国家基本公共服务体系“十二五”规划》提到的免费开放、特殊群体服务项目。另外，从时代发展的要求增加了数字服务、文化教育两个项目，进行了归类整合。由于基层群众的文化活动和体育活动往往交错在一起，将文体活动作为一个基本服务项目，不再细分。

围绕公共图书馆、文化馆、博物馆、体育场馆、乡镇综合文化站、新闻广电设施、流动文化服务设施和无障碍设施等八项基本公共文化服务设施，制定具体标准。基本设施标准的制定主要考虑两点：一是设置率，不改变现有行政体制，如县级有两馆（图书馆、文化馆）、乡镇有文化站、村（社区）有综合文化服务中心；二是根据行政区域内服务人口数确定设施规模，比如市区常住人口超过 50 万设置大型馆，建筑面积 6 000 平方米以上；人口数在 20 万～50 万设置中型馆，建筑面积 4 000～6 000 平方米；人口数在 20 万以下设置小型馆，建筑面积 800～4 000 平方米。将设施标准的核心指标提炼出来，呈现在标准框图内。另外，这里的设施不单指文化设施，还包括了新闻广电、体育的公共服务设施，体现了党的十八届三中全会决定提到的整合基层宣传文化、党员教育、科学普及、体育健身等设施，建设综合性文化服务中心的要求。另外，将无障碍设施这一项目单列体现了对弱势群体的关注。

围绕经费、人员保障等保障内容，制定具体标准。基本公共文化服务的均等本质上是财力的均等，以财力的均等推动资源配置均等最终实现服务的均等，经费的保障尤为重要。根据财政的要求，文化经费的投入不能提占比，只能按照党的十七届六中全会《中共中央关于深化文化体制改革　推动社会主义文化大发展大繁荣若干重大问题的决定》：把主要公共文化产品和服务项目、公益性文化活动纳入公共财政经常性支出预算，保证政府财政对文化建设投入的增长幅度高于财政经常性收入的增长幅度。基本公共文化服务是纯公共产品，但仍然可以通过市场的机制和手段购买服务，提升基本公共文化服务的效能，所以在标准中设定了县级以上政府安排资金，通过政府购买服务方式面向企业、社会组织购买公共文化服务。这可为社会力量、民营资本进入公共文化服务领域留下空间。

（三）保障标准值的区域差异

国外公共服务标准化建设的一个经验是：将公共服务总量化的指标和个性化的指标相结合，并以个性化指标为主。由于我国东中西部公共文化服务差异较大，以人均藏书量为例，西部为0.48册，中部为0.39册，东部为1.01册。国家保障标准如果采取一刀切，统一规定为0.8～1册的话，中央财政转移支付压力很大；对于东部地区，该保障标准又偏低。因此，在制定保障标准时，要充分考量东中西部地区的发展现状，部分指标值的设置宜采用分类定标的方法确定东中西部基本保障指标值。

四、保障标准的实施途径

基本公共文化服务是价值理念与具体实践、战略目标与实现机制、指导原则与路径选择紧密联系的长期过程和复杂系统。在此意义上，坚持科学的实施路径是十分重要的理论命题和现实任务。

（一）以财力均等化实现资源合理配置

公共文化事业追求的是全民共享的公共性，公共文化服务的开展主要依靠国家的财政投入，财政投入的均等化是公共文化服务均等化的基础。首先，县级以上政府要将基本公共文化服务所需保障资金纳入到公共财政经常性支出预算，落实保障当地常住人口享有基本公共文化服务项目所需资金。东、中、西部地区县域人均文化事业费，不低于本区域上一年度平均水平。其次，要明确公共文化服务投入的重点。均等化的目标是促进区域均等、城乡均等、群体均等，投入要有助于公共文化设施空间布局的优化，重点投入城乡基层文化基础设施建设、文化普及和精品生产。再次，要加快完善财政转移支付制度，加快形成统一、规范、透明的财政转移支付制度，要科学设置、合理配置一般性转移支付和专项支付。对于转移支付制度的调整不仅需要进行均等化现状分析，还要对各项转移支付的效果以及对地方政府的财政努力激励作用进行评估。

(二) 创新服务面向基层下沉优质资源

当前，基本公共文化服务的短板在基层，尤其是在一些民族地区、山区、海岛地区。要创新服务供给，把更多的设施、人才、产品、服务引向基层，增强基层服务能力。按照党的十八届三中全会精神采取有力措施，加强基层文化基础设施建设，从组织体系、经费支持、人员保障等方面深度整合基层公共文化资源，形成一个组织合力和组织优势，有效对接群众需求，建立基层综合性文化服务中心，让广大群众随时随地都能方便快捷地享受基本公共文化服务。

重点关注群众最现实的文化需求，要扩大政府购买公益文化产品的范围，保障基层群众文化权益的实现。以公共文化产品的均衡供给，推进公共文化服务均等化，形成需求导向、优质高效、均等普惠的城乡公共文化服务新机制。制订年度农村公益性文化项目实施计划，明确服务规范，改进服务方式，推动城乡文化的交流，以城带乡，以城促乡，发挥文化活动品牌的辐射和带动作用。面向老年人、残疾人、农民工、低保户等重点群体，继续实施特殊群体的均等化项目，开展文化、艺术、读书节、歌唱赛活动，建立制度化、可持续、落实到点、落实到人的运作机制。

（三）通过部门统筹协调综合利用文化资源

现代公共文化服务体系的建设，是一个涉及文化产品生产、分配、管理和资源保障各个系统在内的整体系统设计，必须整合政府与社会各个方面的力量，突破行业壁垒和公共资源体制内循环的制度局限。建立公共文化服务体系建设协调机制，是加强政府机构改革的协同性、提升公共文化服务效能的必然要求。要以深化文化体制改革为契机，联合宣传、组织、发改、财政、文化、广电、体育、工青妇等部门，成立公共文化服务体系建设协调组织机构，促进工作的规范化、常态化，协调解决矛盾和问题，加快形成科学有效的宏观文化管理体制。依托协调机制，定期召开协调会议，负责行动计划组织领导、政策制定、统筹规划，协调解决均等化实施过程中的重大问题，确保标准化均等化工作顺利推进。

（四）建立供需对接机制精准服务百姓

作为改进政府服务质量的有效途径，公共服务标准化的深入发展需要强化"以公民为中心"的服务理念，需要关注整体性行政服务质量持续改进，需要推动公共服务从回应走向参与和协作。现阶段，我国公共文化产品和服务供给基本以自上而下的单向度为主导，文化部门"送文化"多，"种文化"少；城乡群众被动参与多，主动参与少。要建立反馈机制，充分发挥政府的作用，注重基层文化站的职能，组建专家团对群众的基本文化需求进行定期测度和反馈。文化职能部门要通过实地调研，把文化惠民工作与保障广大群众的知情权、参与权、监督权相结合，提升服务供给的公平效率。要调动群众参与热情，汇聚民智民力，搭建群众文化需求表达渠道和平台，探索政府公共文化决策的多元参与机制。通过设立服务电话、短信、QQ群、官方微信、官方微博等互动平台，多种路径了解群众文化生活需求，及时分析、反馈和评价，形成良好的双向性沟通。

(五)完善考核评价机制提供“硬约束”

考核公众所表现出的满意度情况,可以对当前服务供给行为做出客观评价,有利于进一步明确政府公共文化服务职能定位,加强公共文化服务体系建设。建议将“流程再造”引入公共部门,推进绩效评价指标体系的制度安排,推动基本公共文化服务成为各级政府的硬任务、硬指标,真正成为可衡量、可监测的对象,并纳入到政绩考核评价体系当中。在基本公共文化服务满意度测评中,要科学选取测评的项目、测评对象和测评方法,避免主观性很强的测评手段。同时也要注意不能为了测评的客观性,而选择过于复杂的测评方法。有的测评需要依靠数学模型和专业软件进行,尽管客观性比较强,但可实施性比较差,基层单位基本无法实行。要建立一个开放性强、透明度高的政府主导和社会参与相结合的评估系统,探索建立公共文化服务的第三方评价机制,创新管理增强公共文化服务评价的科学性和有效性。

参考文献

[1] 中国新闻网.文化部部长蔡武谈全面深化文化体制改革新举措[EB/OL].[2014-03-07].http://www.chinanews.com/cul/2014/03-07/5925692.shtml.

[2] 唐亚林,朱春.当代中国公共文化服务均等化的发展之道[J].学术界,2012(5):26.

[3] 阮可.推进浙江基本公共文化服务标准化均等化的思考[J].今日浙江,2014(5):56—57.

[4] 人民网.国家公共文化服务保障标准启动 促公共文化科学发展[EB/OL].[2014-10-22].http://culture.people.com.cn/n/2014/ 1022/c172318-25884804.html.

[5] 赵金.整合资源创新机制强化保障惠民共享——昆明市打造基层公共文化服务包情况调查.社会主义论坛,2013(6):11—14.

[6]《基本公共文化服务标准化均等化目标及实施路径》重点课题调研启动[EB/

OL].[2014-03-13].http://www.zjcnt.com/content/2014/03/13/225994.htm.

[7] 江苏五大举措狠抓文化系统政风行风建设[EB/OL].[2013-12-02].http://www.zgjssw.gov.cn/gongzuodongtai/xunachuan/201312/t1354187.shtml.

[8] 张海柱.知识与政治：公共决策中的专家政治与公众参与[J].浙江社会科学，2014(4)：63-64.

[9] 杨永，朱春雷.公共文化服务均等化三维视角分析[J].理论月刊，2008(9)：150.

[10] 安应民等.构建均衡发展机制——我国城乡基本公共服务均等化研究[M].北京：中国经济出版社，2011：283.

[11] 李国新解读“现代公共文化服务体系”[EB/OL].[2013-11-26].http://www.ccdy.cn/xinwen/gongong/xinwen/201311/t20131126_811499.htm.

[12] 浙江省发改委课题组.加快推进基本公共服务均等化——加快浙江基本公共服务均等化研究[J].浙江经济，2008(13)：27.

[13] 人民网.国家公共文化服务体系建设协调组今天成立[EB/OL].[2014-03-19].http://culture.people.com.cn/n/2014/0319/c1013-24682122.html.

[14] 陈振明，耿旭.公共服务质量管理的本土经验——漳州行政服务标准化的创新实践评析[J].中国行政管理，2014(3)：15—20.

[15] 闫平.服务型政府的公共性特征与公共文化服务体系建设[J].理论学刊，2009(12)：93.

对改进和完善我国公共文化产品评价的探讨*

徐清泉**

一、对公共文化产品的评价及其体系的分析认识

公共文化产品评价问题，既是关系到文化建设领域行业自身业绩优劣考量的事情，也是关系到国家文化发展导向走向、关系到国家文化意识形态安全、国家文化软实力强弱与否的关键问题。也正因此，中央反复多次强调要"健全和完善文化产品评价体系"。党的十九大报告还明确指出，公共文化艺术生产供给要"倡导讲品位、讲格调、讲责任，抵制低俗、庸俗、媚俗。"这表明，我国在不断推进文化大发展大繁荣的背景下，现有的公共文化产品评价及其相关体系建

---

* 本文系作者2014年研撰完成的学习领会党的十八届三中全会精神专项招标课题"健全和完善公共文化产品评价体系研究"结项成果。文中使用的不少文献、数据、案例虽已是时过境迁，但在当今有关公共文化产品评价问题尚未得到根本解决的背景下，回阅反思本报告提出的一些问题和建议，仍有现实参照意义。无疑，先行进入院线、频道、剧场、网络及书店等平台渠道有偿播演上市的各类文化艺术产品，尽管和城乡公共文化服务体系以政府招标采购及公益免费配送方式提供给群众的文化产品，在消费时间先后及产品变现途径等方面存在一定的落差和区别，但是从本质上来说，这些产品的公共服务性特征，以及它们作为城乡公共文化服务内容供给不可或缺的前端性和前提性要件定位还是非常鲜明的。

** **作者简介**：徐清泉，上海社会科学院新闻研究所所长、上海社会科学院文学研究所原副所长、博士生导师。

设，还有待不断改进和切实完善。显然，公共文化产品的实际评价，往往超出了行业内自我评价范畴，覆盖延展到了社会各个领域、各个角落。由此形成的行业自评、社会舆论、专家意见、民间口碑及市场反应等，会在相当大的程度上左右国家公共文化产品的生产、供应及消费的阶段性走势，从而给国家的文化发展建设或带来正向推进作用、或带来反向拖累结果。有鉴于此，我们有必要首先弄清楚何谓公共文化产品、公共文化产品评价及公共文化产品评价体系等相关问题。

（一）对公共文化产品的认识及界定

1. 有关公共文化产品的代表性认知

按照一般较为普遍的认识，广义的公共文化产品，是指人类创造的以一定形态存在的、可供人们用于直接消费或间接消费的产品，既包括物质产品，也包括精神产品；狭义的公共文化产品专指以一定形态存在的用于精神情感方面的学习、教育、审美、鉴赏、休闲、娱乐等的产品，其本身富有相对丰富的思想内涵，它不同于实用性的生产工具、生活器具、能源资材等。

联合国教科文组织在其相关文件中这样指出：（公共）文化产品是文化产业活动所提供的产品，分为文化商品和文化服务两大类。文化商品是能够传达生活理念、表现生活方式的消费品，它具有传递信息或娱乐的作用，有助于建立集体认同感，并能影响文化实践活动，在取得版权后，文化商品能够通过工业过程大量生产并在全球广泛传播，它包括图书、杂志、多媒体产品、软件、唱片、电影、录像、视听节目、工艺品和设计。文化服务指的是政府、私人、半公立机构或公司取得文化利益或满足文化需求的活动，文化服务不包括其服务所借助的物质形态，只包括艺术表演和其他文化活动，以及为提供和保存文化信息而进行的活动，其中自然包括图书馆、档案馆和博物馆等机构的活动①。

2.本研究对公共文化产品范畴的界定

就我国国情而言，公共文化产品的生产、消费乃至评价，是直关我国公益性文化事业和经营性文化产业运行发展的重要方面。考虑到公共文化产品问题的复杂性和纷繁性，本文研究的主要对象是——那些“由我国自主生产的”②“直接面对”国内外广大受众的各式各样的“内容类文化终端产品”。该“内容类文化终端产品”主要是指那些或富含思想内涵、或富含主导价值、或富含道德情感、富含审美意趣、或富含知识信息、或所列几种特征兼备的精神内容产品。尤其要强调的是：本研究所要考察的“精神内容产品”并非一般意义上的，即它们不同于即时性、快餐式的新闻通讯报道，它们主要是指那些受众群体广大、国内外普遍通行、形制内涵相对稳固、可供人们反复消费或接续消费的精神内容产品。按照我国公益性文化事业领域和经营性文化产业领域最为主流的说法，“文化产品创作生产，最主要的领域是哲学社会科学、新闻舆论、文艺作品、网络文化。”③

依照这一概括，则本研究主要关注对象和依据样本，就是“文艺作品”和“网络文化”产品等，而且必须是进入市场流通领域、直接或间接实现了市场交换、经过了公众消费体验的产品，其实也就是公共文化商品。具体包括影视作品（重点是故事片、电视剧）、电视综艺及娱乐

① UNESCO Institute for Statistics，UNESCO Sector for Culture：INTERNATIONAL FLOWS OF SELECTED CULTURAL GOODS AND SERVICES，1994—2003（Defining and capturing the flows of global cultural trade）. UNESCO Institute for Statistics，Montreal，2005.

② 有学者指出：“过去，世界各国都通过设置显性或隐性贸易壁垒的方式，阻挡其他国家文化产品对本国的过度入侵，如产品配额制度、关税、产业补贴、内容限制等等。在互联网时代，受众有了更多的文化产品接受渠道，文化产品的消费方式也有所改变，因此，为阻挡他国文化产品而设置的贸易壁垒，其功能在很大程度上得到削弱，甚至成为摆设。”（李怀亮、佟雪娜：《数字化条件下国际文化贸易的新趋势》，载《中国文化研究》2012年秋之卷。）

③ 李长春：《文化强国之路：文化体制改革的探索与实践》（上），人民出版社2013年12月版，第15页。

节目作品(重点是品牌选秀类综艺节目)、各类舞台艺术作品(重点是戏剧话剧)、文学艺术作品(重点是小说包括网络小说)、美术作品(重点是绘画艺术作品)、音乐舞蹈作品(重点是流行歌曲)及动漫游戏作品(包括动画片及在线游戏作品)等等。除上述所列“内容类文化终端产品”以外,那种装备式“硬件类文化终端产品”(如智能手机、游戏机等),以及专供文化终端产品生产商消费使用的“各种类文化中间产品”,则不在本课题的研究考察视野范围内。

(二) 公共文化产品评价的目的意义及标准选择

1. 公共文化产品评价的目的意义

公共文化产品评价的主要目的意义在于:规约监督、检验认定文化产品的质量,确保公众领受到的文化产品消费服务在质量方面是相对优秀的、相对过硬的,而带给公众的精神内容消费享受——也是健康积极的、昂扬向上的、弘扬真善美的,而不是病态消极的、颓废堕落的、迎合假恶丑的。显然,质量过硬的文化产品,对于弘扬国家主导文化价值、凝聚民族精神、提高公众综合素养、疏导释放社会情绪乃至增强国家文化软实力等,具有十分重要的意义。

相反,如果公共文化产品从生产到服务均缺乏必要的质量规约,甚至放任公共文化产品生产服务摈弃“质量底限”,将“经济收益至上”作为其唯一目的,并且形成普遍的长久的社会风气,则极有可能会在很大程度上出现如此的社会乱象——即“三俗”(低俗、媚俗、庸俗)的东西泛滥成灾,人们面对假恶丑的东西不仅会丧失判断力和批判力,而且还可能会沉迷其中、习以为常。如此进一步扩展必带来这样的恶果——即侵蚀甚至解构国家主导文化价值、在不知不觉中造成民族精神逐渐分崩离析、致使公众各方面素养不但没有长进而且还有可能滑坡、引发社会各阶层不良情绪滋生蔓延、造成国家文化软实力疲弱乃至最终影响国家社会稳定发展。

对公众而言，公共文化产品的消费，尽管不像饮食、穿着及健康那样属于“刚性消费需求”，而属于“软性消费需求”，但是这种软性消费需求的满足一旦流于低劣化抑或空缺化，则对于一个国家、一个民族的长远发展，就会带来无尽的隐患和负担。既然如此，关注并实施文化产品的常态化评价，就显得十分必要。对此，就连长期崇尚自由市场经济和人性充分解放的西方发达国家，也不愿在公共文化产品质量的保障方面出现差池和懈怠。如目前奉行所谓新自由主义市场经济的美国，在电视节目作品的质量管控方面，就有相对严密的组织架构和管理规范。其市场竞争、联邦通讯委员会（FCC）、行业协会和社会团体等这四方面的力量要素，在客观上共同形成了美国电视产品的质量规约①。

公共文化产品的生产商和供应商，尽管可以事先依据既有的国家规定、行业标准、市场经验及公众意向等，为自己实施文化产品的生产及采购等，设定必要的质量追求目标意愿，并竭尽全力朝着这一方向努力，而且在某种程度上的确可以起到一定的质量保证作用，但是即便如此也难以做到百分之百地确保自己生产和采购的文化产品在质量方面一定是优秀的、过硬的。这种情形的存在无异于在提示人们——在通常情况下，公共文化产品的评价客观上必须流于“事后”评价，必须依托于公共文化产品作为成品完全进入市场流通领域后充分经受公众的消费检验、经受社会方方面面的点评考验，才可能获得孰优孰劣的最终评价。生产商和供应商出于自信乃至自负得出的各种自诩为优秀的“事先”自我评价，在公众和市场面前极有可能会受到质疑，甚至会被人们视为“炒作”。还应当看到，在公共文化产品的既有生产及供应存在“西强我弱”的背景下，对我国本来就占市场份额不高的公共文化产品，实施超越业界自我评价的全面评价，就显得特别迫

① 张宏伟、宋建武：《公共文化产品的质量标准和控制机制研究》，《四川大学学报》（哲学社会科学版）2012年第1期。

切和必要①。

可以断定，公共文化产品评价的直接目的在于：尽力规约防范“既不叫好又不叫座”产品的出现特别是泛滥，规约引导类似的“不叫好却叫座”产品向同时“叫好”方向发展，大力鼓励“既叫好又叫座”产品大量涌现，促进文化大发展大繁荣，包容宽待“只叫好不叫座”产品的自然出现。对真正“只叫好”却的确“不叫座”的产品而言，它们大多具有一定的先锋性、实验性及探索性特点，而这也是其常常难以得到公众和主流社会认可亲近的原因所在。因为公众的鉴赏力和判断力，通常会与此类产品的创作主体保持着一定的阶段性落差。无疑，确保一定数量的此类产品的创作生产，是保障国家文化艺术不断创新发展的必要前提。

2. 国际上较为通行的评价标准

要想科学客观地评价公共文化产品，就必须首先确定评价标准。就目前国内外现实中实际存在、人们较为关注的评价标准来看，大致可以归纳概括为以下几个方面，本处称其为“A标准”：

一是国家规范。如针对影视作品生产供应设定的立项审核、成品审查、引进审查及放映许可等等，它以是否遵守国家宪章、法律规范、民风传统、通约禁忌等为审核评价标准。对此，世界上绝大多数国家均有类似的审评制度，不仅如此，欧美发达国家为了尽力规避影视作品进入市场消费后的风险，还特别根据影视作品的暴力、色情等指数强度，确立了影视分级制度。

---

① 有文章指出：目前世界文化市场上，美国占43%，欧盟占34%，日本约占10%，韩国占5%，中国仅占不到4%；我国文化产业竞争力指数仅为美国的24%、英国的29%和日本的38%，这与我国作为一个文明古国的历史地位和世界第二大经济体的经济规模很不相称(李强：《我国文化产品出口猛增，国际认知度待提升》，在《证券时报》2012年1月12日第B04版)。此外，我国文化贸易逆差的状况尚未得到根本转变。以演艺产品和出版为例，我国引进和派出的演出每场收入比约为10∶1；全国500多家出版社的收入总和不及德国贝塔斯曼集团一家的年收入(任仲平：《文化强国的“中国道路”——论推动社会主义文化大发展大繁荣》，载《人民日报》2011年10月15日)。

二是艺术水准。它是体现公共文化艺术作品艺术审美境界高低取向的规律性、价值性要求，它也是充分展示文化艺术生产水准的专业性指标。

三是观赏效果。也就是具备吸引广大受众自觉自愿、争先恐后投入消费的水平和质量。它同时也是衡量受众响应度高低的行业性指标。

四是社会影响。在这方面突出表现为具体文化产品在社会上事关优劣判断、是非判断的舆情反响和口碑评论。社会正向反应效应是其唯一的指标诉求。

五是市场收益。即以文化产品进入市场流通环节后，所获得的经济利润收益大小作为基本的质量优劣衡量。该收益应当是基于前四项基础上获得的收益。

3. 中国特色的评价标准

我国文化主管部门不断总结中国共产党领导中国革命和建设的基本经验，提出了有关文化产品创作生产的基本要求。这些基本要求在很大程度上成为了评价文化产品优劣的重要参照标准。它们主要包括以下几个方面，本处称其为“B标准”：

一是有明确的导向要求——主张始终坚持中国特色社会主义先进文化的前进方向，与坚持“四项基本原则”相契合。

二是坚持“二为”方向（为人民服务、为社会主义服务）、“双百”方针（百花齐放、百家争鸣）及“三贴近”原则（贴近实际、贴近生活、贴近群众），以人民满意与否为标准，强调“既叫好又叫座”、群众喜闻乐见。

三是坚持将社会效益放在首位，努力实现社会效益和经济效益的有机统一；坚持弘扬主旋律和提倡多样化的有机统一；明确抵制“三俗”产品。

四是坚持思想性、知识性、艺术性、观赏性的有机统一，主张文化艺术创作和创新，要追求量和质的辩证统一，即既有连绵无际的“高原”更有醒目亮眼的一座座“高峰”。

应当说“A 标准”关注的评价要素较为全面，并且具有较为突出的中外普适性特征。“B 标准”与“A 标准”相比，具有较为鲜明的中国特色，其主要的评价要素也与后者基本重叠。

（三）对公共文化产品评价体系的理解

所谓公共文化产品评价体系，大致是指围绕公共文化产品的某些共性规律特征及其相应的评价指标要素，而在一定范围内、按照一定的逻辑关系和内部联系组合而成的整体。该体系整体的功能指向在于借助变量指标要素的即时性采集、汇总、整理，通过定量定性的综合分析，来审核、检验、评价具体公共文化产品的质量。

一般来说，公共文化产品评价体系应当由以下几部分组成：

一是评价主体部分，原则上要求评价主体具有较为突出的广泛性、多元性和代表性，其中应当包括公共文化产品的监管者、生产者、供应者、消费者及批评者等诸多方面。如果评价主体过于单一、片面，就极有可能造成评价结果流于偏颇和不准确。

二是评价标准部分，具体标准的制定必须遵从文化艺术自身发展规律（包括文艺的意识形态属性、市场经济属性），遵从世情、国情、民情的时代性及阶段性发展规律。如联系到本课题研究涉及的评价标准制定问题，则应当是既参照“普适性”的“A 标准”作法，又兼顾“中国式”既有的“B 标准”作法，一方面力争体现标准的科学性、合理性及开放性，另一方面力求体现把握关键并各有侧重、具备相应的实际可操作性。

三是评价板块部分，评价主体的广泛性及多元性，以及评价客体（公共文化产品）的多样性、丰富性和复杂性，决定了实施具体评价时，不可能搞“大呼隆一锅煮”的评价，只能根据主体及客体的不同特点，定制不同的评价板块，并通过这些板块的有效运作来借此获得相对全面、相对准确的评价信息。

需要强调指出的是，本文所探讨的公共文化产品评价体系，属于常见的政府层面、业界层面、公众层面的文化内涵质量评价体系，它不同于艺术品拍卖领域关涉文物真假及升值潜力判断的市场估值评价体系。本文有关公共文化产品评价研究的重点，在于针对社会上有较大影响的“评奖类”(包括排行榜)公共文化产品评价，来探寻力求完善的系列举措。

二、公共文化产品生产消费评价现存的偏差和欠缺

目前，我国公共文化产品的生产、供应虽与发达国家有较大差距，并且还不能完全满足人民群众日益增长的精神和智力消费需求，但绝对数量并不容小觑①。公共文化产品的生产取向、供应取向、消费取向这三者之间，存在着“你中有我，我中有你”的互为因果互动并行关系。这三种取向不论是呈现出怎样的“是与非”或“好与坏”的走向，总归在它们的背后，均会无一例外地、殊途同归地体现出人们对具体公共文化产品的总体性、倾向性价值评判。

谈到对我国现阶段公共文化产品的总体性评价问题，中央领导同志指出：“当前，我国文化产品创作生产方向总体上是正确的，文化创作生产呈现积极向上、繁荣发展的景象。同时，我们也要看到，与人民群众的需求和期待相比，文化创作生产仍然存在不小差距，叫得响、传

---

① 目前我国每年：出版图书30万种以上、长篇小说2 000多部、文艺类报刊上千种；出品电影400多部(国家电影主管官员称2013年为638部，比2012年减少107部，全国共有银幕18 195块——笔者注)、电视剧500多部(长达14 000余集)；创作歌曲20 000多首，创作诗歌(每年)都有几百万首；通过网络发表的各类文学作品仅网络长篇小说(每年)就有数万部，文字总量超过60亿；各种文艺演出的类别、数量、剧目和场次也都在不断扩大，仅在北京一地(每年)就有300多个小剧场剧目在上演。此外，戏曲、绘画、书法、曲艺、音乐、舞蹈、文博、会展等方面的创作与活动，也都呈现出空前的繁荣与兴盛(艾斐：《正确认识当前文化产品的主流》，载《求是》2011年23期)。

得开、留得住的高质量文化产品还不多,特别是人民群众对文化创作生产中存在低俗、一切向钱看等问题反映强烈。因此,必须加强对文化创作生产的引导,特别是要牢牢坚持正确创作方向。"[①]上述这一判断,一方面十分准确地反映出一段时期内我国在公共文化产品的消费、生产、供应及评价等方面还客观存在着偏差,另一方面也间接反映出我国现有公共文化产品评价体系也存在着一定程度的欠缺。

(一)公共文化产品生产消费及评价存在的偏差

公共文化产品在消费、生产、评价方面的偏差,在电视、电影、小说、动漫、游戏及音乐等诸多领域均有突出表现。这里我们重点以全国受众面最为庞大的电视及电影为例,大略分析一下现存的偏差。

目前,我国是电视消费人口绝对数、电视频道开播数、电视剧和电视综艺娱乐节目消费量等均位居世界最前列的国家。互联网新媒体的快速勃兴和普及,更进一步巩固了这一优势。在此背景下,电视剧、电视综艺及娱乐节目等内容产品的优劣与否及健康与否,相应的消费受众面的大小与否等,都将对国家核心价值观的传播、社会风气的整合重塑等,产生不容忽视的或好或坏的潜移默化影响。近年来,我国电视剧和电视综艺节目的生产、供应和消费,在取得巨大发展的同时,也出现了价值取向偏差及"三俗"倾向。如古装脂粉宫斗题材电视剧,持续多年大行其道、高烧不退,像《步步惊心》《美人心计》《宫锁心玉》(又名《宫》)《宫锁珠帘》《甄嬛传》《芈月传》及《三生三世十里桃花》等等。几乎一部接着一部,每年都有几部。专以揭示和反映宫廷皇家后妃臣子间的勾心斗角、尔虞我诈见长,也正因此被坊间称作"宫廷阴谋片"。其中《宫》在湖南卫视首播时,连续 14 天位居全国同时段电视剧

---

① 李长春:《关于〈中共中央关于深化文化体制改革推动社会主义文化大发展大繁荣若干重大问题的决定〉的说明》,载李长春《文化强国之路:文化体制改革的探索与实践》(上),人民出版社 2013 年 12 月版,第 15 页。

收视率第一；而《甄嬛传》的电视收视率和重播率也是相当抢眼，如加上通过非电视渠道（如网络视频等）的收看比率，则受众人数非常可观。伴随这些"宫廷阴谋片"收视热潮一浪高过一浪的是——一股让一部分中青年白领人群认同推崇的官场、职场、情场"厚黑学"风气开始悄然蔓延。当时一些主流媒体这样报道：网络上不少人把《甄嬛传》说成是一部"后宫职场宝典"，是当代女性职场教科书，说它细致详尽解读了职场的生存法则，并且在转载的文章中详细解读了《甄嬛传》中的厚黑争斗上位法则①。事实上，甄嬛不择手段博上位的做法非但没有引起白领追慕者的道德反省，一时间"甄嬛体"的对白方式竟然还成为了一种时尚。与之形成鲜明反差的是：不少专家学者和中老年观众，则对《甄嬛传》的价值导向给予了质疑和批判。而在几乎同期开始出现的大批量抗战题材电视剧中，虽不乏优秀作品，但其中也出现了为数不少的、被广大观众集体"吐槽"的抗战"雷人"电视剧，如《箭在弦上》《孤岛飞鹰》《利箭行动》《抗日奇侠》《一个鬼子都不留》《永不磨灭的番号》及《女子炸弹部队》等等，剧中几乎无一例外的有妖媚时尚的日军女少佐、女坐探，还有一批衣着光鲜、容貌靓丽、能武善战的八路军游击队女战士。其中《抗日奇侠》中"手撕鬼子"的情节场景，被许多网友点评为"严重侮辱观众智商"。抗战"雷人剧"呈现出的娱乐化、戏说化、三俗化倾向直接引起了高层文化主管部门的高度关注，以至于国家广电总局表态并下文提出对此加以整治，明令要求对此类电视剧加以修改、停播②。但奇怪的是，雷人抗战剧越遭人吐槽，反倒越能引发收视和生产的狂潮。有报道指出：因"手撕鬼子"情节广受争议的《抗日奇侠》却在多地成为收视冠军，第二轮播出一集 200 万，利润

---

① 中青在线：《透过〈甄嬛传〉看职场"36 计"》（http://hr.cyol.com/content/2012-05/24/content_6298189.htm）人民网：《〈甄嬛传〉收官 盘点后宫争斗法则 36 计》（http://pic.people.com.cn/GB/17799595.html）。

② 骆俊澎、陈晨：《总局确认整治抗战雷剧：当下娱乐化形态值得思考希望高层关注》，载 2013 年 5 月 18 日《东方早报》A11—A12 版。

翻倍;热门抗战剧利润率普遍达到200%[①]。

与电视剧的消费生产出现偏差极为类似的是,一些电视综艺节目、娱乐节目,也一度出现了令人堪忧的现象。为数众多的选秀类综艺节目,基本上就是放弃本土原创追求,通过购买海外版权来原版复制,为公众营造平民草根“一夜成名”“一夜暴富”的幻象(如几年前的“超级女声”);收视率奇高的婚恋类娱乐节目,有的就曾是以言行出位博眼球(如“非诚勿扰”就曾因为某女嘉宾赤裸裸的拜金言论而广受诟病);游艺类娱乐节目也曾出现过播出现场失控的局面(“棒棒棒”节目就因干露露的着装出格及当众爆粗口被叫停)。近年来的网络综艺节目《偶像练习生》《中国有嘻哈》及《创造101》等,也引发了不少播映乱象。尽管上述各类节目经过整肃后规范了不少,也出现了具有一定原创性的、被主管部门表扬的既叫好又叫座的节目(如《中国好歌曲》),但是总体来看,同质化竞争、低水平复制、内容炒冷饭的现象依然比较严重。

与电视领域相比,电影、戏剧、小说、动漫、游戏、音乐等领域的消费生产,虽然也有许多可圈可点、值得肯定之处,但是也出现了不少令人担心的现象。如具有标志性意义的电影《小时代》(1和2),就是一部被人们公认为“不叫好却叫座”的影片[②],其对物欲横流、饕餮奢华、小资矫情的渲染,几乎被人们一边倒地论定为“价值观有问题”,可这并不妨碍它在短短的几个月内从青少年群体中卷走票房7个亿人民币,而且可以一边暗笑观众“傻帽”,一边雄心勃勃地偷乐着去投拍《小时代3》。电视和电影领域出现的上述类似消极现象,同样也发生在了戏剧、小说、动漫、游戏及音乐等领域。如近年来国家一直在推戏剧创

① 范承刚、邵世伟:《抗日这门生意:“手撕鬼子”一集卖200万》,载2013年3月22日《南方周末》。

② 该片遭遇差评,入围“金扫帚奖”,获“最令人失望影片”评价。(参阅张艺:《不会被不喜欢自己的观众左右——本报记者独家专访〈小时代〉导演郭敬明》,载《新民晚报》2014年2月13日A18版。)

作“精品工程”,但是许多国有文艺院团“为评奖而创作”的情况依然存在。这在一定程度上造成“政府是投资主体,领导是基本观众,评奖是主要目的,仓库是最终归宿”的不良局面①。而小说创作的情况也难免让人有些忧虑之处:20世纪90年代,一些作家放弃理想境界终极追求,放弃关注投入生活的热情,自甘成为“为感官刺激变现写作”的枪手;伴随着新千年网络文学的兴起,毫无节制的玄幻、穿越、悬疑、妖狐、鬼怪、暴力、谍战类题材创作开始流行。而动漫、游戏也借此“东风”,一度泥沙俱下。音乐中则以流行歌曲、DJ舞曲创作为代表,出现了一批表现无病呻吟、迎合“三俗”的作品。

可以肯定,公共文化产品在生产、消费及评价方面近年来存在的主要偏差,大致能够概括为以下几个方面:

1. 供给方存在着重经济效益轻社会效益偏颇

公共文化产品生产供应领域,以往曾经存在的一些生产者、管理者、供应者和经营者过度追求经济效益的偏颇未获得根本纠正,对收视率、上座率、发行量、眼球经济等的过度沉溺迷恋,使公共文化产品的生产供应在一定程度上流于平庸化、粗鄙化、低劣化,严重忽略了对公共文化产品内涵原创和品牌价值的自觉追求②,只满足于表面的“政治导向不犯错”,不愿为实际的“伦理导向不走偏”负责任,导致社

① 参阅李长春:《文化强国之路:文化体制改革的探索与实践》(上),人民出版社2013年版,第194页。

② 在“2011中国版权年会”上,时任国家新闻出版总署署长柳斌杰表示,目前国内很多文化艺术作品创造力不够,90%的作品是属于模仿和复制的。他还特别做了说明,“90%”所指范围包括电影、电视、小说等领域(参阅王春林:《如何提高文化产品的原创力》,载《文艺报》2012年4月27日第002版)。国内原创动力不足,似可归罪于原创收益不如模仿复制甚至盗版侵权。有论者以图书为例指出:“目前传统图书出版业的利益分成模式大致是:出版商获得10%—15%纯利,零售商(新华书店)获得5%,作家版税8%—15%(国内大牌作家例如刘震云等的版税是12%—15%的码洋,小作者可以8%—10%),一共加起来不到四成,剩下六成都是印刷、纸张、物流和编辑成本(其中纸张和印刷成本约占40%、流通成本约占30%—40%、编辑成本10%—20%)。可以看出传统图书出版业的利益分配体系中,最明显的特点就是作为内容直接创造者的著作权人所获得的利润极其有限,而图书销售收入的一半花在与图书内容的精神属性毫无关系的生产成本上。

会效益和经济效益前轻后重，彼此分离。

2. 劣品乘虚而入导致“三俗”倾向禁而不绝

在公共文化产品的原创生产和前端供给尚未能规避过度强调经济收益的背景下，公共文化产品生产供给消费方面始终存在的“供给有限与需求无限”“劣品常有而精品稀见”这两对矛盾，为平庸产品、不良产品乃至非法供给产品（盗版侵权等）的滥竽充数、乘虚而入提供了机会。致使原本缺乏良莠鉴别力、少数经不良诱导而格调诉求低下的消费者对之乐此不疲①，为某些平庸产品、不良产品甚至非法供给产品去“圈粉”和“吸金”奠定了一定的市场基础，进而导致“三俗”化倾向不时冒头。于是，非良性的生产与非良性的消费，彼此互动、相辅相成，最终在某些社会文化消费层面构成了一定的恶性循环。

3. 相关评价远远跟不上公共文化产品生产消费实践

依照公共文化产品的生产者、供应者、消费者同时也必定是其评判者的合理逻辑，审视生产者、供应者对于劣质产品乃至某些不良产品生产供应见怪不怪且一时无力改变的实际，再对应于不少消费者甘愿被各类不良文化产品乃至非法供给产品所裹挟的当下实际，可以发现：文化主管部门尽管也反复倡导督促抓原创抓精品，同时也明确了在题材审批、成品审查、播映许可等方面，显示出了“扶优抑劣打非”的坚定决心，但是对于怎样用好产品评价“指挥棒”去引导公共文化产品生产主体去创优抑劣，则尚缺乏具有一定操作性的落地抓手。也就是说，相关的评价远远跟不上生产消费实践，甚至在某种程度上流于缺位。

---

① 《人民论坛》曾通过网络和书面形式对 9 316 人进行了相关问题的调查，结果显示在“您对低俗文化的态度如何”中有 35.3% 的受调查者选择了“喜欢，心向往之”。（参阅《73.6% 受调查者认为主流文化缺乏现实关怀——“主流文化怎么了”问卷调查分析报告》，载《人民论坛》2010(8)下）

4. 主流评价因非产品因素影响而走偏,民间评价则遭遇视而不见

一方面,公共文化产品现有评价受到文化产品生产消费既有利益格局的裹挟和影响,导致有头有脸的主流评价(包括官方和业界的)在分量和权重等方面被大打折扣,公信力和权威性明显不够,使一些平庸产品浪得虚名,使一些优秀产品终被埋没。另一方面,在"既叫好又叫座"产品相对稀缺、"既不叫好又不叫座"产品入市即遭淘汰、"只叫好不叫座"产品难以出头的背景下,"不叫好却叫座"产品几近成为了时代宠儿。这意味着:来自民间广大公众的事关"叫好"或"不叫好"的客观评价,通常不会对产品命运及生产供应产生有效影响。

5. 由默许消费引生的评价偏差对公众"三观"产生了消极影响

在已经进入市场和社会了的甚至借助公共媒体、公共空间、公共平台及公费采购这"四公"渠道发行流通的诸多公共文化产品中,虽不乏可见一些优品精品,但越往基层下沉就越容易看到不少庸品劣品①。尽管文化产品通常不会在政治上犯忌,但是出于其普遍相对粗鄙的艺术审美水准、相对讲求过度娱乐化乃至经济收益的本能,必定会在面对公众的寓教于乐方面拉低社会教育平均水准。这种由供给方不经意间给某些庸品劣品提供的默许放行消费供应的做法,客观上对公众具有"爱屋及乌"的产品评价引领作用。该偏差一旦被忽略且长期存在,注定会对社会公众的世界观、人生观、价值观产生不容忽视的消极影响②。

---

① 单就遍布各地城乡的公共文化服务产品政府采购目录收入的不少文化艺术作品(特别是影视作品)而言,真正具有市场流行度和公众认可度的精品力作,很难被收录纳入城乡基层社区层面的公益性文化服务序列。相反,许多流行度和认可度较低的庸品劣品反倒十分多见。

② 美国著名文化学者尼尔·波兹曼断言:"如果文化生活被重新定义为娱乐的周而复始,如果严肃的公众对话变成了幼稚的婴儿语言,总而言之,如果人民蜕化为被动的受众,而一切公共事务形同杂耍,那么这个民族就会发现自己危在旦夕,文化灭亡的命运就在劫难逃。"(尼尔·波兹曼:《娱乐至死》,章艳译,广西师范大学出版社 2004 年版,第 202 页。)

(二) 公共文化产品现有评价体系的欠缺

我国现有的公共文化产品评价体系,基本上由两大部分组成。

第一部分是带有鲜明的官方、准官方色彩,经由各层级官方主管机构、或各种类社会团体及行业协会等经办协调机构操办的评价运作架构。该部分在不同程度上体现出官方文化主管机构的意志,“主导”及“管理”的意图较为明显。

第二部分是经由一些文化经营实体及专业学会等牵头经办的评奖运作架构。该部分则体现出较为鲜明的市场“经营”、行业“聚气”意图,希望通过经办本行业的评奖来掌握行业话语权。

有资料显示:2005 年以前,我国仅全国性的文艺新闻出版评奖就曾多达 90 个,自 2005 年中央要求加以规范后才减至 24 个。省级及以下地方的文化产品评奖更多①。如果我们仅以文学类评奖为例,汇总梳理一下曾经有过的以及还在经办的各层级评奖,则会发现其种类名目的丰富性,实际上已经远远超过了一般人的想象。据不完全统计:经由国家文化最高主管机构及协调机构操办的评奖就有——中宣部主办的“五个一工程”奖,新闻出版总署主办的国家图书奖,中国出版工作者协会主办的中国图书奖,中国作协主办的茅盾文学奖、鲁迅文学奖、全国少数民族文学“骏马奖”及全国优秀儿童文学奖,中国文联主管主办的中国戏剧奖、中国电影金鸡奖、中国音乐金钟奖、中国舞蹈荷花奖、中国民间文艺山花奖、中国摄影金像奖、中国杂技金菊奖、全国青年美术作品展评奖、造型表演艺术成就奖及中国电视金鹰奖(与中国电视艺术家协会合办)等等;经由上述下属机构,以及各省市区文化主管机构和协调机构主办的也不在少数——其中包括中华

---

① 刘建军:《中国文化产品评价体系探讨》,载《学术论坛》2012 年第 2 期。2005 年 3 月,中共中央办公厅、国务院办公厅颁布《全国性文艺新闻出版评奖管理办法》,对全国性文化产品评奖加以整顿规范(参阅“中国共产党新闻”网 http://cpc.people.com.cn/GB/64162/71380/102565/182147/11002992.html)。

文学基金会主办的庄重文文学奖、冯牧文学奖、姚雪垠文学奖，中国戏剧家协会主办的曹禺戏剧文学奖，北京市的老舍文学奖，山西省的赵树理文学奖，山东的齐鲁文学奖，湖南的毛泽东文学奖，江苏的紫金山文学奖，四川的天府文学奖，甘肃的黄河文学奖，以及贵州的乌江文学奖等等。而经由一些文化经营实体及社团学会等牵头经办的评奖包括——十月文学奖、人民文学奖、小说月报奖、芙蓉文学奖、北京文学奖、上海文学奖、钟山文学奖、大家·红河文学奖、当代文学拉力赛奖、《萌芽》新概念作文大赛奖、人民文学出版社春天文学奖、文汇出版社“文汇·天廷文学奖”、《南方都市报》和《新京报》的“华语传媒文学大奖”、中国小说学会的学会奖、中国当代文学研究会的长城文学奖、中国散文学会的冰心散文奖、中国报告文学学会的徐迟报告文学奖、中国诗歌学会的艾青诗歌奖、中国田汉研究会的田汉戏剧奖、中华诗词学会的七夕红豆相思节诗词大赛奖等，此外还有学者与评论家发起的“21 世纪鼎钧双年文学奖”等。

上述各类评奖也只是反映了文学产品创作生产领域里的一个面相，如果将电影、电视、戏剧、戏曲、音乐、舞蹈、动漫及游戏等各领域一网打尽，则数量更为可观。通过认真分析研究我国既有的文化产品评价体系的基本架构、运作方式及实际成效，则可以发现主要存在着以下几方面的欠缺。

1. 评奖设定过滥，缺乏统筹规范，既消解了评奖神圣性又造成了浪费

2005 年中央虽出台了有关规范管理文化产品评奖的条例，虽然目的直指破解上述弊端，但是近年来评奖泛滥的现象明显回潮，再次使得评奖过于重叠泛滥、缺乏统筹规范的弊端又凸显了出来，并且还导致评奖神圣性在一定程度上被消解，造成人力、物力、财力等方面的极大浪费。

2. 评价目标、指标及机制的设定和运作存在着公信力不强的问题

许多评奖类评价，虽然享用的是“全国性”“权威性”“最高级别”的

旗号垄断等资源，但其操作却流于部门化、圈子化，目标及指标的理论设定与实际操作存在着某种程度的南辕北辙[①]，评委成员的组成、评价程序的监督、评价意见的采信等均程度不同地存在着公信力不强的问题。如影视评奖领域连续多年出现“双黄蛋”“熟面孔”等现象，就足以充分说明问题。

3. 在实施具体评价时，一定程度地存在着失真、失范、失效的现象

一些主办方的动机在于：以评奖为筹码，最大可能地吸收和汇聚与公共文化产品的生产供应消费相关的诸多市场资源，力求掌握与公共文化产品生产供应消费相关的市场定价权和行业话语权。也正因此，他们看似在评价产品，其实是在考量产品以外的因素，这就在客观上导致具体评价难免在一定程度上失真、失范、失效。换言之，评价理应具备的人民性和艺术性等原则不知不觉间被既得利益集团所绑架和扭曲。

4. 现有的不少评价结果难以起到引导鼓励最优次优产品生产的作用

科学合理的评价其实主要应当设定两个目的：基本目的是让最优（既叫好又叫座，实现两个效益统一）和次优（只叫好不叫座，实为瑕不掩瑜）产品受到应有的肯定和鼓励；终极目的是以此示范效应，引导和鼓励更多最优、次优产品大量涌现。然而现有的诸多评奖类评价结果，要么流于圈内人“排排坐，分果果”[②]，要么“牺牲了那些艺术特色最鲜明、形式探索最激进的作品，成全了那些四平八稳的、能被普遍接受的作品”[③]。照此运作，则现有评价结果很难指望起到“引导鼓励最优次优产品大量涌现”的作用。

---

① 如在一些重要评奖类评价的设置运作上，常常处理不好“评价创作主体”与“评价产品本身”的具体关系，使得理当强调的“评产品”被实际运作成了“评作者”。

② 陈舒劼：《矛盾的权衡与象征的失落：茅盾文学奖评选的文化分析》，载《学术评论》2012 年第 1 期。

③ 黄发有：《以文学的名义：过去三十年中国文学评奖的反思》，载《社会科学》2009 年第 3 期。

三、健全完善公共文化产品评价体系的相关思考

(一) 完善公共文化产品评价体系的思路原则

1. 扬长避短,与时俱进

我国的优势之处包括:公益性文化事业和经营性文化产业的分类处置架构及组织动员力度;经年累代形成的对文化产品评价认知的系统化标准要素(前文所述“B标准”);改革开放以来文化产品创作生产与相应评奖评价形成的社会基础和有益经验。对此,我们需要在与时俱进的基础上施以必要的扬长避短和开拓创新。要以科学化的、与时俱进的态度,不断作好评价指标体系的研究制订、据实更新,同时要做好评价主体筛选、评价程序规范及评价过程监督的法制化建设跟进。以推进“公正、公平、公开”来奠定评价的公信力及权威性基础。

2. 破除垄断,社会参与

也即要将公共文化产品评价的主体权利设置“重心下移”,让政府的引导鼓励意志,通过立法式的、程序化的、第三方化的服务机制体现出来,充分体现艺术审美、民众意愿、行业规约、市场选择的真实诉求,改变以往在具体操作中政府、官方色彩过于浓厚的局面。打破评价标准过于偏颇、过于固化的垄断格局,在既承续中国特色“B标准”的同时,兼顾“A标准”的普适性参照。

3. 以民为本,彰显民意

在实施评价的过程中,要坚持落实“以民为本”①,特别要突出民

① 刘云山指出:“要把群众高兴不高兴、满意不满意作为衡量文化工作的基本标准,人民群众赞成什么我们就鼓励什么,人民群众期盼什么我们就努力做好什么。要大力倡导人民群众欢迎的文化产品和文化服务。”(载《人民日报》2011年1月18日01版)中央十七届六中全会决定强调:“坚持把遵循社会主义先进文化前进方向、人民群众满意作为评价作品最高标准,把群众评价、专家评价和市场检验统一起来”。

众主体主流的意见和建议，以“群众真正满意与否”作为实施评价的重要依据，因为数量庞大的群众，才是构成文化产品市场流通及精神消费的最为活跃、最为关键的基础，他们才是检验产品优劣与否的关键所在。因此，在评价主体确定方面，要针对以往评价中群众意见及群众参与，流于虚置、流于边缘化的现象，要从标准制订、评委设置、程序监督等诸多环节入手，充分体现群众的意愿、诉求和智慧。既要注意吸收主管官员、专家学者、行业骨干的力量，更要注意吸收社会中介机构、市场交易行家特别是公众消费者代表的力量。

4. 分类处置，灵活辨证

对公众已有相对一致议论的潜在“既叫好又叫座”产品及“只叫好不叫座”产品，宜采取分类评价举措。以避免因后者产品受不公正待遇而挫伤产品创新探索的积极性[①]。同时要在具体评价类评奖设置中，明确并理顺评价聚焦重点，即将评价作者与评价产品适当区分开来，不搞侧重点相互混淆的“一锅煮”评价。

5. 循序渐进，不断完善

由于人们鉴定公共文化产品孰优孰劣的认识水平和审视眼光，是伴随着自身综合素养的不断提升，伴随着对艺术审美规律、社会发展规律及市场文明规律的理性把握程度而不断增强的，因此，评价体系的设置要坚持定量评价与定性评价相结合的原则，要具有一定的开放性和纠错性，要在实践中不断适时予以健全和完善。

（二）完善公共文化产品评价体系的板块设计

力求实现导向评价、专业评价及公众评价三者并举。

---

① 文化部为了把那些“只为获奖而创演、得了奖即完成任务的‘政绩工程’”挡在门外，特别对“优秀保留 剧目大奖”的评选设定了演出场次的门槛（苏丽萍：《“不演 400 场，别想来评奖”——文化部优秀保留剧目大奖高“门槛”的启示》，载《光明日报》2011 年 10 月 19 日第 013 版）。应当说，这有其一定的积极意义，不过出于鼓励产品创新的考虑，此作法就不宜实施“一刀切”式的推广。

1. 官方性评价板块

重点在于突出其“导向性”“主导性”“褒奖性”评价功能。要力争改变目前既有评奖类评价中惯常通行的政府力量插手干预过多甚至直接投身运作的现象。将政府力求重点体现的导向性、引导性、主导性、规划性、鼓励性评价意志，通过广泛吸收了民智民意的立法式评奖章程制订体现出来。通过科学的招标程序及契约合作方式，将具体的评奖运作交由具有较好公信力的第三方机构。

2. 专业性评价板块

重点在于突出其“专业性”“行业性”“行家性”评价功能。要在逐步整肃规范既有行业类专业性评奖类评价的基础上，依托相对集中、相对明晰、相对精干、相对便利的各层级（包括基层一线）专业评价力量支撑，以产品的艺术审美创新品质、真善美格调境界等作为评价着力点。要适度注意通过体现对“只叫好不叫座”产品的肯定和鼓励，来引领公共文化产品生产不断创新。

3. 公众性评价板块

重点在于突出其“公众性”“社会性”“大众性”评价功能。一是或可通过科学的公开招标程序及政府社会契约合作方式，委托第三方民间公信机构，针对具体产品既有的公众口碑评价、社会舆情反响等来源各异、五味杂陈的实际情况，来获得有关具体产品的各类代表性评价信息；二是或可委托第三方民间公信机构设定运作民间性评奖，为公众意见表达提供必要的平台渠道。

4. 板块运作规程

三个板块评价指标各有侧重①，可平行运作但时间允许有先后，

---

① 有文指出：“美国电视艾美奖，完全由业界专家评出，只看专业水平，丝毫不顾及收视率；金球奖的电视 剧部分则由记者评出，更倾向于收视口碑和观众意见。”（王磊：《评奖缘何重复肯定明星名剧》，载《文汇报》2012 年 12 月 18 日第 013 版。）而美国的 MTV 音乐录影带大奖，则是一个完全由全球观众直接投票与专业评委共同投票选出奖项（参阅徐子涵：《美国三大流行音乐评奖机制比较及其当代文化意义》，载《艺术百家》2013 年第 6 期）。

各板块保持相对独立自主性(即尽量避免此方评价结果影响彼方板块评价实施)。具体产品参加某一板块评价后,不影响其再参加其他板块评价。

5. 评价结果认定

力求统筹兼顾,防止以偏概全。

通常而言,参加单一板块的评价,只能得出有关具体产品评价的单一指向性评价结论;参加板块评价越齐全,其相应的评价也会越全面。在全面评价具体产品时,要力求统筹兼顾,防止以偏概全。

(三) 完善公共文化产品评价的指标设计及对策建议

要健全完善的公共文化产品评价体系,就必须重点作好事关评价的核心指标及关键流程的设计。换言之,健全完善的评价体系,势必具备科学合理的评价指标体系和评价流程设计。为此,本研究将尝试从公共文化产品评价的一般规律出发,结合我国国情实际,就评价指标体系中的核心指标及整个流程中的关键环节设定,做初步的设计探索。

1. 评价中不可忽视的核心指标要素方面

按照公共文化产品评价的一般规律,用以评价具体公共文化产品的核心指标要素,大致可以归纳概括为以下两类:一是“约束性指标”(硬性指标);二是“引导性指标”(软性指标)。按照我国评价通用的“B 标准”,同时参照普适性的“A 标准”,则重点应当将以下核心指标要素纳入评价体系。

(1) “导向规范”,属一级约束性定性指标,实际上相当于人们通常所说的“政治指标”,其下属二级指标包括:是否遵守“国家规范”,如是否坚持“四项基本原则”、坚持社会主义先进文化前进方向?是否不悖逆宗教传统和民族习俗?是否遵守国家具体的文化法规制度?等等。

(2)“伦理指标”，属一级约束性定性指标，实际上可以将其理解为具有一定社会主义道德价值取向的指标①，其下属二级指标包括：是否遵守社会公序良俗？是否是在倡导真善美？是否是在鞭挞而不是一味渲染假恶丑？是否在放任拜金主义及物质主义等不健康风气言论？等等。

(3)“双效指标”②，属一级约束性定量定性结合指标。具体是指坚持将社会效益放在首位，力求实现社会效益与经济效益的有机统一。其下属二级指标要素中直接反映定量的部分，可以通过收视率、上座率、发行量、出口情况、利税情况等量化数据获得；下属二级指标要素中有关定性的部分，如公众主流口碑、社会主流反响等，则可通过规模民调或既有评价信息汇总等获得。

(4)“三性指标”，也即“知识性”“艺术性”及“观赏性”，属一级引导性定性为主指标。“知识性”是指产品对人类文明发展中所掌握的规律性认识成果的必要而自然的展示，让人们借产品消费充分体验寓教于乐及文明传承的快乐。“艺术性”是指产品带给消费者的审美熏陶、情操陶冶、情趣提升作用。“观赏性”是指产品给消费者带来的赏心悦目、愉悦身心、娱乐放松的作用。此三项指标在不同产品中通常表现为各有侧重。

(5)“科技性”，属一级引导性定性定量结合指标。该指标是为了顺应当今文化与科技高度融合发展、数码新媒体时代快速发展趋势而设置的，尤其适用于电影、电视、多媒体戏剧、动漫游戏等领域的评价。如其中反映出的影视特效、声光电技术及数码网络技术指标等，均是

① 在以往的评价中，“伦理指标”实际上流于弱化乃至空缺，人们只专注于“政治导向”正确与否，对“伦理导向”是否正确则抱相对含糊甚至宽松的态度。

② 对“社会效益”需要辩证地理解。中央领导同志曾经指出：“不被广大群众所接受，社会效益是空的，只能是把我们的文化工作引向‘假、大、空’的歧路……说市场票房价值高，就是好作品，这也不行。把市场价值绝对化，认为凡是市场价值好的都是精品，这个说法是不对的。”(李长春：《文化强国之路：文化体制改革的探索与实践》(上)，人民出版社2013年12月版，第383页。)

其具体的体现。

(6)“创新性”,属一级引导性定性为主并适当结合定量要素的指标。该指标设置的主要动机在于:衡量具体文化产品的创作生产,在引领文化艺术新兴业态、新兴消费方面所具备的开拓创新意义。如国内近年来普遍兴起的“山水实景演出”,在很大程度上就具有创新文化演艺产业业态、开拓受众文化演艺消费新模式的重大价值。

(7)“品牌价值”,属一级引导性定性定量结合指标。衡量检验具体文化产品在历经市场化长期流通过程中,所具备的塑造符号化经典、引领大众化潮流、创造社会效益和经济效益双丰收的具体成效。

(8)“走出去”及“国际化”,属一级引导性定性定量结合指标。真正优秀的文化产品,绝不仅止于在本国范围内的“既叫好又叫座”,而是应当具备迈出国门、走向世界、参与全球文化产品同台竞争、最终实现“国际化”大市场流通的品质和潜力。通常而言,能够做到这一点的产品,一定是能够将“中国故事”用艺术手法实现“国际化表达”的佳作。

2. 对改善公共文化产品评价体系的相关对策建议

(1) 整顿并规范我国现有的公共文化产品评价制度。由中宣部总负责、总牵头,组建集合了中宣部、文化部、国家新闻出版广电总局、中国作协、中国文联等机构力量的“文化产品评价评奖工作协调领导小组”,排摸汇总、梳理整顿我国各层级各种类文化产品评奖,本着追求少而精和权威性的原则,取消和废除一些具有明显“重复建设”浪费资源嫌疑的评奖种类。

(2) 消除国家级评奖项目运作普遍流于部门化的现象。基于国家级评奖项目虽然带有明显的官方色彩并充分体现着国家意志的特点,但是在具体的标准设定、评委筛选、评价活动、程序监督等诸多环节中,却应当努力避免国家行为被部门化操作完全绑架的现象。要力求体现国家相关主管部门、相关协调机构的“统揽全局,协调各方”的服务功能。

(3) 积极引入第三方公信机构参与各评价板块的设置运营。以往的绝大多数评奖类评价,基本上都存在着鲜明的"裁判员与运动员"职能划分不清问题,这也是诸多评奖广受大众诟病的原因之一。有鉴于此,应当创造条件,借助科学化的公开招标、契约合作等形式,引入成熟的第三方非盈利性公信机构参与各评价板块的设置运营。

(4) 组织具有广泛性代表性的研究力量研究探索评价创新。要充分调动文化领域专家学者、管理经营骨干及民众代表力量的积极性,开展国家公共文化产品评价方面的荣典褒奖制度研究、评价指标体系研究、立法执法及相关监督研究、文化产品创作生产相关引导政策研究,为今后不断健全和完善我国文化产品评价体系,提供必要的专项服务支撑。

(5) 努力推进文艺争鸣及文艺批评领域的氛围净化和生态重建。要针对目前我国文艺争鸣及文艺批评领域受市场经济和名利思潮严重侵蚀冲击的实际,本着坚持"双百"方针、"二为"方向及"三贴近"的原则,大力净化争鸣批评氛围,积极营造重建健康积极的批评生态。如可以通过在相关评奖类评价中设置或加大"理论批评奖"的权重分量,来引导文艺批评健康发展。借此为产品评价提供良好的思想氛围。

(6) 整肃并规约公共媒体有关公共文化产品的报道评论行为。公共传媒对公众认识评价具体文化产品,具有较大的影响作用。同时,公共传媒有时会出于既得利益的考量,而刻意发布具有明显倾向性、引导性的观点和消息。因此,文化主管部门有必要对各大媒体有关文化产品质量的报道评论行为加以必要的整肃规约,尽力抑制媒体发布违反实事求是原则、明显带有个人化倾向的评价性意见。为尽力确保公众意见的真实性、有效性打下必要的社会环境基础。

(7) 按照当今公共文化产品消费多样化的实际拓展信息采集渠

道。目前我国有关公共文化产品消费的许多基本数据采集，大多是沿用若干年前创设的一整套方法手段。如电视领域的收视率数据，就主要来自于央视——索福瑞以测量仪和日记卡等形式对样本户的收视行为的数据反映。但在新媒体快速勃兴、公众消费业态及手段日趋多样化的当下，仅仅以此来获得收视率基本数据明显不够准确。人们不看电视，照样可以借助网络视频、数码终端及智能手机等来实现许多具体产品的即时消费。因此尽快拓展信息采集渠道已成当务之急。

(8) 尽力消除事关文化产品评价的信息造假和数据失真失效现象。如今在电影放映、图书发行、网络文化产品消费等领域，大量存在着上座率及放映场次造假、图书排行榜凭空虚构、网络点击率作弊等欺诈现象①，既严重干扰乃至误导了公众消费者的产品消费选择，又无端引发了文化产品营销领域的不正当竞争，更为随后可能实施的相关产品评价带来了黑白颠倒之类的不良影响。因此，极有必要在文化执法、市场监管等诸多环节采取严厉的整顿举措，以便尽力消除文化产品消费信息造假和数据失真失效的现象。

---

① 如有报道指出：近年来一些影院透露瞒报票房数据的现象比较严重，已成为业界潜规则，每年的票房数据要比实际情况“缩水”10%左右。日前，国家新闻出版广电总局特别发布《电影院票务管理系统技术要求和测量方法》及《关于加强电影市场管理规范电影票务系统使用的通知》，此举被视作打击偷漏瞒报票房现象的重拳（参阅刘阳：《去年全国电影票房被“偷”走越24亿元，我国出新规打击偷漏瞒报票房现象——给电影票房上“锁”》，载《人民日报》2014年1月22日12版）。

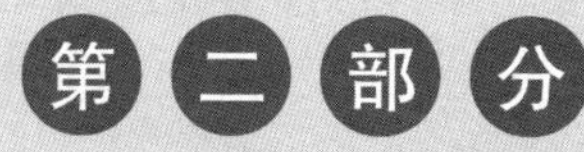

创 新 实 践

公共文化服务保障法律制度的完善与细化*

李国新**

至2021年3月1日,《中华人民共和国公共文化服务保障法》(以下简称"公共文化服务保障法")实施已经走过了四年路程。2020年8月,全国人大常委会启动了公共文化服务保障法执法检查,这是十三届全国人大常委会首次对文化方面法律的实施情况进行检查,体现了党中央、国务院对公共文化服务体系建设的高度重视。2020年12月,全国人大常委会副委员长蔡达峰在十三届全国人大常委会第二十四次会议上做了《关于检查〈中华人民共和国公共文化服务保障法〉实施情况的报告》,指出该法实施近四年来在强化政府保障责任、构建设施网络体系、丰富产品和服务供给、引导社会力量参与、开辟公共文化服务新路径等方面取得了显著成效;同时指出,在完全落实政府保障责任、充分发挥服务效能、优化资源配置、社会力量广泛深入参与、专业人才建设等方面也存在差距和问题

法律的根本任务是建立基本制度。公共文化服务保障法将党中央关于加强公共文化服务体系建设的战略思想转化为国家意志,将在实践中行之有效的重要政策上升为法律规定,立足实际构筑了一些解

---

* 本文于2021年3月5日首发于《中国图书馆学报》。

** **作者简介:**李国新,北京大学信息管理系教授,博士生导师。

决突出矛盾和问题的制度规范，形成了我国公共文化服务保障法律制度体系的“四梁八柱”，实现了我国公共文化服务保障基本制度的初步集成，迈出了公共文化治理体系和治理能力现代化的坚实步伐。当前，“十四五”时期提升公共文化服务水平的重点任务和2035年建成社会主义文化强国的远景目标已经明确，在总结分析公共文化服务保障法实施四年来成效的基础上，瞄准短板，找出弱项，聚焦不足，推动公共文化服务保障法全面落地并逐步完善，以法律的力量促进公共文化服务高质量发展，是“十四五”时期公共文化服务体系建设的重要任务。

一、深化基本公共文化服务标准制度

公共文化服务的终极目标是文化享有的普遍均等、惠及全民。党的十八届三中全会提出促进基本公共文化服务标准化均等化的战略思想，确立了我国公共文化服务以标准化的手段、方式实现均等化的路径。2015年初，中共中央办公厅、国务院办公厅印发《关于加快构建现代公共文化服务体系的意见》，首次提出逐步形成既有基本共性又有特色个性、上下衔接的基本公共文化服务标准指标体系的构想。公共文化服务保障法将这一构想转化为法律制度，规定国务院制定并调整国家基本公共文化服务指导标准，省、自治区、直辖市人民政府制定并调整本行政区域的基本公共文化服务实施标准（第五条），地市、县市人民政府制定公布本行政区域的公共文化服务目录并组织实施（第二十八条），形成了法律化的上下衔接的基本公共文化服务标准制度。这一制度要求各级政府将所提供的基本公共文化服务的内容、种类、数量和水平清单化、目录化、公开化，实际上是将各级政府的公共文化服务事权责任法律化，将公共文化服务的政府主导原则具体化。从理论上说，政府的事权责任决定了政府的支出责任。明确了事权责任，就为明确支出责任奠定了基础；明确了服务的数量和质量，就为明确支出水平设定了尺度，因此这一制度的建立对于基本公共文化服务保障具有奠基性、根本性、全局性的作用，它充分体现了公共文化服务的中国特色，堪称公共文化服务保障制度建设的“中国创造”。

公共文化服务保障法实施四年来，省级政府已经全部出台了本省的基本公共文化服务实施标准，93.7%的市（地）级政府和98.7%的县级政府已经出台了本地区的基本公共文化服务目录。从统计数据看，在落实基本公共文化服务标准制度方面，“有没有”的问题已经基本解决，目前存在的问题，主要是“实不实”“好不好”“管用不管用”的问题。比如有些地市、县市的标准/目录失之于笼统、虚泛，项目化、特色化、指标化程度不够，最终导致事权责任不明确、支出责任难落实。党的十九届五中全会部署，“十四五”时期提升公共文化服务水平的首要任务是推进城乡公共文化服务体系一体建设。城乡基本公共文化服务标准统一、供给均衡、水平大体相当，是城乡一体发展的基本标志，因此，深化细化基本公共文化服务标准制度，也是实现城乡一体建设的重要保证。“十四五”开局之年，各级政府面临着出台新一轮基本公共文化服务标准/目录的任务，需要明确国家和地方提供基本公共文化服务的数量、质量水平和支出责任，让与当地经济社会发展水平和公共财政支撑能力相适应的基本公共文化服务“应有尽有”，向社会公布服务项目、支付类别、服务对象、质量标准、支出责任、牵头负责单位等具体内容，以便于全社会监督各级政府是否“承诺必达”，这是深化基本公共文化服务标准制度的主要要求。

二、完善免费开放制度，落实优惠服务制度

公共文化服务保障法将2008年以来我国公共文化设施逐步实行的免费开放政策法律化，建立了公共文化设施免费或优惠开放（第三

十一条)、公共文化服务免费或优惠提供(第二十九条)制度。这一制度的核心要义在于,公共文化设施开放和服务提供必须坚持公益性原则,但公益性的体现并非是清一色的免费,也包括低收费的"优惠"。

近十多年来,伴随着公共文化服务体系建设的强力推进,我国公共文化设施免费开放的范围不断扩大,由博物馆到公共图书馆、文化馆、美术馆、乡镇综合文化站,直到科技馆;免费开放的公共文化场馆数量稳步增长,到 2019 年初已经达到 50 000 多家;中央财政十多年间支持公共文化设施免费开放的补助资金累计已经达到 580 多亿元;公共文化设施免费开放的理念已经深入人心。随着经济社会的发展,人民群众美好生活对文化的新期待不断增强,免费开放制度需要进一步完善。需要完善的主要方向有两个,一是进一步扩大范围。遵循尽力而为、量力而行的原则,伴随公共财政支撑能力的增强,推动工人文化宫、青少年宫、妇女儿童活动中心等公共文化设施逐步实现免费开放。同时,充分考虑我国不同地区经济社会发展的阶段性特征,改变免费开放全国"齐步走"的做法,推动经济发达地区率先适度扩大免费开放范围。二是加大资金补助力度。公共文化服务保障法规定,免费开放的公共文化设施按照国家规定享受补助(第四十七条),体现了权利与义务相对等的精神。公共文化设施免费开放是中央和地方的共同事权,所以应由中央财政和地方财政共同给予经费补助。自 2021 年始,补助资金的地区类别已经由三类调整为五类,但补助资金的数额十多年来一直没有变化。提升公共文化服务水平对资金保障提出了更高的要求,因此,适时提高免费开放补助资金的标准,是完善免费开放制度的又一任务。三是建立激励机制。公共文化服务保障法已经做出了将公共文化服务考核评价结果作为确定补贴或者奖励依据的规定(第五十六条),但免费开放补助资金到目前为止仍然没有与服务绩效挂钩,这对激励公共文化机构改善服务、提高效能的作用不够明显。因此,迫切需要研究建立免费开放补助资金与服务绩效挂钩的实施办法，充分发挥资金的使用效益。

公共文化设施开放和服务提供的“优惠”，是指提供基本公共文化服务以外的服务时可以适当收取费用，但应与市场价格有所区分，降低收费标准，按照成本价格为群众提供服务。简单地说，就是不以营利为目的、以补偿服务成本为限度的低收费方式。如果说公共文化服务在保基本、兜底线、促公平阶段，“优惠”服务尚可忽略不计，那在高质量发展阶段，就不是可有可无了。因为所谓“高质量”的基本特点就在于个性化、特色化、多样化的公共文化服务大量增加，而这类超越保障基本权益、满足基本需求的服务，不论从体现公平正义还是从公共财政支撑能力的角度看，都不能也无法做到完全免费。从这个意义上说，公共文化服务保障法早在四年前就将公共文化设施开放和服务提供界定为“免费或优惠”，具有超前预见性。

目前在实践中，落实非基本公共文化服务优惠提供制度存在着障碍：基本公共文化服务标准/目录的细化程度不够，导致免费和优惠的界限不清，给实际操作带来了困难；相关政策不协调，也成为制度落地的最大障碍。如现行政策有“公益一类事业单位不得从事经营活动”的规定，在不少地方，公共文化机构的低收费优惠服务就被认为是“经营活动”而被禁止。再就是由于缺乏激励措施，不少公共文化机构开展优惠提供非基本服务的动力不足，“能做的不想做”和“想做的不能做”现象并存，最终制约了服务的多样化和高水平。推动公共文化服务高质量发展，提升公共文化服务水平，亟需以问题为导向，有针对性地破解这些政策障碍，让公共文化服务保障法确立的非基本公共文化服务优惠提供的制度真正落地。近来已经有一些地方开始了破冰探索，如北京市东城区拟订的《公共文化设施社会化运营指导意见》，将满足居民个性化、多元化需求的优质服务列为延伸类服务，探索基本公共文化服务和优质化、个性化服务的有机结合，促进公共文化服务的免费提供与优惠提供并举，激发各类社会主体参与公共文化服务的积极性,增强公共文化服务的发展活力。

三、强化公共文化设施建设和保护制度

公共文化服务保障法从建设和保护两个方面构筑起了有关公共文化设施的法律制度。在设施建设方面,提出了地方各级政府依据“四大要素”(当地经济社会发展水平、人口状况、环境条件、文化特色)合理确定公共文化设施的种类、数量、规模和布局的基本遵循(第十五条),这实际上是明确了政府作为建设主体的公共文化设施建什么、建多少、建多大、建在哪。在设施保护方面,该法首先建立了公共文化设施建设用地保护制度,规定任何单位和个人不得侵占公共文化设施建设用地或擅自改变其用途,调整公共文化设施建设用地不得少于原有面积(第十六条);其次建立了公共文化设施使用保护制度,规定了对公共文化设施的“四个不得”:不得擅自拆除、不得擅自改变功能用途或者妨碍其正常运行、不得侵占挪用、不得用于与公共文化服务无关的商业经营活动(第十九条)。

围绕设施建设,公共文化服务保障法还建立了两项被认为是问题导向、针对性强的重要制度:一是新建公共文化设施的选址征求公众意见制度(第十五条),二是新建、改建、扩建居民住宅区规划和建设配套的公共文化设施制度(第十六条)。前者针对的是一些公共文化设施选址远离人口聚集区域造成事实上的利用不便、闲置浪费现象,旨在以征求公众意见的措施来制约选址的随意性;后者针对的是老百姓身边的中小型公共文化设施缺乏这一短板,旨在以居民住宅区普遍配建公共文化设施的措施来提升设施的体系化程度。这两项制度针对的问题,在近二十年我国公共文化设施建设中有一定的多发性、典型性,因此,这些法律制度的设计具有突破意义。

公共文化设施建设和保护制度的落实见到了成效。比如,近年来

各地的公共文化地方立法、规划政策、标准规范中，强调构建公共文化设施网络体系的多了起来，这表明过去在设施建设中不太关注的辐射半径、覆盖面积的理念开始进入建设主体的视野。在实践中，近年来城市书房、文化驿站、图书馆、文化馆分馆和基层服务点等新型公共文化空间大量出现，明显改变了“一个城市只有一座图书馆文化馆”“一级政府只建一个图书馆文化馆”的设施“孤岛现象”。公共文化服务保障法中居民住宅区配建公共文化施的原则规定，在不少地方性公共文化服务保障立法中得以细化，如有的规定应同步设计、同步施工、同步验收、同步投入使用，有的把配建规定由新建、改建、扩建居民住宅区延伸到已建成的居民住宅区，还有的还延伸到了城市公园等。

落实公共文化设施建设和保护制度也存在问题，比较突出的有三类。一是公共文化设施建设达不到国家最低标准，表明地方政府履行设施建设主体责任尚不完全到位。截至 2020 年初，全国尚有 190 多个县级公共图书馆和 240 多个县级文化馆没有达到《公共图书馆建设标准》(建标 108—2008)和《文化馆建设标准》(建标 136—2010)的最低要求。二是新建大型标志性公共文化设施选址不当。其中既有选址远离人口聚集区域的现象，也有同类设施扎堆重复建设的现象。由于其“大型标志性”的特性，造成的负面影响比较大。三是落实有关拆除公共文化设施的法律规定不力。因城乡建设确需拆除公共文化设施的，法律明确规定应坚持先建设后拆除或者建设拆除同时进行的原则(第十九条)，底线是建设拆除同时进行，但现实中“先拆后建”“快拆慢建”甚至“拆而不建”的现象依然不时可见。

强化公共文化设施建设和保护制度的执行力度，需要从两个方面发力。首先是细化法律的原则规定，让原则变得具体，让抽象化为可操作、可核查。近两三年来，天津、浙江、陕西、贵州等地出台的地方性公共文化立法，以列举的方式规定了不同层级地方政府应当建设的公共文化设施，这就使得法律中有关“合理确定公共文化设施种类”的规定落到了实处。湖南省的地方立法针对大型公共文化设施的拆除或改变用途,将国务院《公共文化体育设施条例》中有关事先公示、听取公众意见、征得上级主管部门同意并经上级政府批准等程序性规制吸收进地方法规,使得法律中有关“任何单位和个人不得‘擅自拆除’‘擅自改变功能用途’”的规定有了可依循、可操作的程序制约。安徽省的地方立法规定,公共文化设施建设拆除同时进行的,应当安排过渡的公共文化设施;湖南省的地方立法规定,拆除且新建时间超过三年的,应提供过渡性的公共文化设施,这类规定都完善和细化了法律中有关“建设拆除同时进行”的规定。但总体上看,法律建立的公共文化设施建设和保护制度目前还缺乏完备的实施细则和配套规章,操作性还不够强,执行力度比较弱。为此,新建公共文化设施选址征求公众意见,是落实设施建设以人为本原则、制约随意性的制度创新,但需要通过实施细则来让征求公众意见的方式、范围以及公众意见的吸收办法具体化、公开化、可操作,创新的制度设计才能显现实效;居民住宅区配套建设公共文化设施对构建设施体系至关重要,但需要规划、建设、文化等部门协同确立面积指标、配置标准、移交方式、运营机制、服务功能等细则,否则好制度也难免落空。另一个需要着力的方面,是加强执法主体和相关部门、社会监督主体之间的有效协作,综合运用强制、督促与自律等手段。公共文化设施建设和保护制度的执法主体,一般并不是文化主管部门自身,而是上级机关或规划、土地、建设等部门。如擅自拆除、侵占、挪用公共文化设施的,未按照法律规定重建公共文化设施的,应由上级机关或者监察机关行使执法权(第五十九条);侵占公共文化设施建设用地或者擅自改变其用途的,应由土地、城乡规划主管部门行使执法权(第六十条)。在这种情况下,加强对违法行为的社会监督,加强文化主管部门和相关部门之间的信息沟通、执法协作,就显得十分重要。公共文化服务保障法具有“软法”的性质,除处罚以外的体制内督促、自律机制对法律落实的促进作用不可忽视。强化法律的执行力度，以目前的法律责任规定为基础，还应完善细化三大机制。一是公众举报和舆论监督机制。道德力量、社会声誉对政府和公共文化机构有较强的约束力，公众举报、舆论监督往往能触发自主整改，收到比简单处罚更明显的效果。二是文化主管部门行政监督机制。主要方式是行政体系内部的函告、约谈、督查、通报等。从理论上说，行政监督机制实际上就是主要依赖行政体系内部以分层的、持续的、切实的监督实现自我规训，经验表明，这是落实"软法"的重要方式。三是不同执法主体之间的信息共享机制，主要是文化主管部门所掌握的信息和各级政府以及土地、城乡规划、物价等相关部门的互通共享，防止由于信息阻滞造成执法缺位。

四、创新鼓励社会力量参与制度

坚持政府主导、社会力量参与，是我国公共文化服务体系建设一以贯之的基本原则。党的十八届三中全会部署构建现代公共文化服务体系，重要任务之一是推动公共文化服务社会化发展，目标是形成政府、市场、社会共同参与公共文化服务体系建设的格局。公共文化服务保障法主要从明确参与方式和鼓励支持措施两个方面，构筑起了促进公共文化服务社会化发展的基本制度。在参与方式方面，明确了兴办实体、资助项目、赞助活动、提供设施、捐赠产品等主要方式（第四十二条），其中一些重要方式，如社会力量参与公共文化设施运营管理（第二十五条）、社会资本投入公共文化服务（第四十八条）、通过捐赠设立公共文化服务基金（第五十条）、社会力量参与文化志愿服务（第四十三条）等，都有专门条款作出规定。在鼓励支持措施方面，明确了对作出突出贡献的社会力量给予表彰和奖励的制度（第十三条），进一步明确了捐赠财产用于公共文化服务依法享受税收优惠的制度（第五十条），建立了政府通过购买公共文化服务支持社会力量参与的制度

(第四十九条)。

近年来,我国公共文化服务社会化发展伴随着构建现代公共文化服务体系的快速推进,最明显的进展体现在两个方面:一是政府购买公共文化服务,二是基层公共文化设施社会化运营管理。其实,后者也属于政府购买,只不过购买的是运营和管理。据统计,2017 年全国各级政府用于购买公共文化服务的总支出为 20 亿元,2018 年快速增长到 65 亿元,截止到 2018 年底,全国引入社会化运营管理的基层公共文化设施达到 1.1 万家以上,多数集中在经济发达地区,如北京市石景山区所辖 9 个街道文化活动中心均已实行社会化运营管理,上海市超过 90%的社区文化活动中心委托企业、社会组织等运营管理。2015 年,四川省成都市出现了"公共文化服务超市",200 多家单位、企业、社会团体的 400 多个项目参与现场展示交易;2017 年,上海市浦东新区举办公共文化产品服务采购大会;此后,长三角、粤港澳大湾区等区域性公共文化和旅游产品采购大会相继举办,线上"全国公共文化和旅游产品交易中心"建成,以供需对接、现场洽谈、菜单式购买为特色的"文采会"创新了政府购买公共文化服务的方式。总体上看,政府购买公共文化项目、活动、服务以及运营管理,是目前阶段我国公共文化服务社会化发展的主要形式,它既体现了公共文化服务政府主导、公共财政支持为主的基本原则和中国特色,又体现了公共文化服务引入市场机制、竞争手段的社会化发展走向;既做实了政府引导和鼓励社会力量参与的具体举措,又推动社会力量释放了公共文化服务创新创造的活力,成为我国新时期社会力量参与公共文化服务的亮点。

政府购买公共文化服务在快速推进过程中也显现出了一些问题。其中,一个突出问题是公共文化机构作为购买主体和承接主体的合法性问题。按《中华人民共和国政府采购法》的规定,政府采购是指各级国家机关、事业单位和团体组织使用财政性资金实施的采购行为(第二条),购买主体包括了作为事业单位的各级各类公共文化机构。但

2016年财政部、中央编办印发的《关于做好事业单位政府购买服务改革工作的意见》规定，公益一类事业单位既不属于政府购买的购买主体，也不属于承接主体。如此一来，法律和政策不完全协调。从理论上说，承担公共文化服务具体任务的公共文化机构最了解需要买什么、买多少，现实状况也是购买公共文化服务的行为大多由公共文化机构实施。另外，在总分馆制建设中，还出现了分馆交由总馆运营管理、分馆所属政府向总馆支付运营管理费用的案例，这实际上是总馆扮演了分馆的运营管理承接主体的角色。立足实际，推动政府购买公共文化服务进一步发展，需要打通将公共文化机构排除在购买主体和承接主体之外的政策障碍，实现政策和法律的协调一致。另外一个突出问题是政府购买方式、流程在购买公共文化服务中的适配性问题。政府购买公共文化服务在政府购买中属于后来者、新现象，已有的购买流程、方式基本上没有考虑到购买公共文化服务的特殊性，因此在标书编制与响应、评标专家、评价标准与流程等方面都存在一些不适应，亟需总结近年来的实践经验，形成有针对性的操作细则。

基层公共文化设施社会化运营管理属于政府购买公共文化服务的一种特殊形式，在我国出现的时间不长但发展很快。2015年政策引导明朗化，提出有条件的地方可以探索开展公共文化设施社会化运营试点；公共文化服务保障法确立了鼓励社会力量依法参与公共文化设施运营和管理的原则（第二十五条）。伴随着新一轮基层政府体制改革的推进，可以预料，未来县以下基层公共文化设施采用社会化运营管理方式的将会越来越多，因此，创新与构筑基层公共文化设施社会化运营管理的制度规范具有紧迫性。

首先应该在理论上明确公共文化设施社会化运营管理方式的适用范围。放眼国际，采用这种方法最多的是日本。早在20世纪60年代，日本就开始推动“公共设施委托经营”，到20世纪90年代又推出“公共设施指定管理者制度”并一直延续至今，这就是日本式的公共文化设施社会化运营管理制度。根据日本文部省所做的调查统计,截至2018年,日本全国共有公立公共文化设施51 972个,实行指定管理者制度的15 836个,占比30.5%。从实行该制度的公共文化设施种类上看,公民馆(类似我国的文化馆)和公共图书馆较少,占比分别为9.9%和18.9%,博物馆较多,占比30.2%,最多的是剧场、音乐厅等,占比58.8%。从实行该制度的公共设施层级和规模上看,2009年时都道府县级(相当于我国的省级)公共设施引入该制度的占9.8%,指定都市级公共设施占9%,市区町村级公共设施占81.1%。再看公共图书馆,2015年时,日本都道府县级公共图书馆引入指定管理者制度的占6.8%,市区町村层级公共图书馆引入该制度的占13.4%。国际经验反映了一个基本规律:社会化运营管理方式的适用范围,随公共文化设施性质功能、层次规模的不同而有明显区别,并非普遍适用,不可一概而论。

其次,我国目前实行社会化运营管理的公共文化设施主要集中在县以下的乡镇(街道)和村(社区)。从实践中显现的问题来看,亟须在三个方面创新和完善制度。一是建立合格承接主体的培育和资质评价制度。缺乏合格的承接主体,是目前我国公共文化设施社会化运营管理面临的最大困难。合格的承接主体需要具备哪些基本条件,这又是一个资质评价的问题。所以,资质评价和合格主体培育是二位一体的事情。应充分考虑公共文化设施作为精神文明阵地的意识形态属性,围绕文化安全、政策水平、管理团队、运营能力、专业特色、人才结构、既往业绩等主要方面建立基本条件和评价标准,并以此促进承接主体培育孵化的规范化。二是建立支撑社会化运营管理可持续发展的购买经费测算机制。公共文化设施社会化运营管理从本质上说并不是一个单纯减少政府支出的机制,而是一个激发活力、促进服务水平提升的机制。目前一些地方出现的唯“低价中标”的现象,不利于可持续发展。应尽快研究建立既能确保基本公共文化服务“应有尽有”,

又能激励承接主体不断创新、持续发展的经费保障机制，防止社会化运营管理变成有的地方政府推卸基本公共文化服务保障责任的借口。三是构筑适应社会化运营管理需求的专业人才养成体制。从国际经验看，对公共文化设施社会化运营管理最大的疑虑和批评，是服务和管理专业化水平的降低，从根本上说是人才专业化水平的降低。我国现有的公共文化专业人才培养体制，无法适应社会化运营管理对人才的需求。一方面，社会化运营管理主体对正规高等院校培养的专业人才还缺乏吸引力；另一方面，运营管理基层公共文化设施，大量需要的是初、中级专业人才。针对这一新需求，高等院校应当研究建立以系统专业教育为基础的社会化专业技能水平评价认证制度，类似于日本的图书馆“司书制度”，以此作为承接主体聘用专业人员的参考，这是一条可探索、有前景的路径。

五、健全政府监管和机构责任制度

公共文化服务保障法明确规定应建立的政府监管制度主要有两类：一是政府主导的考核评价制度，如有公众参与的公共文化设施使用效能考核评价制度（第二十三条）、有公众参与的公共文化服务考核评价制度和反映公众文化需求的征询反馈制度（第五十六条）；二是政府公共文化服务信息公开制度，如公共文化服务设施目录及有关信息公布制度（第十四条）、公共文化服务资金使用的监督和统计公告制度（第五十五条）、公共文化服务信息公开制度（第五十七条）。这类制度的落实虽看起来不难，但实际的落实效果也还存在一些问题。比如，政府对公共文化设施和服务的考核评价是常态化的工作，法律的亮点在于强调了考核评价的“公众参与”，体现了以人民为中心的思想。但公众如何参与到政府实施的考核评价中来？公众的意见如何表达？表达的意见又如何被吸收到考核结果中来？对于这些问题目前还没有规范的实施细则，导致“公众参与”的落实方式还比较随意。另外，政府公布的本行政区域内的公共文化设施目录及有关信息，看起来不难做到，但由于缺乏公布的时间、方式、更新周期等操作规程性要求，导致落实情况并不尽如人意。一项网络调查显示，到 2020 年初，全国只有 6 个省、市、自治区文化主管部门在网站上按法律要求完整公布了本行政区域公共图书馆的基本信息。可见，全面落实法律建立的政府监管制度，同样需要健全实施细则。

关于公共文化机构责任制度，公共文化服务保障法主要涉及了建立管理制度和服务规范、建立资产统计报告制度、建立年报制度（第二十一条）、建立安全管理制度（第二十二条）、建立服务公示制度（第三十一条）等。其中，具有创新性的制度是公共文化机构的年报制度。法律所说的“年报”，与公共文化机构作为事业单位按规定每年向登记机关和审批机关提交的格式化的“事业单位法人年度报告书”不同，它是一种主要用来反映公共文化机构年度基本情况、服务开展情况、事业进展情况，兼具总结性和研究性、并向社会公开的年度报告。在公共文化服务保障法建立年报制度之前，我国公共文化机构编制和公开这类年报的比较少见。法律创设了年报制度之后，各级各类公共文化机构意识到了法律责任，启动这项工作的越来越多，同时编制和公开年报已经被纳入公共图书馆和文化馆的评估定级标准，相信“十四五”期间年报制度的落实将会步入快车道。今后年报制度需要在三个方面进一步细化：一是坚持行业协会主导，尽快编制出台行业年报编制指南，对年报的内容和形式作出基本规范，以保证年报的质量；二是完善年报公开的时间、方式、载体、途径等，提高年报公开的规范性；三是结合实际、因地制宜，探索年报多样化的呈现方式，除机构年报之外，还可以有区域性的总分馆体系年报、服务联盟年报、基层的跨机构年报等形式。

参考文献

[1] 蔡达峰：全国人民代表大会常务委员会执法检查组关于检查《中华人民共和国公共文化服务保障法》实施情况的报告[EB/OL].(2020-12-24)[2020-12-28].http://www.npc.gov.cn/npc/c30834/202012/7ed12481a99c43d985edd1bca34c2afd.shtml.

[2] 发展改革委有关负责人就《关于建立健全基本公共服务标准体系的指导意见》答记者问[EB/OL].(2018-12-14)[2020-12-28].http://www.gov.cn/zhengce/2018-12/14/content_5348838.htm.

[3] 北京大学国家现代公共文化研究中心.公共文化服务保障法有关免费开放及服务效能相关规定落实情况评估[R].2020:9-10.

[4] 公共文化领域中央与地方财政事权和支出责任划分改革方案(国办发〔2020〕14号)[EB/OL].(2020-06-23)[2021-01-03].http://www.gov.cn/zhengce/content/2020-06/23/content_5521313.htm.

[5] 关于推进全国美术馆、公共图书馆、文化馆(站)免费开放工作的意见(文财务发〔2011〕5号)[EB/OL].(2011-02-14)[2021-01-03].http://www.gov.cn/zwgk/2011-02/14/content_1803021.htm.

[6] 国务院办公厅关于印发分类推进事业单位改革配套文件的通知：关于事业单位分类的意见(国办发〔2011〕37号)[EB/OL].(2011-07-24)[2021-01-03]. https://www. pkulaw. com/chl/246dd25f9c907f55bdfb. html?keyword=%E4%BA%8B%E4%B8%9A%E5%8D%95%E4%BD%8D%E6%94%B9%E9%9D%A9.

[7] 东城公共文化服务社会化发展开启新篇章[EB/OL].(2020-11-21)[2021-01-03].https://www.sohu.com/a/433295655_120209831.

[8] 李国新：公共文化服务保障法的制度构建与实现路径[J].图书情报工作，2017,61(16):8—14.

[9] 北京大学国家现代公共文化研究中心.《“十三五”时期贫困地区公共文化服务体系建设规划纲要》落实情况终期评估报告[R].2020:26.

[10] 湖南省实施《中华人民共和国公共文化服务保障法》办法[EB/OL].(2020-08-03)[2021-01-03].http://www.hn.xinhuanet.com/2020-08/03/c_

1126317502.htm.

[11] 林华、楚天舒：我国公共文化法律有效实施的思考——以《公共文化服务保障法》《公共图书馆法》为中心[J].中国图书馆学报，2019(4)：12—27.

[12] 关于加快构建现代公共文化服务体系的意见[EB/OL].(2015-01-20)[2021-01-03].http://www.scio.gov.cn/xwfbh/yg/2/Document/1392701/1392701.htm.

[13] 杨永恒、杨楠：公共文化服务社会化发展的思考[M].北京市石景山区文化和旅游局，清华大学中国发展规划研究院.公共文化服务社会化发展实践探索与思考.北京：人民日报出版社，2020：3—15.

[14] 北京大学国家现代公共文化研究中心.我国公共文化机构社会化发展调研报告[R].2018：15.

[15] 石景山区文化和旅游局.公共文化服务社会化让人民群众对美好生活的新期待“不等待”[M].北京市石景山区文化和旅游局，清华大学中国发展规划研究院.公共文化服务社会化发展实践探索与思考.北京：人民日报出版社，2020：155—162.

[16] 成都首届“公共文化服务超市”开办[EB/OL].(2015-10-28)[2021-01-03].http://www.xinhuanet.com/politics/2015-10/28/c_128368627.htm.

[17] 上海浦东新区举办 2017 公共文化产品服务采购大会[EB/OL].(2017-03-16)[2021-01-03].https://www.mct.gov.cn/whzx/qgwhxxlb/sh/201703/t20170316_781770.htm.

[18] 云上文采会交流展示活动开展[EB/OL].(2020-12-07)[2021-01-03].https://www.mct.gov.cn/whzx/qgwhxxlb/gd/202012/t20201207_918891.htm.

[19] 关于做好事业单位政府购买服务改革工作的意见(财综〔2016〕53 号)[EB/OL].(2016-11-30)[2020-12-28].http://www.gov.cn/xinwen/2016-12/29/content_5154154.htm#1.

[21] 株式会社三菱総合研究所.図書館・博物館等への指定管理者制度導入に関する調査研究報告書[EB/OL].(2009-03-01)[2020-04-20].https://www.mext.go.jp/a_menu/shougai/tosho/houkoku/_icsFiles/afieldfile/2010/06/29/1294217_01.pdf.

[22]日本図書館協会.公立図書館の指定管理者制度について[EB/OL].(2016-09-30)[2020-04-18]. http://www.jla.or.jp/Portals/0/data/kenkai/siteikanrikeikai2016.pdf.

[23]北京大学国家现代公共文化研究中心.《中华人民共和国公共图书馆法》落实情况调研报告[R].2020:9.

公共文化服务体系中的图书馆创新发展研究*

金武刚**

建立覆盖全社会的公共文化服务体系，是实现、维护和发展人民群众基本文化权益的主要途径，是保障和改善民生的重要举措。在新时代，我们仍然需要完善公共文化服务体系，重心下移，提高基本公共文化服务的覆盖面和适用性。

公共图书馆是公共文化服务体系建设的重要组成部分，一直发挥着先锋和引领作用。为了满足新时代人民群众对美好生活的新期待，公共图书馆理应针对公共文化服务发展不平衡不充分的问题，特别是在基础薄弱的农村地区，进一步改革创新，先行探索，率先示范。

一、图书馆是公共文化服务体系建设主力军

无论是制度层面的国家政策法规出台，还是实践层面的国家公共文化服务体系示范区创建，都表明公共图书馆是公共文化服务体系建

---

* 本文系国家社会科学基金一般项目“中国农村公共阅读服务体系研究”（项目编号：14BTQ015）研究成果。首发于《图书馆》2019 年第 5 期。

** **作者简介**：金武刚，华东师范大学经济与管理学部信息管理系教授，研究方向：图书馆法治与公共文化服务。

设的重要内容,显示了其重要地位。

(一)国家政策出台,显示图书馆承担着公共文化服务体系建设中的重要任务

自党的十六届五中全会提出"加大政府对文化事业的投入,逐步形成覆盖全社会的比较完备的公共文化服务体系"以来,公共图书馆始终承担着建设重任,勇于探索体制机制改革创新,是公共文化服务体系建设先锋。特别是党的十八届三中全会提出"构建现代公共文化服务体系"以来,陆续出台的统领全局、宏观指向的综合性政策和深化改革、微观着手的专门性政策(见表1),都有图书馆承担的创新任务。

表1 近年公共文化领域若干重要政策

政策名称	改革性质	出台时间
《关于加快构建现代公共文化服务体系的意见》	综合改革	2015.1
《关于做好政府向社会力量购买公共文化服务工作的意见》	社会化发展	2015.5
《关于推进基层综合性文化服务中心建设的指导意见》	基层文化	2015.10
《关于推动文化文物单位文化创意产品开发的若干意见》	文创研发	2016.5
《关于公共文化设施开展学雷锋志愿服务的实施意见》	志愿服务	2016.10
《关于推进县级文化馆图书馆总分馆制建设的指导意见》	总分馆制	2016.12
《全民阅读"十三五"时期发展规划》	全民阅读	2016.12
《文化部"十三五"时期文化发展改革规划》	综合改革	2017.2
《国家文物事业发展"十三五"规划》	文物事业	2017.2
《"十三五"时期公共数字文化建设规划》	数字化建设	2017.7
《"十三五"时期全国公共图书馆事业发展规划》	图书馆事业	2017.7

(续表)

政策名称	改革性质	出台时间
《关于深入推进公共文化机构法人治理结构改革的实施方案》	治理方式	2017.9
《关于在文化领域推广政府和社会资本合作模式的指导意见》	社会化发展	2018.11

从表中可以看到,《关于加快构建现代公共文化服务体系的意见》作为确立中国特色现代公共文化服务体系的综合性政策,除了把图书馆视为公共文化设施,并对其作常规要求之外,还在重大改革创新事项中点出了其专门任务:如城市与农村公共文化服务资源整合和互联互通方面,要求图书馆推进总分馆制建设,加强对农家书屋的统筹管理;公共文化服务数字化建设方面,要求公共图书馆统筹实施包括数字图书馆在内的各类项目,在基层实现共建共享;创新运行机制建立事业单位法人治理结构方面,首推公共图书馆组建理事会,吸纳有关方面代表、专业人士、各界群众参与管理。

专门性政策制定更是突出了图书馆的任务和内容。例如,"十三五"规划中,国家文化主管部门除了出台综合性的《"十三五"时期文化发展改革规划》,还沿袭"十二五"规划传统,出台了图书馆专项规划——《"十三五"时期全国公共图书馆事业发展规划》。但是相同性质的文化馆、美术馆却没有专项规划,博物馆也只在《国家文物事业发展"十三五"规划》占有一席之地。又如,社会化发展、文创研发、志愿服务、总分馆制、全民阅读、数字化建设、治理方式创新等专项改革创新方面,都有针对公共图书馆的具体内容和要求。甚至与图书馆联系不甚紧密的《关于推进基层综合性文化服务中心建设的指导意见》,也明确要求公共图书馆在基层设立服务点、提供数字图书馆服务。

（二）法律颁布实施，表明图书馆在公共文化服务体系建设中占据重要地位

《中华人民共和国公共文化服务保障法》（以下简称《公共文化服务保障法》）构筑起我国公共文化服务的基本法律制度，首先对公共文化服务、公共文化设施等基本概念作出界定：第二条规定“公共文化服务，是指由政府主导、社会力量参与，以满足公民基本文化需求为主要目的而提供的公共文化设施、文化产品、文化活动以及其他相关服务”；第十四条明确指出公共文化设施“是指用于提供公共文化服务的建筑物、场地和设备，主要包括图书馆、博物馆、文化馆（站）、美术馆、科技馆、纪念馆、体育场馆、工人文化宫、青少年宫、妇女儿童活动中心、老年人活动中心、乡镇（街道）和村（社区）基层综合性文化服务中心、农家（职工）书屋、公共阅报栏（屏）、广播电视播出传输覆盖设施、公共数字文化服务点等”。图书馆位居所列举的16种设施类型之首，可见其重要地位。

在我国，为上述各类设施专门立法的，目前只有图书馆领域的《中华人民共和国公共图书馆法》（以下简称《公共图书馆法》）。考虑到立法资源有限，图书馆能够专门立法，在相当程度上说明了其重要性。

《公共图书馆法》作为全面构建现代图书馆制度的专门法，首先呼应了《公共文化服务保障法》的规定，把公共图书馆定性为公共文化设施（法律第二条），更进一步规定公共图书馆是“公共文化服务体系的重要组成部分”（法律第三条），以法律的名义直接明确图书馆在公共文化服务体系建设中的重要地位。

（三）国家级示范区创建，反映图书馆在公共文化服务体系建设中占据较大份额

为了推动公共文化服务体系建设，2011年起，文化部、财政部联手

开展国家公共文化服务体系示范区创建工作，旨在探索经验、提供示范，更好地研究解决公共文化服务体系建设的突出矛盾和问题，推动可持续发展。截至2018年底，前三批示范区已经创建成功，第四批示范区正在创建。

从前三批示范区创建内容来看，图书馆都不可或缺，设置了相当多的指标，占据了较多的份额。以第一批示范区创建验收标准为例，东部地区有30项76个指标，中部地区有29项72个指标，西部地区有25项61个指标。其中，与图书馆直接相关的指标均有25个，占指标总数的35%—41%；根据验收标准计算指标分值，约占总分值的29%—32%。如果将与图书馆间接相关的指标分值也统计在内，则占总分值的40%左右。第二批、第三批示范区验收标准有所调整，但最终的指标设置和分值控制与第一批基本相当，图书馆依然占据较高比重。图书馆在国家级示范区创建中占据重要地位，份额较大，反映了图书馆在公共文化服务体系建设中承担重任，不可或缺。

二、图书馆始终引领公共文化服务体系建设发展

公共文化服务体系建设内容繁多，涵盖宽广，有学者用四个词组来概括，即均等化、标准化、数字化、社会化公共图书馆在这四大领域都卓有建树，始终走在前列，起到引领带头作用。

（一）均等化方面，图书馆总分馆制领先一步

公共文化服务均等化是指为社会公众提供基本的、与经济社会发展水平相适应的公共文化产品和服务。公共图书馆“不分年龄、种族、性别、宗教、国籍、语言或社会地位，向所有的人提供平等的服务”，这是国际图联在《公共图书馆宣言》中向社会传递的图书馆行业职业理念，与均等化要求一脉相承。我国图书馆界认同这一国际理念，在公

开发布的《图书馆服务宣言》中，确立了“普遍开放、平等服务、以人为本”的基本原则。

总分馆制建设，是落实均等化要求的最佳实践，旨在把优质资源与服务延伸到基层，覆盖区域内所有公众。总分馆制建设，在我国图书馆领域率先探索。2000年“上海市中心图书馆”工程建设，催生“总馆”“分馆”雏形；2003年佛山禅城区图书馆第一家分馆挂牌成立，开启了总分馆制建设先河；此后在国家政策和行业协会推动下，图书馆总分馆制在全国兴起建设热潮。2011年，图书馆总分馆制建设成为了国家推荐标准，并被纳入《公共图书馆服务规范》，2017年被写入《公共图书馆法》。

图书馆为文化馆总分馆制建设提供了参照与借鉴。2011年重庆大渡口区启动“文化馆图书馆总分馆制”国家公共文化服务体系示范项目创建，开启了我国第一个文化馆总分馆制建设。2013年嘉兴市在国家公共文化服务体系示范区创建中，探索以“人”为纽带的中国特色文化馆总分馆制建设，为全国树立了榜样。2016年中央五部委发布《关于推进县级文化馆图书馆总分馆制建设的指导意见》，全面启动了文化馆总分馆制建设。总体来看，图书馆总分馆制建设领先于文化馆领域10年左右。

（二）标准化方面，图书馆服务规范率先实施

公共文化服务标准化建设，主要通过制定、发布和实施一系列具有约束性的标准来实现最佳秩序和最佳效能。标准化工作所确立的业务规范，如运营管理、人员配备、经费投入、绩效考核等，有助于形成长效机制，实现公共文化服务良性发展。

从具体行业来看，目前图书馆、文化馆、博物馆领域都建立了服务方面的国家标准。《公共图书馆服务规范》于2011年12月31日发布，自2012年5月1日起实施；《文化馆服务标准》于2016年8月29

日发布,自 2017 年 3 月 1 日起实施;《博物馆开放服务规范》于 2018 年 9 月 28 日发布,自 2019 年 4 月 1 日起实施。三者相较,图书馆领域服务标准建设要领先于文化馆、博物馆 5—7 年。

另外,从各行业已发布的标准数量来看,图书馆领域由全国图书馆标准化技术委员会负责标准起草工作,截至 2018 年底,发布了 16 种国家标准和 30 种行业标准,基本完成标准体系布局工作。文化馆领域由全国文化馆标准化技术委员会负责标准起草工作,目前只发布了 2 种国家标准,缺口还很大。博物馆领域由全国文物保护标准化技术委员会兼带负责相关标准起草工作,虽然目前发布了 50 种国家标准和 84 种行业标准,但主要涉及文物出境审核、考古挖掘、文物保护等方面,直接与博物馆展陈及服务相关的标准还不多。可见,图书馆领域标准体系建设也走在文化馆、博物馆前面。

(三) 数字化方面,图书馆领域研究走在前列

公共文化服务数字化建设,主要依托现代科技和信息技术,实现公共文化服务传播利用的现代化。信息技术的复杂性决定其合理应用,首先需从理论层面加以研究、提高认识、科学把握。

根据 CNKI 收录的图书馆、文化馆、博物馆领域的数字化研究论文进行统计(以“篇名”中含“图书馆数字化”或“数字图书馆”、“文化馆数字化”或“数字文化馆”、“博物馆数字化”或“数字博物馆”内容,按“期刊”类型分别进行检索,检索日期 2019 年 1 月 31 日),结果见表 2。我们可以看到,图书馆领域的数字化研究论文最早出现于 1994 年;1999 年起突破了 100 篇,并急剧增多,2001 年起突破了 500 篇;2002 年至 2013 年,每年都有 800 篇以上;2014 年起逐渐回落,2017 年降至 400 篇以内。可见,图书馆领域的数字化研究开始较早,研究成果较丰富。

表 2　图书馆、博物馆、文化馆各领域数字化研究概况

单位：篇

年份	图书馆	博物馆	文化馆	年份	图书馆	博物馆	文化馆
1994	2	—	—	2007	946	11	—
1995	3	—	—	2008	941	21	—
1996	12	—	—	2009	1 018	18	—
1997	25	—	—	2010	925	14	—
1998	36	—	—	2011	877	22	—
1999	102	—	—	2012	836	23	—
2000	250	1	—	2013	814	29	1
2001	582	—	—	2014	669	32	1
2002	873	3	—	2015	620	47	5
2003	912	12	—	2016	541	43	8
2004	862	20	—	2017	393	20	10
2005	939	10	—	2018	377	43	9
2006	975	16	—	2019	15	1	—

博物馆、文化馆领域的数字化研究，明显落后于图书馆领域。博物馆领域的数字化研究文章最早出现于 2000 年，但一直不温不火，2015 年达到峰值 47 篇；从 2000 年至 2018 年累计产出 385 篇。文化馆领域的数字化研究更为滞后、产出数量更为稀少，2013 年开始才有相关研究文章，至 2018 年累计产出 34 篇。

理论研究与实践应用紧密关联，图书馆在数字化方面的研究成果层出不穷，数量居高不下，也从一定程度反映了图书馆数字化应用的繁荣兴盛。

（四）社会化方面，图书馆治理改革奋勇当先

公共文化服务社会化发展，是指引导和鼓励社会力量共同参与公

共文化服务建设，旨在丰富公共文化产品和服务供给，满足社会公众多样化需求。近些年来，社会力量通过投资或捐助设施设备、兴办实体、资助项目、赞助活动、提供产品和服务等多种方式参与公共文化服务建设，在图书馆、文化馆、博物馆等领域都有所覆盖，很难分清谁先谁后、谁多谁少。

推动公共文化服务社会化发展，一方面需要国家出台宏观层面的政策，营造良好的外部大环境；另一方面也需要在微观层面，推动机构改革，创造出适合社会化发展的开放包容机制。党的十八届三中全会提出的公共文化机构法人治理结构改革，就是社会化发展的一项关键制度，旨在增强机构的自主发展权，释放机构的内在活力，激励社会力量广泛参与，形成现代治理方式。

2014 年 7 月，国家文化主管部门部署了在全国开展公共文化机构法人治理试点工作，要求各省文化行政部门分别确定 8—10 家单位（每类公共文化机构都有 1—2 个试点单位）作为该省的试点单位，并从中选择 1—2 家单位推荐为国家级试点候选单位。2014 年 9 月，国家文化主管部门在各省申报推荐的基础上，经过专家评审，确定 10 家单位作为国家公共文化机构法人治理结构试点单位，详见表 3。

我们从表中可以看到，总共 10 个国家级试点单位，图书馆有 7 个，博物馆有 2 个，文化馆有 1 个。试点探索一般选择有能力、比较成熟的单位来进行。这份名单经过层层筛选得出，最终图书馆占据绝大多数，这充分说明了图书馆的实力得到管理者和专家的共同认可，在机构改革试点探索中，当仁不让成为现代治理方式突破的首选。

表 3　2014 年国家公共文化机构法人治理结构试点单位名单

序号	单位名称	机构类型
1	河北省唐山市丰南区图书馆	图书馆
2	山西省朔州市图书馆	图书馆

（续表）

序号	单位名称	机构类型
3	南京图书馆	图书馆
4	浙江图书馆	图书馆
5	浙江省温州市图书馆	图书馆
6	山东省济南市群众艺术馆	文化馆
7	广东省博物馆	博物馆
8	广东省深圳市福田区图书馆	图书馆
9	广西壮族自治区桂林市临桂县文化馆	文化馆
10	重庆图书馆	图书馆

三、图书馆融入公共文化服务体系建设洪流

满足人民基本文化需求是社会主义文化建设的基本任务，也为图书馆创新发展指引了发展方向。近些年来，公共图书馆主动融入公共文化服务体系建设，在设施空间布局和活动组织等方面有所拓展。丰富服务内容、提高公众参与度，成为新时代图书馆创新发展的一大趋势。

（一）设施融合："你中有我""我中有你""你我相连"并举

图书馆与公共文化服务融合，首先体现在"馆中馆"设施布局，即在公共图书馆空间内设置其他功能场馆，提供图书馆功能之外的公共文化服务，形成"我中有你"现象。如兼具公共图书馆功能的国家图书馆，在总馆南区设立了"国家典籍博物馆"，它是依托于国家图书馆宏富馆藏，集典籍收藏、展示、研究、保护、公共教育、文化传承、文化休闲于一体的综合性博物馆。正在兴建的上海图书馆东馆，将在馆内设置

上海通志馆，形成资源集聚和辐射效应。杭州图书馆在馆内设置音乐馆，配备顶级音响，提供经典艺术欣赏，很多图书馆争相效仿。已经成为公共图书馆免费开放标配的展览馆（展览区域），经常提供视觉艺术展陈与相关活动，成为艺术普及重要场所。

图书馆与公共文化服务融合，其次体现在“馆外馆”设施建设，即在其他场地内设置图书馆（室），提供图书借阅服务，形成“你中有我”现象。如苏州图书馆主动出击，在文庙、书院内设置分馆，在妇儿中心、少年宫内设置分馆，在学校、医院内设置分馆，让图书馆无处不在。铜陵市图书馆在博物馆、公园、社区内设置“阅读点”，让阅读服务更亲民。深圳盐田区图书馆在临海的旅游风景区嵌入“听海图书馆”，促进文旅融合发展。乡镇（街道）和村（社区）基层综合性文化服务中心内设置图书馆（室），提供书报阅读及上网服务，则已经是《公共文化服务保障法》的基本要求。

图书馆与公共文化服务融合，还体现在图书馆与其他文化设施集聚建设，形成“你我相连”的“馆连馆”现象，方便公众一站式获取各类公共文化服务。如泉州市新建的公共文化中心，将图书馆和科技规划馆、工人文化宫、大剧院汇聚在一起。江阴市文化中心，将图书馆、少儿馆与博物馆、展览馆、美术馆、大剧院建在一起。县级图书馆与文化馆比邻而建，甚至“合二为一”，更是屡见不鲜。当然，文化设施集聚建设是否合理，业界尚有争议。

（二）服务融合：图书馆文化活动多姿多彩

图书馆与公共文化服务融合，还体现在吸收、借鉴公共文化活动的组织要素，设计和开展主题特色文化活动，让图书馆阅读服务变得充满吸引力。

上海图书馆组织开展阅读“马拉松”竞赛，激励读者在规定时间内完成一定数量阅读任务，让阅读成为一种带有仪式感的社会活动，带动更多人参与。不少公共图书馆借势人气爆棚的央视综艺节目《朗读者》,配置专门设备,提供个性化“朗读”服务,吸引公众参与。活跃在街头巷角的“快闪”艺术,也时常出现在图书馆,引起广泛关注。在图书馆听音乐会、看电影,跟志愿者学画画、写对联等公共文化活动,更是比比皆是。

浙江公共图书馆界联手策划的“4·23 图书馆之夜”,浦东图书馆组织的“跨年奇妙夜”,更是将中华传统文化、地方民俗文化、西方经典文化融入阅读活动之中。公共图书馆变身为综合性场馆,提供公共文化服务,成了广大社会公众的欢乐海洋。

四、新时代图书馆创新发展的重点任务

党的十九大报告指出,中国特色社会主义进入新时代,我国社会主要矛盾已经转化为人民日益增长的美好生活需要和不平衡不充分的发展之间的矛盾。关于公共文化服务体系建设,党中央强调“要推动公共文化服务标准化、均等化,坚持政府主导、社会参与、重心下移、共建共享,完善公共文化服务体系,提高基本公共文化服务的覆盖面和适用性”。广大农村地区无疑是发展最不平衡不充分的薄弱区域,也是公共文化服务体系建设任务最艰巨的重点区域。公共文化服务关乎民生事业,对于人口众多、农村居民比重较大的中国而言,公共文化服务体系建设更深远的意义在于,提升全民特别是农村居民的综合素质。

《公共图书馆法》将推动、引导、服务全民阅读作为重要任务赋予公共图书馆。全民阅读横跨文化事业与文化产业,既包括由政府主导、保障公众基本文化权益的公共阅读,也包括由市场主导、满足个性特色需求的商业阅读。公共图书馆作为公共文化服务体系的重要组成部分,是政府主导的满足公众基本文化需求的公共文化机构,承担

的主要任务是公共阅读服务。农村公共阅读服务建设充满困难和挑战,但也为图书馆创新发展提供了机遇。

作为公共文化服务体系建设的主力军,公共图书馆始终引领公共文化服务体系建设,并拥有与公共文化服务融合发展的丰富经验,理应积极贯彻党中央要求,重心下移,面向农村基层,统筹农村公共阅读服务建设,不断提高服务的覆盖面和适用性,为农村居民创造美好生活。这也是新时代赋予图书馆创新发展的重点任务。

(一) 构建全面覆盖的农村公共阅读设施网络

阅读设施是提供阅读服务和开展阅读活动的有效载体,构建全面覆盖的阅读设施网络,是实施农村阅读服务均等化的基础保障。经过多年规划建设,“乡乡有文化站、村村有文化室”已经成为农村公共文化服务体系标配。文化站、文化室通常内设图书馆(室)、农家书屋,是提供阅读服务的主要设施。但农村地域辽阔,居住分散,很难覆盖所有居民。虽然在城镇化进程中,农村兴起了一批居民集中居住区,但相关配套未能及时跟上,存在不少阅读“空白点”。

构建全面覆盖的公共阅读设施网络,在盘活存量基础上,重点是做好阅读设施增量建设,可从以下方面谋划创新。

一是鼓励具备条件的学校、科研机构、企业等内设的图书馆(室),向周边农村居民开放。在上海市嘉定区江桥镇,每到周六、周日,江桥小学图书室就成了附近居民的“周末书房”,这里环境好,离家也近,孩子爱来。教育部和国家体育总局曾发文推进学校体育场馆向社会开放,以缓解体育场馆资源供给不足的问题。农村公共阅读也同样存在供给不足问题,可参照建设。

二是鼓励社会力量共享自有设施,提供阅读服务。如玉环市图书馆与当地农商银行合作,在乡镇银行服务网点大厅内共建“农信书吧”,提供图书借阅和通借通还服务、开展阅读活动。温岭市图书馆在农村偏远地区的农民家里设立分馆，纳入统一网络平台，让农村居民享受到与城市居民一样的阅读服务。

三是鼓励社会力量自筹资金在农村设立图书馆，提供公共阅读服务。如位于北京郊区怀柔小镇的篱苑书屋，就是由香港一家信托基金资助建立的民间公益图书馆。位于南京郊区桦墅村的嘤栖书院，也是一家在政府支持下成为全民阅读基地的民间公益图书馆。

阅读设施建设，无论是存量还是增量，应当互联互通，形成服务网络，互通有无，发挥体系效应。

（二）融入共建共享的农村公共阅读资源系统

拥有丰富的阅读资源，满足社会公众需求，是阅读设施能够发挥作用的前提条件。农村基层财力有限，阅读资源普遍不足。近些年来，中央各部委重视农村文化建设，有不少资源下达基层。但由于条块分割、职责不清，往往导致各自为政、分散运行、多头管理、甚至重复建设的混乱局面。因此，公共图书馆要主动作为，统筹农村阅读资源整合建设，重点在以下方面开拓创新。

一是深入推广县域图书馆总分馆制建设，由县级图书馆整合区域内公共阅读资源，特别是农家书屋资源，实行总馆主导下的文献资源统一采购、统一编目、统一配送、通借通还。地市级图书馆、省级图书馆给予必要支持。

二是充分发挥互联网等现代信息技术优势，利用国家公共数字文化工程和资源，研发数字阅读产品，建立线上线下相结合的文献信息共享平台，提供优质服务，方便农村居民利用。

三是引导社会力量广泛参与，以采购、交存、捐赠、众筹等方式丰富资源供给，融入农村公共阅读资源供给系统，实现资源共建共享。

在农村阅读资源整合过程中，图书馆要起到统筹组织作用。图书馆应制订规范，形成制度，搭建平台，畅通渠道。此外，它还应科学建设，以求效益最佳。

（三）创设小康时代的农村公共阅读环境品质

新时期农村公共阅读，要满足农村居民对美好生活的新期待。无论是阅读环境硬件，还是阅读服务软件，都要超越“温饱水平”、建立在全面小康时代高标准之上，提供品质化阅读环境，可以着手在以下领域重点突破。

一是硬件设施建设标准化。如今的农村基层，不再是“头悬梁、锥刺股”的艰苦阅读年代，农村阅读设施建设也需要城乡一体化，以城市的高标准打造高品质阅读环境。嘉兴市建立的《公共图书馆中心馆——总分馆服务体系标准》，对乡镇分馆、村社区分馆、流动站的建筑面积及硬件配置都作了详细规定和底线要求。在实际运行中，对乡镇分馆又要求标配独立的少儿服务区域，提供专门服务，促进城乡阅读服务一体化。

二是阅读服务规范化。乡镇图书馆（室），是农村地区最为重要的公共阅读设施枢纽，上接县级图书馆，下辖村社区图书室。宁波市出台了《乡镇（街道）图书馆建设与服务规范（DB3302/T 1074—2016）》，对服务规范作了细化，包括服务原则、服务公示、开放时间、外借服务、咨询服务、数字服务、读者活动与终身教育、未成年人服务、老年人服务、延伸（流动）服务等，为农村公共阅读服务品质固化提供了参照。

三是阅读活动城乡一体化。“服务活动化”已经成为当前国内外图书馆服务的重要趋势之一，高质量的阅读活动，是实现高品质服务的重要方式。苏州吴江图书馆打造的“阅读齐步走”项目，将县级图书馆培育孵化成功的“悦读彩虹堂”“故事妈妈”“经典诵读”“妈妈俱乐部”“伴子成长”等多个亲子阅读品牌活动，延伸至乡镇、村社区基层服务点，让农村孩子享受到城里孩子一样的服务。

阅读环境的品质提升，是新时代农村发展的新要求，为农村创造了美好生活的追求目标，图书馆在这方面大有可为。

（四）助力乡村振兴的农村公共阅读服务供给

图书馆为农村居民提供丰富的阅读资源和科技知识，有助于改进农业生产方式、改善农村产业结构、改变农民落后观念，为乡村振兴提供强大的智力支持。乡村振兴是国家战略，图书馆可在以下方面统筹推进、创新发展。

一是常态服务供给。确保阅读设施正常开放，根据农村居民生活习惯和工作特点，实行错时开放，方便利用；鼓励应用现代科技，解决开放时间不足、服务人手不足等老大难问题。如张家港在村社区设置了“永不打烊”的图书馆驿站，利用智能管理、无人值守和志愿服务，有效地提高了设施利用率和图书阅读率。

二是特殊群体服务。在农村有大量的留守妇女儿童、老年人等，图书馆为这些特殊群体提供专门服务，有助于提升社会整体素养。贵州在全省创办了 2 万多个覆盖城乡的“新时代农民讲习所”，用老百姓能听懂的话读书读报、宣讲政策。重庆图书馆联合区县图书馆、社会力量共同打造了面向农村留守儿童的集群化服务平台——“蒲公英梦想书屋”项目，借助平面报纸、广播电视、网络媒介等媒体资源，开展了线上线下相结合的各类特色阅读活动，丰富留守儿童精神生活。

三是助力经济发展。挖掘农村传统文化、地方文化资源，形成地方特色 IP，融入图书馆文创研发产品，广泛传播，打响知名度，促进文旅融合，助力乡村经济发展。

公共图书馆为当地社会经济发展助力，是《公共图书馆宣言》所列举的重要任务之一。农村地区幅员辽阔，类型多样。因地制宜、创造发挥，图书馆在农村地区统筹阅读服务供给，有巨大的创新潜力和后劲。

(五)打造具有专业水准的农村公共阅读服务队伍

开展阅读服务,离不开人员支持。人员专业能力决定了服务质量水平。县级图书馆应加强对县域阅读服务队伍的统筹建设,地市级图书馆、省级图书馆甚至国家图书馆提供课程、技术和人员等方面的支持和服务。积极打造一支活跃在农村大地,具备专业能力的专兼职队伍,重点可在以下领域创新突破。

一是专兼职队伍业务培训,借力县域图书馆总分馆制建设,对区内阅读服务专兼职人员组织统一培训。县级图书馆应充分利用全国基层文化队伍培训等专业教材,借助全国公共文化发展中心、国家图书馆等远程培训资源和网络直播平台,通过集中授课、跟班学习、组织研讨等方式,帮助学员掌握专业知识,提升服务能力。

二是阅读推广人培训,为有志于投身农村公共阅读服务推广的各类志愿者,量身定做相关课程,规范教学流程,强化培训效果,提升专业能力。

三是引导农村居民自我服务,发挥城乡基层群众性自治组织的作用,引导农村居民参与公共阅读服务项目规划、建设、管理和监督,形成共同参与、多元联动、自我教育、自我服务的格局。

综上所述,公共文化服务是民生事业,建设更好的图书馆,能为社会公众创造更美好的生活。新世纪以来,国家高度重视公共文化服务体系建设,投入了大量人力物力财力。公共图书馆作为公共文化服务体系的组成部分,也因此乘势而上,得到迅猛发展。

与此同时,公共图书馆作为公共文化服务机构,积累了数百年的专业经验和实践基础,具备鲜明的行业特征和服务特色。因此,公共图书馆在建设公共文化服务体系的时代潮流中勿被裹挟,坚持自我,需要紧紧依托行业共同体,时时反思得失;在现代科技冲击、服务变革的转型洪流中勿陷迷失,保持自信,需要以法律为基础,以人民为核心，秉持科学精神，以专业理念为基础，主动创新发展，推动图书馆事业更上一层楼。

参考文献

[1] 中共中央办公厅，国务院办公厅.关于加强公共文化服务体系建设的若干意见：中办发[2007]21号[A/OL].[2018-12-31].http://aqxxgk.anqing.gov.cn/show.php? id=641650.

[2] 中共中央办公厅，国务院办公厅.关于加快构建现代公共文化服务体系的意见：中办发[2015]2号[A/OL].[2018-12-31].http://www.gov.cn/xinwen/2015-01/14/content_2804250.htm.

[3] 举旗帜聚民心育新人兴文化展形象更好完成新形势下宣传思想工作使命任务[N].人民日报，2018-08-23(1).

[4] 李国新.现代公共文化服务体系建设与公共图书馆发展——《关于加快构建现代公共文化服务体系的意见》解析[J].中国图书馆学报，2015(3)：4-12.

[5] 文化部"十三五"时期文化发展改革规划[EB/OL].(2017-02-23)[2018-12-31].http://www.gov.cn/xinwen/2017-02/23/content_5170224.htm.

[6] 文化部关于印发《"十三五"时期全国公共图书馆事业发展规划》的通知[EB/OL].(2017-07-07)[2018-12-31].http://www.gov.cn/xinwen/2017-07/07/content_5230578.htm.

[7] 国家文物局印发《国家文物事业发展"十三五"规划》[EB/OL].(2017-02-21)[2018-12-31].http://www.scio.gov.cn/xwfbh/xwbfbh/wqfbh/37601/38768/xgzc38774/Document/1634787/1634787.htm.

[8] 国务院办公厅关于推进基层综合性文化服务中心建设的指导意见[EB/OL].(2015-10-20)[2018-12-31].http://www.gov.cn/zhengce/content/2015-10/20/content_10250.htm.

[9] 李国新.公共文化服务法律保障的历史性突破[N].中国文化报，2016-12-28(7).

[10] 金武刚.全面构建现代公共图书馆制度——关于《中华人民共和国公共图书馆法》的学习与研究[J].图书与情报，2018(1)：49—62.

[11] 关于开展国家公共文化服务体系示范区(项目)创建工作的通知[EB/OL].

(2011-02-14)[2018-12-31]. http://www.gov.cn/zwgk/2011-02-14/content_1803050.htm.

[12] 文化和旅游部 财政部关于公布第四批国家公共文化服务体系示范区（项目）创建资格名单的通知[EB/OL].(2018-04-12)[2018-12-31]. http://zwgk.mct.gov.cn/auto255/201805/t20180502_831941.html.

[13] 金武刚.示范区创建与公共图书馆进展[J].图书馆,2014(1):1—7.

[14] 毕绪龙.公共数字文化：现代公共文化服务的新供给[J].人文天下,2016(21):2—6.

[15] 图书馆服务宣言[J].中国图书馆学报,2008(6):5.

[16] 金武刚,李国新.中国公共图书馆总分馆制建设：起源、现状与未来趋势[J].图书馆杂志,2014(5):4—15.

[17] 马健.为了公共文化的发展和繁荣——大渡口区深入推进国家示范项目“文化馆图书馆总分馆制”创建纪实[J].重庆行政（公共论坛）,2013(6):83—85.

[18] 文化馆总分馆服务体系的“嘉兴模式”[M]//嘉兴市文化广电新闻出版局.嘉兴市公共文化服务创新案例.北京：中国社会科学出版社,2016:7—13.

[19] 文化部 新闻出版广电总局 体育总局 发展改革委 财政部关于印发《关于推进县级文化馆图书馆总分馆制建设的指导意见》的通知[EB/OL].(2016-12-29)[2018-12-31]. http://zwgk.mct.gov.cn/auto255/201701/t20170118_477688.html.

[20] TC389 全国图书馆标准化技术委员会[EB/OL].[2018-12-31]. http://www.std.gov.cn/search/orgDetailView?data_id=5DDA8BA3FDCD18DEE05397BE0A0A95A7.

[21] TC390 全国文化馆标准化技术委员会[EB/OL].[2018-12-31]. http://www.std.gov.cn/search/orgDetailView?data_id=661857AAC840C511E05397BE0A0A716F.

[22] TC289 全国文物保护标准化技术委员会[EB/OL].[2018-12-31]. http://www.std.gov.cn/search/orgDetailView?data_id=5DDA8BA3FFA518DEE05397BE0A0A95A7.

[23] 公共文化机构法人治理结构试点工作方案[EB/OL].(2014-12-10)[2018-

12-31]. https://www.mct.gov.cn/whzx/bnsj/ggwhs/201412/t20141210_764608.htm.

[24] 公共文化机构法人治理结构工作研讨会在国家图书馆召开[EB/OL].(2014-11-25)[2018-12-31]. http://www.lsc.org.cn/contents/1187/220.html.

[25] 国家典籍博物馆介绍[EB/OL].[2018-01-31].http://www.nlc.cn/nmcb/gywm/js.

[26] 智慧、创新、包容:通向未来的复合型图书馆[EB/OL].(2017-09-27)[2018-12-31]. http://beta.library.sh.cn/SHLibrary/newsinfo.aspx? id =429.

[27] 苏州图书馆分馆建设[EB/OL].[2018-01-31]. http://www.szlib.com/AboutSzlib/BranchLibConstruction? catId=29.

[28] 徐常宁,刘锦山.城市图书馆发展模式研究——以铜陵市图书馆为例[M].北京:国家图书馆出版社,2016:78.

[29] 盐田区委宣传部(文体局).观景与阅读完美融合 盐田区"听海图书馆"开放启用[EB/OL].(2018-11-15)[2018-12-31]. http://www.yantian.gov.cn/cn/zjyt/jjyt/xqxx/201811/t20181115_14518820.htm.

[30] 嘉定年内再添5家"我嘉书房"学校图书馆逐步向公众开放[EB/OL].(2017-09-07)[2018-12-31]. http://www.jiading.gov.cn/mspd/shgj/content_432863.

[31] 教育部 国家体育总局关于推进学校体育场馆向社会开放的实施意见[EB/OL].(2017-02-14)[2018-12-31]. http://www.moe.edu.cn/srcsite/A17/moe_938/s3276/201703/t20170307_298483.html.

[32] 耿礼瑞."图书馆+银行":玉环市图书馆"农信书吧"案例研究[J].图书馆研究与工作,2018(11):40—42.

[33] 杨仲芝,陈海量.温岭家庭图书分馆建设:阅读服务体系和服务模式的创新[J].图书馆研究与工作,2018(11):33—35.

[34] 顾晓光.篱苑书屋[J].图书馆建设,2017(1):2.

[35] 顾晓光.南京嘤栖书院[J].图书馆建设,2017(4):2.

[36] 孙云倩.嘉兴市公共图书馆中心馆——总分馆服务体系标准化建设探析[J].

图书馆研究与工作，2018(10)：14—16，60.

[37] 范并思.服务活动化：图书馆服务新趋势[J].图书馆学刊，2017(12)：1—4.

[38] 杨阳.苏州吴江探索未成年人阅读城乡“齐步走”[N].中国文化报，2014-04-23(3).

[39] 陈世海，缪建新.图书馆驿站：百姓身边“永不打烊”的图书馆——张家港市村(社区)图书室提档升级的实践与探索[J].国家图书馆学刊，2015(5)：49—52.

[40] 贵州“新时代农民讲习所”传递党情民意“好声音”[EB/OL].(2018-02-22)[2018-12-31]. http://www.xinhuanet.com/2018-02/22/c_1122438202.htm.

[41] 张波 公共图书馆农村留守儿童集群化服务实践与思考——以“蒲公英梦想书屋”为例[J].图书馆学研究，2015(20)：75—78.

疫情背景下文化馆服务创新研究

王全吉*

2020年初,这场突如其来的新冠肺炎疫情虽然使全国各级文化馆的公共服务场馆闭馆,线下文化体验“按下暂停键”,但线上文化服务却依旧是精彩纷呈。文化活动的网络直播、数字文化资源建设、新媒体平台运营、艺术慕课与文化社群相结合的线上艺术教学等,成为疫情背景下各级文化馆服务创新亮点。

一、疫情背景下文化馆服务创新实践

纵观疫情期间各级文化馆的服务创新实践,聚焦于数字化服务方面的积极探索,有力地拓展了文化馆数字化服务的广度和深度,丰富了文化馆数字化服务的方式,提高了文化馆服务效能,为文化馆在新时代的高质量发展提供了鲜活经验与有效路径。

(一)线上文化活动新探索

疫情最初爆发的时刻正值春节前夕。全国各地文化馆积极策划

* **作者简介:** 王全吉,中国文化馆协会副理事长,浙江省文化馆首席专家、研究馆员。

开展多种形式的网络文化活动,推进群众文化活动网络直播常态化,丰富广大群众精神文化生活,提高了文化馆服务效能。

1. 策划组织线上文化活动

宁夏回族自治区文化馆第一时间策划组织网络文艺大赛,通过网络报送特殊时期家庭文化活动视频、征集诵读视频、文艺表演视频、年味照片,进行网络文艺评奖活动。疫情爆发之初,浙江嘉兴市文化馆策划组织"我爱我家"家庭手机摄影大赛,鼓励广大群众用手机记录居家生活的人和事,特别欢迎有叙述性和故事性的摄影作品,并通过数字服务平台分享优秀参赛作品。精致的美食、温馨的萌娃、诙谐的运动、舒适的家居……精彩的参赛作品给人赏心悦目的视觉享受,丰富了群众宅家期间的精神文化生活。

2. 征集抗疫主题文艺作品

全国各级文化馆纷纷组织开展抗疫为主题的专题文艺作品征集,动员文化馆专业人员与群众文艺骨干,创作传播专题作品,讴歌逆行的医务人员,以文艺作品凝聚起众志成城、共克时艰的文化力量。

广东省文化馆、上海市群艺馆、浙江省文化馆、宁波市文化馆等场馆,第一时间推出"抗击疫情"文艺创作专题节目,线上推送各地群众文艺创作人员的原创作品。深圳市文化馆于 2020 年 1 月 31 日,推出"疫情中的温暖"——深圳市民朗诵视频征集展播活动,立即得到了各界市民的积极响应,收到了数量众多的充满真情、打动人心的作品,进行优秀作品网络推广、展播,用真情实感"声援"抗疫一线。

天津市群艺馆组织开展"抗击疫情"为主题的文艺作品网络征集活动,"万众一心、抗疫防疫"专题征文,致敬奋战在防疫一线的医务工作者,以文字传递人间真情;"爱在春天里绽放"同舟共济以歌抗疫原创歌词歌曲作品征集活动、"同舟共济克时艰"美术书法摄影作品网上征稿活动。至 2020 年 2 月 1 日,天津市群艺馆和 16 个区文化馆共创作抗击疫情为主题的各类艺术门类作品 400 余件,包括歌词歌曲 70

首，相声、快板、大鼓类作品 30 个，戏曲、小品 5 个，还有众多的书画摄影作品。

3. 开展文化活动网络直播

因为疫情影响，文化场馆不能对外开放，各级文化馆充分发挥多年来在数字化服务方面积聚的优势，策划组织一系列文化活动直播活动。

宁波市文化馆大型活动网络强势直推，大型晚会“阿拉宁波欢迎您”联动凤凰网、甬派直播和 14 家视频平台投放，网络观看量突破 400 万人次。策划了“劳动最光荣”五一节专场、“阿拉都是小朋友”六一节专场等直播，制作近百个视频作品投放在网上，单个视频日最高浏览量 20 万人次，最高日点赞量 5 000 多个，单次直播收入抖比 3 万余个，逐渐成为宁波本土抖音网红号。

2020 年 4 月 8 日，深圳市文化馆联盟从征集的作品中，遴选出富有温度和深度的优秀作品，组成一台主题作品进行展演。根据疫情防控的要求，精心策划的这台晚会，虽然无法与观众在现场相见，只能通过新媒体直播，一同分享深圳文化馆人对爱的表达，用作品赞美奉献、歌颂善良，用作品凝聚抗击疫情的“深圳力量”。网络直播吸引了数以十万计的市民观看。

2020 年 5 月 1 日，天津市群众艺术馆邀请众多位天津籍相声演员，相聚群众艺术馆直播间，并联合北京、重庆、山东、安徽、云南、江苏六省市文化馆并机直播，共计 72.1 万人观看。短短的五天时间收到了百余位相声爱好者的视频投稿，据粗略统计，在“津抖云”平台上，该活动话题播放量就有 115.3 万次。

湖北省文化馆的荆楚“红色文艺轻骑兵”云演季从 2020 年 7 月开播以来，坚持“每周一演”，在线上通过歌曲、小戏、小品、曲艺、舞蹈及名家名段等老百姓喜闻乐见的表演形式，以文艺作品温润心灵，鼓舞人心，获得良好的社会反响，前四场在线观众累计 1 200 万人次。

疫情爆发以来，文化馆系统最有影响力的网络文化活动，莫过于2020年上海市民文化节启动日的网络直播了。因为疫情防控的要求，今年上海市民文化节启动日不能举办大规模集聚性的线下活动，上海市群众艺术馆把文化活动搬到网络平台上。2020年3月28日，从10:00—22:00的12个小时，域精彩、云赛场、云剧场、云展厅、云讲堂、大美育、长三角、云市集8大频道，上千个优质公共文化资源，在网上精彩亮相。上海市民文化节启动日12个小时的网络大数据显示，1 009万人次参与上海市民文化节启动日的各类文化活动，点赞量3 134 209人次，转发量924 926人次。

自从疫情爆发以来，各级文化馆转变服务理念，将服务重点从线下转为线上，基于网络的群众文化活动开展得有声有色，取得了良好的服务成效。

（二）线上艺术培训新模式

不满足于通过微信公众号等新媒体发布和分享艺术教学的短视频，一些文化馆开始探索线上艺术培训的新模式，以文化艺术培训直（录）播、艺术慕课与文化社群运行相结合的崭新培训模式，已经逐渐清晰。

1. 网络平台直录播的培训方式

如何发挥移动互联网的传播优势，进一步推进文化馆系统的文化艺术培训？疫情期间，从文化和旅游部全国公共文化发展中心，到各级文化馆，纷纷尝试以直录播的方式，推出文化艺术培训课程，提高培训效能，促进城乡公共文化服务均等化。

由文化和旅游部全国公共文化发展中心与中国文化馆协会策划组织的“文化馆事业发展的思考与讨论”系列直录播，从2020年3月18日开始，在国家公共文化云上进行线上直播与录播相结合的开放互动方式分享。每周安排2—3个讲座，一直持续到4月17日，邀请11

位专家学者和文化馆人，进行讲座分享和讨论互动。直录播系列讲座是开放性的，全国各地文化馆人，只要微信扫码就可以进入国家公共文化云收看，或者回看讲座的视频。据中国文化馆协会统计的数据显示：网上专题主页浏览量累计近 354 万人次，总点赞量 47 万次。其中，直播浏览量超过 221 万人次，单场直播次最高访问量 27 万人次；直播点赞总数 29 万人次，平均每场获赞 2.6 万人次；互动评论总数近 1 万条，单场最高评论数 3 031 条。

这次系列直录播线上讲座，是疫情期间我国文化馆界最有影响力的一次线上培训讲座。主办单位精心策划讲座选题、组织协调直录播、设计海报推广，各地文化馆组织收看直播、收看回放，实际成效远远超过了预期。

在疫情防控的特殊背景下，网络直录播的便捷性、投入产出的高效益，以及较广的培训覆盖面，吸引不少文化馆纷纷进行文化艺术培训的网络直（录）播。吉林省文化馆、福建省艺术馆、深圳市文化馆、河南平顶山市群众艺术馆等单位，在疫情期间组织开展面向文化馆人员与群众文艺爱好者的网络直播培训。平顶山市群艺馆还将摄影、广场舞培训直播的场景，精心安排在当地的旅游景区内，探索文化旅游融合的新路径。

2. 艺术慕课与文化社群运行

艺术慕课教学在文化馆全民艺术普及中，具有很强的适用性。这与艺术慕课基于互联网的开放性、公益性、教学内容的系统性，有紧密的关联。耗时短、内容精练艺术慕课教学视频，适合人们利用碎片化的时间，进行艺术学习。然而对于文化馆来说，对艺术慕课的认识普遍不够到位，只是作为学习视频，放在文化馆网站或者新媒体平台分享，忽视了艺术慕课作为教学过程，离不开师生之间、学员之间的教学互动。

在疫情期间，成都市文化馆、广东惠州市文化馆率先将艺术慕课与网络文化社群运行有机结合,探索文化馆艺术培训的新模式,取得了阶段性成果。成都市文化馆采用艺术慕课与QQ群的社群运营相结合,惠州市文化馆选择微信群,作为文化社群进行运营。通过扫码进入微信群、加入QQ群等方式,组建学习社群,有计划定期分享学习视频,进行艺术慕课教学。在社群里,进行学习打卡、互动交流、作业反馈、教师答疑。每个学习社群里,成都市和惠州市文化馆都安排培训部人员担任社群管理员,由多位文化馆专业人员或专家型的志愿者,在线上进行即时针对性的指导,学员之间在线上交流讨论,分享学习心得。通过一个月乃至更长的时间在线教学,使公众通过艺术慕课教学,系统地掌握艺术知识或技能。

艺术慕课与文化社群运营相结合,深受公众欢迎。惠州市文化馆“手机摄影”慕课共有14节课组成,每两天一节课,2月12日一推出,仅仅一天多的时间,就有400多人报名进群。成都市文化馆从2月7日到4月10日,推出7期“软笔书法”“手机摄影”“中国古典舞”“中国画”“藏族舞”等艺术慕课,开设35个学习班次,7 433名学员参加学习,平台慕课板块总点击量212 970人次。3月30日起,在“艺术慕课”教学的基础上,推出“剪纸技巧”、“声乐基础”网络直播,在线报名学员1 285人,平台直播教室总观看29 260人次。

艺术慕课与文化社群运营的有机结合,在社群里进行教学管理,评价培训成效,有效地促进了群众文艺团队的形成与发展。

3. 钉钉直播与文化社群运营

浙江台州市文化馆选择钉钉直播与文化社群运营相结合,提高线上艺术培训的效果。馆里购置用于网络直播的声卡显卡摄影设备,新装修“云课堂”教室,确定适合网络学习的10门艺术直播课程。馆里对参与网络直播教学的10位老师,第一时间进行培训,使他们能比较熟练地使用摄像设备和“钉钉”App,开展网络教学。

2020年3月20日,台州市文化馆微信公众号发出推文:“扫它!

第26期文化超市4.0云课堂二维码来了!”正式拉开了网络直播艺术课程的报名序幕。第一期共推出10门课程,周一至周五晚上,每天两门,每周一节课,持续6—8周时间。当天扫码报名人数近千人。

3月23日,钉钉直播“云课堂”正式开课。当天晚上“隶书临摹与创作”进群听课人数338人,“视唱练耳基础训练”进群听课人数350人,取得了开门红。接下来的几天,“网红古典舞”“零基础油画课”“数码摄影后期”等课程不断创造新的记录,截止4月2日9点,累计扫码进群4 675人,其中最多的一门课程进群学习人数,达到了676人。

钉钉直播“云课堂”支持视频回放功能,不少学员在课后一遍遍回放复习,也有部分学员错过第一次学习,进群回看视频补课。第二周的课程,大部分课程在线听课人数不降反升,这既得益于授课老师生动活泼、深入浅出的讲解,也得益于各个课程“钉钉群”里学员们的互相竞争和督促,“钉钉群”里学员围绕艺术的讨论从来没有停歇过。学员有不懂的地方就提问,老师在群里第一时间答疑解惑,有好的艺术资源就在“钉钉群”里分享。学员们主动上传自己的作业“回课”,老师每天定时在群里批阅作业,及时反馈。

台州市文化馆艺术网课火起来,不仅吸引了当地文艺爱好者,学员中还有来自广西等地的舞蹈爱好者。台州市文化馆随后开通市属9个县区文化馆的“云课堂”钉钉群,实现网络直播同步推送,艺术网课资源共享。

4. 抖音直播与微信社群运营

黑龙江大庆市文化馆的声乐老师梁珺,在疫情爆发初期注册抖音平台,进行线上声乐教学指导。文化馆人的文化情怀,专业的声乐指导,富有现场感的生动教学,让“声乐小姐姐”抖音号人气越来越旺,声乐课直播越来越火。梁珺把微信群的粉丝,引流到抖音号,在抖音进行声乐辅导直播;把抖音号的粉丝引流到微信群,在社群里进行互动与交流,目前有了6个微信群。学员中有大庆的声乐爱好者,也有全国各地的粉丝,线上声乐直播课,常常有2 000多名学员跟着梁珺学习了声乐理论知识、发声技巧、学唱歌曲。

对于抖音直播与微信社群运营这一全新的线上教学模式,梁珺摸索出了一套成功的艺术教学方式,既要聚焦教学重点,又要充分考虑到学员基础;既要深入浅出、通俗易懂,又要生动活泼、幽默风趣。

梁珺的网络声乐教学模式,引起馆长和同事们的关注。馆长把线上艺术教学作为移动互联网时代文化馆工作的着力点,组织发动馆里的专业老师纷纷开启网络艺术教学模式,注册抖音号,玩转新媒体,以抖音号加微信群的线上艺术教学,引爆文化馆“云端”新课堂。

疫情期间,大庆市文化馆线上教学非常火爆,书法班、二胡班、竹笛、古筝、葫芦丝等10多门线上培训课接连开班,单是梁珺的声乐班就有2 000多学员。才一个月的时间,已开展线上教学200多堂课,累计培训学员数量可观。

各级文化馆自觉地运用App、抖音号、微信群、钉钉直播等这些网络新平台,提高艺术培训的覆盖面,体现了在移动互联网时代文化馆人的使命担当与积极作为,体现了文化馆对于公共文化服务效能提升的执着追求。

成都、惠州、台州、大庆等地文化馆的艺术慕课、网络直播、抖音引流、文化社群运营,以及疫情结束后与线下体验分享、创作采风、培训成果展示有机结合,将成为我国文化馆未来艺术普及的重要方式,不断拓展移动互联网时代文化馆全民艺术普及的新途径。

(三) 数字资源建设新途径

文化馆数字资源建设,过去几年大都是由文化和旅游部全国公共文化发展中心牵头的专题数字文化资源申报与建设为主,包括以“百姓大舞台”直播等方式生产的数字文化资源。2020年初疫情爆发以来,在文化馆网站与新媒体平台运行过程中,人们深刻地感受到数字资源建设的迫切性与重要性。

数字资源建设受到各级文化馆人的普遍重视。一方面，许多文化馆组织专业人员纷纷参与到数字资源建设中来，录制适合新媒体应用的艺术教学短视频。既有通过钉钉直播产生新的数字资源，又有如东莞市文化馆、成都市文化馆等录制“手机摄影”“国画创作”等艺术慕课；上海市群艺馆带领十余家区文化馆进驻抖音平台，推出“艺起前行”主题的众多艺术视频。另一方面，各级文化馆充分发挥组织优势，开展多种形式的数字资源征集和赛事活动，激发广大文艺爱好者参与数字资源建设的热情。最为典型的是各级文化馆以抗击疫情为主题的文艺作品征集活动，形成了全民参与数字资源建设的新局面，集聚了数量可观的数字资源。

上海市民文化节的举办，市民学戏的热情逐年升温。由上海市群众艺术馆、上海戏曲中心牵头，上海市京、昆、沪、越、淮、滑稽戏等不同剧种剧团齐齐登场，《“云”上雅韵“昆曲 Follow Me”明星课堂》《飞行课堂——初识京胡》《淮音雅“云”——艺术课堂》《沪语小课堂》《红楼团越剧流派清唱会》《沪剧微剧场》等系列云课程丰富多彩，市民可在家中跟着名师学戏，欣赏名家名段，体会梨园各戏种姹紫嫣红的人文魅力。市民文化节的品牌项目“赏戏团”也从线下走到线上，导师们在疫情期间线上讲戏，黎安、蓝天、高博文、钱程等名师系列云课堂也向全体市民开放。

为充分发挥文化馆总分馆体系作用，推进数字资源建设的系统化，让优质的数字文化资源向基层延伸，惠及广大的农村群众，浙江嘉兴市文化馆建立“嘉兴群众艺术网络大学”，拓展数字资源服务。嘉兴市文化馆作为总分馆制体系中的中心馆，8 月 13 日，组织“嘉兴群众艺术网络大学”课程资源开发研讨会，形成了群众艺术网络大学课程资源开发建设初步方案，依托总分馆体系优势，继续开发其他艺术门类课程以满足广大市民的精神文化生活需要，为基层“三团三社”提供丰富的艺术教学资源,打造属于嘉兴市民的艺术教学资源库。

为整合各级文化馆的数字文化资源,提高数字文化资源服务效能,文化和旅游部全国公共文化发展中心联合中国文化馆协会,自5月下旬启动全民艺术普及U课征集,面向全国各级文化馆征集特色"全民艺术普及U课",集结登录国家公共文化云。征集课程分为点播课、直播课两大类,内容涵盖适用于线上学习的各艺术门类,包括国学和新媒体应用等。申报的课程数量不限,经专家审核后成为"U课",随即陆续上线播出,综合群众参与、专家遴选、网络投票等,从"U课"中推出"V课"。这些数字资源通过国家云、地方云、抖音、快手等平台融合共享,通过群众投票推出TOP排行榜,不断丰富国家公共文化云的优质数字资源。

6月初,文化和旅游部全国公共文化发展中心联合中国文化馆协会,启动了"云上学好课·全民艺生活——2020云上全民艺术普及"活动。全国各级文化馆积极响应,截至8月初,全国各地文化馆推荐课程视频七百多个,内容覆盖音乐、戏曲、舞蹈、书法、绘画、非遗、国学、摄影、新媒体应用等多种门类,吸引众多网友观看学习,纷纷为课程视频点赞。

这些征集的优秀课程视频分批上线,其中第四批课程视频由北京、上海等31个文化馆申报的72个点播课程视频,共242个章节,为广大群众提供在线学习广场舞、民族舞、古典舞、京剧、琼剧、四胡、非洲鼓、剪纸、刺绣、泥塑、油画、工笔画、朗诵、主持、行书、隶书、硬笔书法等课程。

数字资源建设途径的多元化与全民参与,在丰富数字文化资源的同时,优化了数字文化资源的结构,为满足人民群众多样化、高品质的文化需求,开启了崭新的路径。

(四)数字平台运营新实践

2020年的新冠肺炎疫情下,各级文化馆的公共文化服务寻求线上突围，加快公共文化服务载体和传播方式的转型。在进行文化馆网站服务的同时，注册运营各类新媒体平台，促进文化馆全民艺术普及的“触手可及”。

在数字平台运营的最新实践探索方面，一方面是各级文化馆做好网站App的运营管理，以优质的数字文化资源、深受欢迎的公共文化服务，吸引广大群众下载网站App，注册成为新用户，经常性登录访问网站App。

除了国家公共文化云，成都市文化馆的“文化天府”App令人关注。成都市文化馆的“文化天府”云平台2019年点击量1 374.3万，当年日均点击量37 537次，总下载量75万余次，实名注册用户48.5万，全年最高单日单次并发数高达26万次。新冠肺炎疫情爆发以来，成都市文化馆艺术慕课报名火爆，供不应求，35个艺术慕课学习班次，仅仅两个月时间，“文化天府”平台慕课板块总点击量达到212 970人次。每批次招生报名通道一打开，学习名额10分钟就一抢而空。至2020年4月22日，“文化天府”平台日均点击量44 170次，服务人次达3 639 248，是同期服务人次的1.57位。这些数据充分体现了成都市文化馆数字文化服务的能力水平，体现了公共文化服务效能提升的不懈追求。这些骄人成绩的背后，是专业化的新媒体运营推广。成都市文化馆以多层级大数据埋点精雕用户画像，不断完善和升级从用户角度进行行为数据采集，建立一整套用户行为数据统计分析方法，形成标准统一的分类服务资源供应量分析报告、用户喜好度分析报告、用户行为分析统计报告、关联因素研究分析报告，为各业务部门开展线上活动提供精准的指引，不断改进文化馆的数字服务。成都市文化馆数字平台运营的实践与经验，值得各地文化馆关注和借鉴。

云南省文化馆微博从2019年12月开通，到2020年5月底，发布博文530多条，粉丝数量5万多，阅读量已经超过7 000万。5月17日的微博“童心赞美抗疫英雄少儿美术作品展”阅读量达到1 145万；

采用微博“一直播”做直播,每次直播点击量 10 万左右,最高 18 万人次。

上海市区两级 17 家市区两级文化馆已全部完成抖音号注册,半个多月里,在“艺起前行”抖音主题活动中,发布了超过 400 个短视频作品。截止 8 月 1 日,在“艺起前行”抖音主题活动中,上传的视频达到 2.2 万个,播放达 13.6 亿次。

2020 年上海市民文化节在 3 月 28 日云上先行启动,主办方与文化云、抖音、喜马拉雅、哔哩哔哩、小红书、阿基米德等平台形成更多联动。与此同时,上海市群众艺术馆将正式上线运营数字文化馆,打造上海文化馆数字联合体。

这是疫情背景下,各级文化馆热情拥抱新媒体的崭新尝试,为我国文化馆的新媒体运行,提供鲜活的做法与创新的经验。

二、疫情背景下文化馆服务创新的特点

各级文化馆在疫情背景下的公共文化服务创新,主要体现在数字文化服务方面探索创新方面,呈现出从线下文化活动到线上直播的在线化特点、从线下艺术培训到网络互动的社群化特点、从体制内部资源建设到全民参与的社会化特点、从传统平台运营到新媒体矩阵的立体化特点等方面。

(一) 从线下文化活动到线上直播的在线化特点

在文化馆的发展历史中,通常重视组织开展具有现场感和体验性的群众文化活动,这些文化活动多在文化场馆、露天广场进行,方便广大群众就近便捷地参与文化活动,享受公共文化服务。

在移动互联网时代,各地文化馆逐渐开展线上线下相结合的文化活动,以现场的文艺演出活动与网络直播相结合,扩大群众文化活动

的受众覆盖面与社会影响力。特别从2017年以来，文化和旅游部全国公共文化发展中心以中央财政专项经费作支持，以“百姓大舞台”直播活动为抓手，在国家公共文化云进行直播，有力地促进了全国各地文化活动网络直播的开展。

2020年初新冠肺炎疫情爆发，出于疫情防控的要求，不能再像往常那样组织人员密集的群众性文化活动。如何丰富广大群众的精神文化生活？文化馆公共文化服务不能缺位。在疫情背景下，各地文化馆发力数字文化服务，组织开展“云演出”“云展示”等线上直播活动。虽然在剧场舞台上的演出现场没有观众，但是演出直播前有效的宣传推广保证了文化馆文化活动线上直播的点击量和观众人次，不少直播活动的观看人次十分可观。

文化馆组织的文化活动线上直播，为广大群众提供在线化的文化服务，充分发挥移动互联网的传播优势，与群众文化活动有机融合，提升公共文化服务能力。移动互联网的超越时空性和即时性特点，突破了传统文化活动的时空限制，让广大群众足不出户，参与和欣赏文化馆的文化活动直播，进行互动讨论与交流。

（二）从线下艺术培训到网络互动的社群化特点

疫情期间，线上艺术培训的直播平台，有了更多的选择，钉钉直播、腾讯直播、抖音直播，还有微博的一直播等，更是受到各级文化馆的青睐。

各地文化馆利用钉钉直播、腾讯直播等线上平台，将因为疫情防控而暂停的文化馆内艺术培训，转移到互联网平台，组建文化社群，进行教学互动，提高在线艺术培训的质量；短视频分享+文化社群学习，是挺有效的线上培训方式。

无论是艺术培训直播方式，还是短视频分享+文化社群学习，都是在文化馆专业人员的指导下，所有学员在文化社群里，进行交流切磋，提高艺术鉴赏能力，提升文艺创作表演水平，满足人们对于文化艺术的精神追求。

艺术慕课+文化社群运营，或者直播+文化社群运营，通过扫码进群，将有文化艺术爱好和追求的人组建一个个社群，开展有组织、交互式的群体学习。文化社群学习，由文化馆专业人员进行日常指导，促进社群成员进行互动交流、学习提升。

文化社群满足了学员社交需求，有利于提高社群凝聚力。物以类聚，人以群分，大家志趣相投，有共同兴趣爱好，在文化馆的文化社群里，找到了艺术学习之路上的同行人，一起交流艺术学习的心得，分享自己的作品，精神生活一下子变得充实。文化馆艺术慕课学习，既满足了学员们艺术学习的需求，也在一定程度上满足了他们社交的需要，学员们对文化社群更有归属感，社群的活跃度更高，互动性更强，学习效果更好。

文化馆线上艺术培训社群化的特点，有助于群众文化团队的形成与发展，在文化馆专业人员指导下，孵化成有一定艺术水平和社会影响力的品牌文化团队。

（三）从体制内部资源建设到全民参与的社会化特点

文化馆数字资源建设方面，从满足人民群众美好生活的需要角度来衡量，总体上看还有很大的提升空间。以往的数字文化资源建设，主要是省级文化馆、副省级文化馆参与申报一年一度的国家数字文化资源建设，这些专题数字文化资源或由文化馆组织人员进行建设，或进行公开招标委托建设；“百姓大舞台”直播录播的视频资源，是文化馆自建数字资源的组成部分。宁波市文化馆重视数字文化资源建设，在“一人一艺”云平台上，在线全民艺术普及数字培训资源 12 大专题、743 套课程、7 713课时超，时长达 5 万分钟。这样数量可观的数字文化资源，在各地文化馆中并不多见。

疫情背景下，各级文化馆发现数字文化资源存在的不足，在经费没有新增、技术力量没有新增的情况下，一方面组织馆里的专业人员录制艺术普及的短视频，录制文化艺术讲座视频，充实文化馆数字文化资源，第一时间在数字平台上传播共享。另一方面，以社会化的方式，动员广大群众参与数字文化资源建设。最典型的方式就是以数字文化资源的征集方式，激发群众文艺爱好者的文化热情与文化创造，创作、表演的艺术作品上传到文化馆数字平台，进行网络分享与传播，丰富了文化馆数字文化资源。无论是抗击疫情为主题的专题文艺作品征集、群众文艺赛事的视频参赛，还是艺术慕课建设的社会参与，文化馆抖音平台的短视频分享，有效地丰富了文化馆数字文化资源，在一定程度上满足群众多样化的精神文化需求。

（四）从传统平台运营到新媒体矩阵的立体化特点

疫情防控期间，广大群众在线上找到了参与文化活动的新方式。各级文化馆坚守传统的数字文化平台，做好文化馆网站的信息更新、资源共享和安全维护，让广大群众登录熟悉的网站平台，获取文化馆服务信息，参与文化馆组织的各类文化活动。

与此同时，不少文化馆已经不满足于传统的网站服务，开通微博、微信公众号、抖音号、快手号，体现了移动互联网时代文化馆人在服务效能方面的追求。

宁波市文化馆利用云平台网站、微信公众号、官方 App 打造三位一体的“一人一艺”数字化服务系统，构建了一个集演出、展览、培训、讲座、赛事于一身的综合性“公共文化超市”，整合全市 187 家社会艺术联盟机构的线下艺术服务资源，在“一人一艺”云平台提供线上预约通道，提供公益培训课程、免费文化场所等多样化服务。

疫情期间，上海市群众艺术馆和各区文化馆除了运营已有的网站、微信公众号，全部开通抖音账号，发起的“艺起前行”抖音主题活动

2月14日上线,积极倡导全市文化工作者和广大市民踊跃参与,用镜头记录身边事、感人事,用暖人心的文艺作品,汇聚人文关怀的暖流,在抖音号上点击量非常可喜。

2020年上海市民文化节,上海市群众艺术馆在疫情防控要求下,以文化上海云为主平台,联动喜马拉雅、阿基米德、抖音、小红书、东方网等平台,开启云上文化惠民服务。

注册微信公众号、微博、抖音号、快手号等新媒体,打造文化馆数字文化服务的新媒体矩阵,发挥不同新媒体各自的特点与优势,形成不同新媒体之间的优势互补,这是疫情背景下一些文化馆在数字文化服务方面的积极作为。

三、疫情背景下文化馆服务创新的成效

疫情防控期间,各级文化馆积极拓展线上文化服务,拓宽群众文化活动的参与面,提高了文化馆服务效能,取得了令人欣喜的成效。

(一) 拓展了文化馆服务覆盖面,回应人民群众美好生活新期待

移动互联网的发展,深刻地改变了人们的生活,促进了文化馆服务方式的转型。传统的公共文化设施、公共文化服务已经无法满足新时代人民群众的精神文化需求,这在疫情防控期间,显得尤为突出。

2020年初新冠肺炎疫情爆发以来,各级文化馆利用互联网信息技术,通过网站和新媒体平台,开展多种形式的数字文化服务,有效地突破文化馆传统文化服务的局限性,突破时间和空间的限制,提高公共文化服务的覆盖面,推进城乡公共文化均等化。这其中比较典型的例子是,青海省“黄河·河湟文化”惠民消费季活动之第十七届西北五省(区)花儿演唱会,于2020年7月26日在大通回族土族自治县举行。活动以“大美青海花儿传情”为主题,名家云集,新人辈出,7个民族的

百余名花儿实力唱将一展歌喉。根据疫情防控常态化要求，演唱会对到场观众进行人数限流限量。为了让全省乃至全国的花儿爱好者共享花儿盛宴，本届花儿演唱会线上直播。广大花儿爱好者通过网络和手机等移动终端实现同步观看本届花儿会开幕式的演出盛况，首场开幕式点击量累计高达 373.94 万人次，创造花儿会直播历史新高。而宁波市文化馆“一人一艺”云平台，集文艺培训、艺术鉴赏、文艺活动信息、文化场馆预约、在线学习、预约演出于一体，PC 端、微信端、App 三大终端总用户量累计 44 万人。2017 年 6 月 2 日正式上线至 2020 年 5 月 19 日，累计总访问量 1 159 万人次。

由此可见，疫情背景下，文化馆在数字文化服务方面的创新探索，回应了新时代广大群众的文化新期待。

（二）丰富了文化馆数字资源量，对接网络时代数字文化新要求

文化馆专业人员积极投身数字资源建设，社会各界文艺爱好者热情参与，形成了文化馆数字文化资源建设的有利局面。

浙江馆文化馆的数字资源以馆内自建为主，近几年来生产原创数字资源 160 多部，总时长超过 7 千分钟，图片 2 万多幅，文字 10 万字以上，直（录）播 41 场，数字资源建设量较往年同比增幅 20% 以上。2020 年 2 月份以来，浙江省各级文化馆先后推出以“抗击疫情”为主题的全民艺术普及课程，全省各级文化馆人、群众文艺爱好者积极行动，精心录制了形式多样、内容丰富的网络文艺课程，共征集到各类网络文艺课程 1 073 件。2020 年 6 月 10 日起，浙江省文化馆开展“‘艺’心陪您战疫情”优秀网络课程线上评选活动。

宁波市文化馆探索了数字资源研发新路。首先，将馆办活动、培训、展览等进行数字化转化，所有内容实现线下线上同步服务，有效提升公共文化服务覆盖面，积累了一大批视频资源，为后期进行视频素材的编辑、包装，打下了基础。其次，鼓励业务干部和社会联盟骨干参

与全民艺术普及慕课研发,先后制作"OL 城市舞蹈""胡朝霞隶书教学""新农村健康舞""玩转摄影"等 28 套特色课程,共计 344 课时。

由文化和旅游部全国公共文化发展中心联合中国文化馆协会 5 月下旬启动全民艺术普及 U 课征集,面向全国各级文化馆征集特色"全民艺术普及 U 课",集结登录国家公共文化云,资源数量和质量都令人期待。

(三)展示了文化馆平台影响力,扩大公共文化服务社会知晓度

疫情期间,各级文化馆在数字文化服务的创新探索,扩大了文化馆数字平台的社会影响力,激发广大群众的文化参与热情。

在 2020 年 4 月微博影响力月榜上,省文化馆微博以 75.43 分升至浙江省级政务微博影响力第 15 名。宁波市文化馆大型文化活动网络强势直推,大型晚会"阿拉宁波欢迎您"联动凤凰网、甬派直播和 14 家视频平台投放,网络观看量突破 400 万;策划"劳动最光荣"五一节专场、"阿拉都是小朋友"六一节专场等直播,制作近百个视频作品投放在网上,单个视频日最高浏览量 20 万人次,最高日点赞量 5 000 多个,单次直播收入抖币 3 万余个。宁波市文化馆开设文化馆抖音直播间,2020 年 2 月份以来,开展了 20 余场网络艺术教学互动直播。宁波市文化馆抖音号逐渐成为宁波本土抖音网红号。

成都市文化馆将艺术慕课与社群运行相结合,台州市文化馆组织业务干部在全国率先推出钉钉直播,进行艺术普及活动,具有示范意义,《人民日报海外版》《中国文化报》、凤凰网、今日头条都在显著位置进行专题报道。

绍兴市文化馆微信公众号疫情期间发送推文 228 篇,关注量增长 18 431人,点击阅读 145 234 次,被转发分享 10 335 次。由于大众阅读习惯的改变,虽然文化馆网站访问量略有下降,但提供的内容深受欢迎,人均访问页数从去年同期的 2.59 页,提升至 3.69 页,即访客在网站停留的时间更长,浏览的内容更多了。抖音直播也受到热捧,曲艺干部陈祥平的粉丝达到 1 万多名,点赞 6 万多个,个人获得了“抖音音乐人”官方认证。

文化馆数字服务平台越来越受到广大群众的关注,公众知晓度不断提高,影响力不断扩大。

(四) 提高了文化馆的服务效能,履行使命担当体现文化馆价值

文化馆在数字化服务上的创新实践,扩大了文化服务的覆盖面,让城乡群众参与文化活动提供了便捷的条件,进一步提高了公共文化服务效能。

疫情防控期间,文化馆的数字化服务,从来没有这样引起文化馆人的高度关注。在这个非常时期,最能检验文化馆的数字文化服务能力,检验文化馆数字文化资源的品质与吸引力,检验文化馆数字平台的传播能力,检验文化馆网络文化活动策划创意能力,检验文化馆新媒体运营能力。

我们欣喜地看到,疫情防控期间,当数字化服务成为各级文化馆开展服务的主要途径,倒逼文化馆集聚专业力量,尝试开展各种形式的数字化服务创新,其投入的力量、创新的探索、取得的成效,都是以往少见的。尤其是从服务效能来说,远远超过了以往场馆服务、馆外活动的服务人群数量,更为可喜的是,吸引了大批年轻人的参与。

全国各地文化馆在防控疫情时期的表现,体现了文化馆人挺身而出、守土尽责的责任担当,体现了以人民为中心、创新服务的使命意识,体现了关注时代命题、讴歌时代精神的文化情怀。

四、疫情背景下文化馆服务创新实践的启示

各级文化馆在疫情背景下的服务创新实践,给予我们有益的经验

启示，即数字化服务拓展是提高文化馆服务绩效的重要途径、全员互联网思维是发挥文化馆服务潜能的观念基础、以人民为中心服务理念是激发文化馆创新活力的逻辑起点、数字化人才建设是推进文化馆转型升级的重要抓手。

（一）数字化服务拓展是提高文化馆服务绩效的重要途径

这次疫情，让文化馆从业人员更加明白了文化馆数字文化服务的价值，明白了数字文化服务绝不是锦上添花，而是文化馆现代公共文化服务的主阵地之一，是提升文化馆服务效能的重要途径，是文化馆公共文化服务新的着力点。

线下服务和线上服务双轮驱动、两翼齐飞，是今后文化馆公共文化服务常态化方式。各级文化馆人必须站在新时代文化馆创新发展的高度，进一步强化公共数字文化建设，补齐数字文化服务的短板，满足人民群众对公共文化服务的新需求新期待，提升文化馆公共文化服务的覆盖面和实效性。

必须下大力气，提升数字化服务能力。省市文化馆发挥龙头作用，建设互联互通、共建共享的数字文化平台，统筹数字文化资源建设，协调文化馆专业力量，推进数字文化资源的体系化，丰富数字文化资源的数量和质量。必须提高微信公众号、微博、抖音等新媒体运营能力，提高粉丝数量、点击访问量，提高用户粘性。要根据群众的文化需求与互联网特点，精心策划开展群众喜闻乐见的网络文化活动，线上线下有机结合，丰富人民群众的文化体验。要提高大数据分析能力，科学评估文化馆数字化服务的成效，把握现阶段公众文化关切，使文化馆的数字化服务精准对接公众的文化需求，不断提高文化馆服务效能。

（二）全员互联网思维是发挥文化馆服务潜能的观念基础

文化馆从业人员要有互联网思维，要从移动互联网视角，重新审视文化馆公共文化服务理念、服务方式、服务内容、服务效能，是否与这个时代同频共振。首先，文化馆馆长要有互联网思维，把文化馆数字文化服务放在重要的工作位置，把它作为提升服务效能的重要途径，加大人员投入、经费投入，改进公共文化服务方式，在数字化服务积极作为。其次，文化馆所有专业人员要有互联网思维，都要从文化活动策划组织、文艺辅导培训等传统模式中走出来，满怀热情拥抱互联网；都要从互联网的角度，来思考如何利用移动互联网提升服务效能，扩大公共文化服务覆盖面；都要从互联网的角度，来策划组织文化活动和艺术辅导培训，提高公众艺术审美鉴赏能力，推进全民艺术普及。当文化馆长和所有专业人员都具有互联网思维，自觉地从移动互联网视角，来审视传统服务方式的不足，达成共识，形成合力，才能真正推动文化馆数字文化服务的蓬勃发展。

（三）数字化人才建设是推进文化馆转型升级的重要抓手

当前，数字化人才紧缺是制约文化馆服务创新的薄弱环节。疫情期间，文化馆数字化服务做得比较好的单位，一般都设有数字服务部门，有专门的数字技术人员。反观有些文化馆，没有专门的数字化服务部门，缺少专业技术人员，在疫情期间线上服务就难有作为。

文化馆开展数字化服务，最重要的是要有一支具有专业能力、互联网思维和奉献精神的数字化专业队伍。必须从文化馆高质量发展的高度，从服务效能提升的高度，充实和加强数字化服务的专业人才。当前文化馆最缺少的，不是音乐舞蹈干部，不是书画摄影干部，而是新媒体运营、网络文案写作、视频摄像、后期编辑、网站运维等方面的专业技术人员。希望各级文化馆成立数字化服务部门，并把它作为十分重要的业务部门。要从有限的人员编制中，拿出一定数量的编制，通过人才引进、公开招聘等方式，充实数字化服务队伍。要创造条件，鼓励数字技术专业人员通过各种形式的学习进修，不断提高专业服务能力。

五、后疫情时期文化馆公共文化服务展望

后疫情时期，各级文化馆在抓好常态化疫情防控不放松的同时，将继续着力开展数字化服务，将线上服务与线下体验有机融合，推动公共文化服务转型升级，文化馆拥抱数字化将成为公共文化服务新常态。

后疫情时期文化馆的公共文化服务，将呈现几个方面的趋势。

（一）公共文化服务方式更趋多元化，新媒体矩阵将成为服务亮点

疫情期间，各级文化馆普遍开展数字化服务，为公众提供线上的文化艺术资源，开展线上文化艺术活动。后疫情时期，数字化服务将成为文化馆提升公共文化服务效能的重要抓手，各地将从以往重视线下群众文化活动、文艺培训辅导、场馆免费开放，转变为线上线下文化活动、艺术培训、文化服务同步推进、联动发展、深度融合、相映成辉。文化馆在数字化服务方面将投入更多的力量，数字化服务将从网站服务为主转向与多种新媒体平台相结合，辗转微信公众号、微博以及抖音、快手等短视频平台，逐渐形成新媒体文化服务矩阵，展示文化馆在新媒体方面的积极作为。

（二）公共文化服务资源更趋优质化，高品质追求将成为服务亮点

疫情期间，各地文化馆向广大公众提供数字文化资源，回应了公众在“宅家”期间对文化艺术的需求，但也暴露了数字文化资源建设上的短板：无论是数字资源的数量还是质量方面，还有较大的提升空间。后疫情时期，文化馆将发挥体系化的优势、文艺人才集聚的优势，

加强顶层设计，着力统筹整合，在提高数字文化资源数量的同时，在数字文化资源的系列化、优质化方面进行实践探索，不断丰富数字文化资源，推动数字化服务高质量发展。文化和旅游部全国公共文化发展中心和中国文化馆协会启动“全民艺术普及 U 课”征集、遴选，就是丰富和优化数字文化资源的有效举措。

（三）公共文化服务对象更趋广泛性，年轻人参与将成为服务亮点

数字化服务的普遍开展，吸引了一大批年轻人关注文化馆的微信公众号、微博、抖音号、快手号，享受文化馆提供的各类数字化服务，改变了以往文化馆服务对象以老年人、少儿为主的现象。青年群体是富有青春活力和文化创造力的群体，各地文化馆将进一步重视面向青年群体的文化服务，吸引广大青年参与文化馆各类文化活动，激活青年群体的文化活力，让他们在享受公共文化服务的同时，因势利导推进青年文艺社团建设，发挥他们的文化艺术特长，参与文化馆事业建设与公共服务，提升文化馆公共文化服务的社会影响力。

新冠肺炎疫情期间，各级文化馆既展示了数字化服务能力，同时也看到了数字化服务方面的提升空间。展望后疫情时期，文化馆将在线下文化活动与线上数字文化服务一齐发力，公共文化服务将实现新的跨越式发展。

我国公共文化设施社会化运营政府管理的问题与对策*

彭泽明**

党和国家高度重视公共文化设施社会化运营工作，2012年以来，先后多次出台政策文件和法律①予以鼓励。目前，我国部分地方已开始了省级以下公共文化设施社会化运营的实践探索，政府向社会力量购买管理运营服务取得了成效，也暴露了一些问题。如，社会化运营主体专业性不够强、短期行为较严重、人员流动性较大、资金使用不够规范，长效性有待检验。究其原因，主要是公共文化设施社会化运营政府管理准备不够充分。政府在相关能力尚不具备的情况下，盲目引入市场机制并不一定能够发挥市场、社会和个人的作用，甚至有可能损伤服务效能，最终导致服务失败。与此同时，学界对政府如何有效

---

* 本文系国家社会科学基金艺术学一般项目"国家公共文化政策体系研究"（编号：16BH142）的研究成果之一。

** **作者简介**：彭泽明，西南政法大学政治与公共管理学院研究员、硕士生导师。

① 政策和法律包括：2012年7月国务院印发《国家基本公共服务体系"十二五"规划》，2015年1月中办、国办印发《关于加快构建现代公共文化服务体系的意见》，2015年5月国务院办公厅转发文化部、财政部、新闻出版广电总局、体育总局《关于做好政府向社会力量购买公共文化服务工作的意见》，2015年10月《国务院办公厅关于推进基层综合性文化服务中心建设的指导意见》，2016年12月十二届全国人大常务委员会第二十五次会议通过的《中华人民共和国公共文化服务保障法》，2017年2月文化部印发《文化部"十三五"时期文化发展改革规划》，2017年5月中办、国办印发《国家"十三五"时期文化发展改革规划纲要》。

管理社会化运营探讨不够。如何加强对公共文化设施社会化运营的政府管理,亟待研究。

为了准确把握当前我国公共文化设施社会化运营政府管理的问题,因应提出加强政府对公共文化设施社会化运营管理对策,对上海市浦东新区和青浦区,安徽省芜湖市,重庆市渝中区,四川省成都市等12个公共文化设施社会化运营情况进行了实地调研。同时,对江苏省无锡市,浙江省台州市,安徽省合肥市、蚌埠市,广东省广州市,山西省晋中市等16个公共文化设施社会化运营情况进行了文献调研。

一、公共文化设施社会化运营政府管理存在的问题

(一) 公共文化类社会组织需加快培育

从调查的28个公共文化设施社会化运营主体(见表1)来看,上海市浦东新区金海文化艺术中心和浦东新区曹路镇社区文化活动中心的社会化运营主体浦东上上文化服务中心、浦东新区陆家嘴金融城文化活动中心的社会化运营主体陆家嘴社区文化建设联合会,浙江省台州市温岭市横峰街道文化站的社会化运营主体横峰文化体育联合会,安徽省芜湖市的鸠江区湾里街道文化站的社会化运营主体芜湖斯博文化服务中心等5个属于公共文化类社会组织,占总数的18.5%;企业和其他社会组织成为社会化运营主体的有22个,占总数的81.5%;其中,上海市浦东新区潍坊社区文化活动中心、浙江省台州市玉环县楚门镇文化站、安徽省芜湖市镜湖区张家山街道文化站和芜湖市弋江区弋江桥街道综合文化站、重庆市渝中区图书馆等5个社会化运营主体的业务或经营范围上没有“文化”二字,其公共文化设施社会化运营的专业性不言而喻,这一问题在国外也存在争论,支持者主要从经济角度出发,反对者主要从专业角度出发。

除上海市比较重视本地区公共文化类社会组织的培育发展外,其

作者简介：

表1　全国部分公共文化设施社会化运营承接主体情况表

序号	公共文化设施单位	承接主体	登记的企业类型或社会组织类型	登记的所属行业	与文化相关的经营范围或业务范围
1	北京市海淀北部文化中心图书馆	艾迪讯（无锡）电子科技有限公司	有限责任公司（中外合资）	研究和试验发展	图书馆管理服务，社区文化活动服务；图书馆咨询服务；图书数据录入、分类；文化艺术培训；公共文化活动策划、推广；文艺创作与表演
2	北京市海淀北部文化中心文化馆	北京节日乐文化艺术有限公司	有限责任公司（自然人投资或控股）	文化艺术业	音乐表演、文艺创作、组织文化艺术交流活动
3	山西省晋中市图书馆	山西省华信图书馆管理服务有限公司	有限责任公司（自然人投资或控股）	商务服务业	图书馆管理服务与外包，文化艺术交流活动策划，图书馆电子软件服务
4	上海市浦东新区金海文化艺术中心	浦东上上文化服务中心	民办非企业单位	不是慈善组织	开展群众文化活动及文化设施、场所公益运作、交流研讨、推介、展览
5	上海市浦东新区曹路镇社区文化活动中心	浦东上上文化服务中心	民办非企业单位	不是慈善组织	开展群众文化活动及文化设施、场所公益运作、交流研讨、推介、展览
6	上海市浦东新区潍坊社区文化活动中心	上海百益社区服务中心	民办非企业单位	不是慈善组织	无

（续表）

序号	公共文化设施单位	承接主体	登记的企业类型或社会组织类型	登记的所属行业	与文化相关的经营范围或业务范围
7	上海市浦东新区陆家嘴金融城文化活动中心	浦东陆家嘴社区文化建设联合会	民办非企业单位	社会团体	开展文化展演、交流、研究、联络、协调、管理，服务社区文化艺术事业
8	上海市青浦区盈浦街道社区文化活动中心	上海棠弥投资有限公司限公司	有限责任公司（自然人投资或控股）	商务服务业	为文化艺术交流活动提供筹备策划服务
		上海诺可健身俱乐部有限公司	有限责任公司（自然人投资或控股的法人独资）	体育	健身服务，文化艺术交流策划咨询
9	江苏省无锡新区图书馆	艾迪讯（无锡）电子科技有限公司	有限责任公司（中外合资）	研究和试验发展	图书馆管理服务，社区文化活动服务；图书馆咨询服务；图书数据录入、分类；文化艺术培训；公共文化活动策划、推广；文艺创作与表演
10	江苏省无锡新区文化馆	无锡市全中文化发展有限公司	有限责任公司（法人独资）	商务服务业	文化艺术交流活动的组织、策划、咨询；文化艺术培训；展览展示服务
11	浙江省台州市玉环县楚门镇文化站	玉环县楚门天宜社会工作服务社	民办非企业单位	不是慈善组织	无

（续表）

序号	公共文化设施单位	承接主体	登记的企业类型或社会组织类型	登记的所属行业	与文化相关的经营范围或业务范围
12	浙江省台州市温岭市横峰街道文化站	温岭市金三角文化发展公司	集体所有制企业	文化艺术业	文艺表演（歌舞、曲艺、杂技、戏剧）
		温岭市横峰街道文化体育联合会	社会团体	不是慈善组织	群众性文化体育的组织、联络、协调、指导与业务交流、专业培训、法规政策宣传、信息咨询服务及文化艺术研究、创作、展出、联谊会演
13	浙江省台州市路桥区新桥镇金大田村文化礼堂	文创团队	其他	文化企业	文化艺术创作者设立工作室
14	浙江省台州市路桥区路北街道松塘村农村文化礼堂	文化志愿服务团队	其他	/	重大文化活动的服务，特别针对留守儿童和孤寡老人等特殊群体的文化活动
15	安徽省合肥市滨湖世纪社区图书馆	安徽知本文化传播有限公司	有限责任公司（自然人投资或控股）	批发业	文化交流活动的策划；图书馆、文化馆、博物馆等文化场馆的经营管理服务外包；公共文化场馆的运营管理服务

（续表）

序号	公共文化设施单位	承接主体	登记的企业类型或社会组织类型	登记的所属行业	与文化相关的经营范围或业务范围
16	安徽省合肥市蜀麓社区文化服务中心	安徽知本文化传播有限公司	有限责任公司（自然人投资或控股）	批发业	文化交流活动的策划；图书馆、文化馆、博物馆等文化场馆的经营管理服务外包；公共文化场馆的运营管理服务
17	安徽省合肥市天乐社区文化中心	安徽知本文化传播有限公司	有限责任公司（自然人投资或控股）	批发业	文化交流活动的策划；图书馆、文化馆、博物馆等文化场馆的经营管理服务外包；公共文化场馆的运营管理服务
18	安徽省合肥市杨林社区文化中心	安徽知本文化传播有限公司	有限责任公司（自然人投资或控股）	批发业	文化交流活动的策划；图书馆、文化馆、博物馆等文化场馆的经营管理服务外包；公共文化场馆的运营管理服务
19	安徽省芜湖市镜湖区图书馆	安徽知本文化传媒公司	有限责任公司（自然人投资或控股）	批发业	文化交流活动的策划；图书馆、文化馆、博物馆等文化场馆的经营管理服务外包；公共文化场馆的运营管理服务
20	安徽省芜湖市镜湖区张家山街道文化站	芜湖市镜湖区零距离便民生活服务中心	民办非企业单位	不是慈善组织	无

（续表）

序号	公共文化设施单位	承接主体	登记的企业类型或社会组织类型	登记的所属行业	与文化相关的经营范围或业务范围
21	安徽省芜湖市弋江区南瑞综合文化站	芜湖尚课教育咨询有限公司	有限责任公司(自然人独资)	商务服务业	境内文化艺术交流活动策划
22	安徽省芜湖市弋江区弋江桥街道综合文化站	安徽正宇工程项目管理有限公司	有限责任公司(自然人投资或控股)	专业技术服务业	无
23	安徽省芜湖市鸠江区湾里街道文化站	芜湖市鸠江区斯博文化服务中心	民办非企业单位	是慈善组织	组织策划社区文体活动，为居民提供技能培训，对街道文化站进行开放管理
24	安徽省蚌埠市少儿图书馆	安徽知本文化传媒公司	有限责任公司(自然人投资或控股)	批发业	文化交流活动的策划；图书馆、文化馆、博物馆等文化场馆的经营管理服务外包；公共文化场馆的运营管理服务
25	广东省广州市南沙区图书馆	广东大音文化发展有限公司	有限责任公司(自然人投资或控股)	零售业	提供图书馆综合服务；文化服务、文化活动策划及交流、活动组织、展览展示服务、网络技术服务
26	重庆市渝中区图书馆	重庆新大正物业集团股份有限公司	民办非企业单位	房地产业	无

（续表）

序号	公共文化设施单位	承接主体	登记的企业类型或社会组织类型	登记的所属行业	与文化相关的经营范围或业务范围
27	四川省成都市武侯区文化馆	四川知点文化教育咨询有限公司	有限责任公司（自然人投资或控股）	商务服务业	文化教育咨询；舞蹈课外辅导；声乐课外辅导；美术书法课外辅导；手工课外辅导；电脑课外辅导；策划各类文化交流活动；展览展示服务；舞台艺术造型设计
28	四川省成都市武侯区文化馆	艾迪讯（无锡）电子科技有限公司	有限责任公司（中外合资）	研究和试验发展	图书馆管理服务，社区文化活动服务；图书馆咨询服务；图书数据录入、分类；文化艺术培训；公共文化活动策划、推广；文艺创作与表演

注：1. 北京市海淀区、山西省晋中市、浙江省台州市资料来源于第三批国家公共文化服务体系示范区验收资料；2. 上海市的数据为实地调查截止日 2019 年 11 月 8 日的数据；3. 江苏省无锡市的资料来源于杜洁芳在 2015 年 7 月 13 日《中国文化报》第一版发表的“江苏无锡：探索公共文化服务社会化运营新模式”；4. 安徽省芜湖市的数据为实地调查截止日 2019 年 11 月 1 日的数据，安徽省其余数据来源于文化和旅游厅公共服务处；5. 广东省广州市南沙区资料来源于陈俊翘、张滢于 2012 年发表在《图书情报工作》增刊(1)的“公共图书馆服务外包实证研究”；6. 重庆市渝中区图书馆的数据为实地调查截止日 2019 年 12 月 5 日的数据；7. 四川省成都市武侯区的数据为实地调查截止日 2019 年 12 月 25 日的数据；8. 企业的其他据来源于国家企业信用信息公示系统官网；9. 社会组织的其他数据来源于中国社会组织公共服务平台。

余地方还有较大差距，上海市更多注重对公共文化类社会组织的后期培育，对超前性的培育不够。从安徽省芜湖市实地调查看，全市普遍忽视对公共文化类社会组织的培育扶持，没有出台相关的政策措施，导致具有专业性、内部治理规范的公共文化类社会组织发育滞后，在开展公共文化设施社会化运营过程中出现公共文化类社会组织力量不足，镜湖区图书馆从2013年社会化运营以来，每三年更换一个社会化运营主体，且全部为企业，均来自于安徽省合肥市、江苏省无锡市，短期行为凸显，影响了图书馆长远发展，只能是完成常规任务而已，特色项目或品牌活动的打造十分困难。调查中还发现一个现象，有的具备成立为公共文化类社会组织而不愿意去民政部门登记成立，其原因就是进入民办非企业单位的门槛比企业要高，管理也较严格。

（二）准入与退出制度需健全

（1）从上海市来看：在准入方面，主要依靠建立合格供应主体资格制度，定期由上海市文化行政部门发布《上海市社区文化活动中心社会化专业化管理合格主体推荐目录》，提供各街道（镇）设置招标条件时参考，这不失为一个良策，也符合公平竞争审查制度中的“维护文化安全”例外规定，但制定出台的“标准”比较宏观，在运营主体资质、场地设施运营、活动项目运营、运营负责人和团队人员的业务能力建设等方面存在缺失和需要细化完善。在退出方面，上海市尽管要求各街道（镇）相关主管部门建立退出机制，实际情况是各街道（镇）尚未建立制度化、规范化的退出制度。

（2）从安徽省芜湖市来看：准入退出制度建设薄弱，芜湖市镜湖区图书馆第一轮的社会化运营主体安徽儒林图书馆咨询服务有限公司即便长期拖欠员工工资，镜湖区图书馆也无法要求其中途退出，仍然要等到合同到期后安徽儒林图书馆咨询服务有限公司才能退出；实地调研时，芜湖市镜湖区图书馆反映，在第三轮招标公告上明确要求运营团队负责人要具有图书情报专业或相关专业背景，运营团队人员应具有图书情报、管理、计算机等专业知识；安徽知本文化传播有限公司投标时组建了一个符合要求的团队以争取投标，中标后除负责人外，其余运营团队23人（含2个分馆）全部是在芜湖当地临时招聘，绝大部分人员既没有专业知识背景或从事过类似工作，也没有经过专业的岗前培训，不具备运营图书馆的专业知识和能力，同时，经反映得知，已有2名员工辞职，安徽知本文化传播有限公司长达4个月没有补充人员，且负责人长期不在现场，一定程度地影响了图书馆的开放工作。其症结就在于没有建立严格的准入退出机制，没有把具体的退出要求写进购买合同，退出制度的建立比准入制度的建立更显紧迫。

（三）政府购买服务工作需优化

（1）在承接主体的遴选上：由于没有制定明确的准入条件，安徽省芜湖市弋江区弋江桥街道综合文化站实行社会化运营公开招标时，出现芜湖探索健康养老服务中心、芜湖市皖星月嫂家政服务有限公司、芜湖市三山敬老长寿中心等参与投标的“怪相”，由于资格审查没通过，导致本次招标流标；目前正在运营的社会化主体安徽正宇工程项目管理有限公司其经营范围是工程造价咨询及监理咨询、工程招投标代理等。安徽省芜湖市镜湖区张家山街道文化站的社会化运营主体芜湖市镜湖区零距离便民生活服务中心的业务范围是社区便民服务、信息技术服务、其他现代服务等。浙江省台州市玉环县楚门镇文化站的社会化运营主体玉环县楚门天宜社会工作服务社的业务范围是整合社会资源服务社会弱势人群等。重庆市渝中区图书馆的社会化运营主体重庆新大正物业集团股份有限公司是一个房地产企业，其主营业务是物业管理服务，而它在渝中区图书馆运营的业务是图书借阅和办证咨询。这些承接主体与公共文化服务业务没有多大关联性。

（2）在招标方式上：没有完全遵循公共文化服务的规律和特点，

结合实际采用公开招标、邀请招标、竞争性谈判、单一来源、询价等多种方式的灵活性不够，而是以规避风险为由机械式地采用公开招投标，导致低价中标现象时有发生。安徽省芜湖市鸠江区湾里街道文化站公开的购买经费标的价是经过认真测算后确定的16.8万元/年，由于采取公开投标的方式，在激烈的竞争中，具有专业能力且同时也是街道办事处最为认可的芜湖市鸠江区斯博文化服务中心以最低价10.2万元/年中标，尽管他们反映在运营中公共文化服务的质量和水平没有“打折扣”，但是出现了运营困难的窘况。上海市购买方式全部采用公开招标，上海市浦东新区潍坊社区文化活动中心的承接主体上海百益社区服务中心也是以低价获得中标资格，长此下去，公共文化服务的质量和水平难以得到可续保障。

(3) 在购买经费标的测算上：除上海市文化行政部门制定发布了《上海市社区文化活动中心社会化专业化管理费用参考（2015版）》[①]外，其余地方测算的依据不一[②]。安徽省芜湖市镜湖区张家山街道文化站建筑面积980平方米和芜湖市弋江区南瑞街道文化站400

① 《上海市社区文化活动中心社会化专业化管理费用参考（2015版）》主要是按照国家及上海市人力资源和社会保障局的相关法律法规与政策规定、结合当前社会公共服务相关行业的市场价格水平、参考上海市社区文化活动中心现行管理服务费用的实际状况等综合性因素而制定。

② 2017年7月安徽省芜湖市镜湖区图书馆按照国家最近一次发布的地市级一级馆评估定级标准测算；安徽省芜湖市镜湖区张家山街道文化站、芜湖市弋江区南瑞街道文化站直接按照国家免费开放补助标准测算；安徽省芜湖市鸠江区湾里街道文化站及四川省成都市武侯区图书馆依据上级对免费开放工作的要求，根据设施所承担项目活动的运行费和社会化运营主体的运营成本测算；四川省武侯区文化馆根据国家对文化馆开放的要求，首先制定《文化艺术服务（文化馆运行管理服务）采购项目》，然后根据提供服务项目的市场价，结合实际情况测算一个大致的购买费用，邀请上级文化主管部门、省社科院、省政府采购专家库、资深律师、成都新民社会组织发展中心及省市区部分文化工作者进行集体测算；重庆市渝中区图书馆按照购买项目的具体岗位设置及临聘人员的平均工资，考虑适当的利润进行测算，等等。芜湖市鸠江区湾里街道综合文化站运营管理招标时，评标委员会成员共5人，除1人是宣传部门同志外，1人是造价工程师，1人是结构工程师，其余2人的专业背景和工作经历均与文化工作没有黏度。类似这种“外行评标”的情况在公共文化设施社会化运营招标中不是个案。

平方米的购买经费标的都是 5 万元，其实这两个文化站就分布在芜湖市的城区，但购买标的出现了明显差异，政府对社会化运营主体的要求又是一样，探究其因是缺乏统一的测算依据。

（4）在评标专家库的建设上：普遍没有分类建立公共文化服务购买评审专家库或将公共文化服务专家纳入政府公共资源交易综合评审专家库，导致对承接主体评价的专业性、针对性大打折扣。

（四）政府监管机制需完善

上海市文化行政部门制定出台了《上海市社区文化活动中心社会化专业化管理监督管理办法》，四川省成都市武侯区文化馆通过需求论证、公开招标、协议约定、政府监管和第三方评估等手段，建立可见可控的督导评估机制，这对于探索建立公共文化设施社会化运营政府监管机制起到了好的示范作用，但普遍的情况是各地没有出台科学的可操作的公共文化设施社会化运营监督管理办法。

（1）完善监督管理的主要内容。《上海市社区文化活动中心社会化专业化管理监督管理办法》明确监督管理的内容是参照《上海市社区文化活动中心社会化专业化管理服务标准》、依据双方所订立的委托合同及社区文化活动中心考核评估指标体系进行，但是没有把对社会化运营主体落实意识形态工作责任制及贯彻公共文化服务政策法规的情况，对社会化运营主体设置非基本服务项目及费用审批并开展对其执行情况的监督检查，对社会化运营主体档案建设情况等纳入监管范围。安徽省芜湖市镜湖区图书馆反映由于没有明确提出对社会化运营主体档案建设的要求，服务外包合同到期后，社会化运营主体没有移交一份完整的规范的档案，导致评估定级或上级免费开放检查无档可查。

（2）明确监管各方的职责。《上海市社区文化活动中心社会化专业化管理监督管理办法》没有对区文化行政部门、街道（镇）政府二者之间如何监督管理社会化运营主体的职责作出规定,很容易出现对社会化运营主体的监管“大家都管,大家都不管”的问题。区级文化馆、图书馆和原有文化站在社会化运营后,职责也没有界定,尤其是原有文化站的职能转移问题没有处理好,文化站原有职工就干脆从事其他工作还“名正言顺”。同时,没有政府的授权,文化站又不能行使对社会化运营主体的监督管理职责。

(3) 完善监管方式方法。《上海市社区文化活动中心社会化专业化管理监督管理办法》提出了直接监管、专业监管、民主监管三种方式,但对于如何通过信息化手段,对社会化运营主体的运营情况进行监管没有提及,其他地方对于数字化的监管亦然。安徽省芜湖市镜湖区图书馆反映现在他们专门指派一个副馆长(其实为区文化馆副馆长,区图书馆无专门机构、无编制)对社会化运营主体进行监管,感觉根本监管不过来,如果雇一帮人干活,又雇一帮人监管,会带来成本的提高。政府部门要设置合理的监管力度和选择恰当的监管方式,监管过高可能导致成本过高,而监管缺失则可能损害社会公众利益,这是一个两难的问题。

(4) 完善考核评价指标和办法。安徽省芜湖市镜湖区图书馆没有把“群众满意度指标”作为绩效考核评价的重要依据,仅作为考核的参考依据而已;芜湖市鸠江区湾里街道绩效考核评价中“群众满意度指标”仅占总分 120 分的 5 分。芜湖市镜湖区张家山街道文化站没有制定具体可操作的绩效评价考核指标,考核仍就习惯传统的定期不定期开展检查或听取工作汇报;考核评估指标的数据和档案资料全靠手工填报,很难避免数据和资料的不真实性;芜湖市没有建立第三方对社会化运营主体的绩效评价机制。

(五) 政府管理能力需提高

(1) 依法管理的能力需加强。总体来讲,依据公共文化服务保障法的相关规定，进一步细化对公共文化设施社会化运营政府管理的政策措施，并依法依规进行管理，在这方面目前尚显得薄弱。以非基本服务项目为例，从调查来看，无论是上海市，还是安徽省芜湖市，对非基本服务项目的管理要求都较为宽泛，对收费项目和标准没有履行严格的审批程序，几乎都是由社会化运营主体说了算，缺乏顶层制度设计。

(2) 依照合同管理的能力需加强。上海市浦东新区金海文化艺术中心和安徽省芜湖市镜湖区张家山街道文化站、鸠江区湾里街道文化站、弋江区南瑞街道文化站都不同程度地存在着在合同约定以外，出现社会主体“被临时拉差不给钱”的情况，政府把社会化运营主体变相当成自己的下属单位，增加了社会化运营主体的负担。安徽省芜湖市镜湖区图书馆由于在购买合同中没有对人员的稳定性作出明确的规定，对于社会化运营主体4个月不补充辞职人员而无计可施。

(3) 加强购买资金管理的能力需加强。公共文化服务保障法规定：县级以上人民政府应当建立健全公共文化服务资金使用的监督和统计公告制度。国务院办公厅转发《文化部等部门〈关于做好政府向社会力量购买公共文化服务工作意见〉的通知》强调：财政部门要加强对政府向社会力量购买公共文化服务资金的监管。从调查来看，除上海市浦东新区陆家嘴金融城文化活动中心的购买服务经费，由购买主体委托第三方财务公司对其开支情况进行全过程监管外，其余地方对于购买资金的监管都存在漏洞，资金走向不十分清楚。在调查中，社会化运营主体普遍反对政府部门对购买资金使用的监管，他们认为只要把工作任务完成了，资金的使用不管政府部门的事。事实上，由于政府对购买服务资金的使用缺乏全过程监管，已经出现问题。安徽省芜湖市镜湖区图书馆在第一轮的社会化运营中，本来在购买服务经费中给社会化运营主体安徽儒林图书馆咨询服务有限公司预算了人工工资(含“五险一金”)及合理的利润，但是仍然拖欠员工的工资,最后,不得已只能在每次绩效评价时都邀请区人力资源和社会保障局人员参与。由于政府缺乏对购买资金使用全过程的监管,一方面难以保障财政资金的专款专用,另一方面难以遏制和预防腐败现象的发生。

二、加强政府对公共文化设施社会化运营管理的对策

围绕如何管好社会化运营主体这个核心角色和运营全过程这个中心环节,对政府管理带来巨大挑战。因此,需要加强政府对公共文化设施社会化运营管理的对策,具体体现在以下几个方面。

(一) 加大公共文化类社会组织培育力度

公共文化类社会组织作为一种实体性、独立性、非营利性的社会组织,它与企业不同,它更多追求的是社会效益目标,而不是经济利润目标。同时,公共文化设施的社会化运营具有地域性、知识性、劳动密集性、财力有限性的特征,要加大对本地区公共文化类社会组织的培育力度,或许能破解社会化运营主体专业性不够强、短期行为较严重、人员流动性较大的问题。

(1) 确定培育对象。全面开展本地区从事文化服务的各类社会组织的普查工作,建立具备承担公共文化服务或通过培育具有承担公共文化服务潜能的动态化的公共文化类社会组织资源库。重点培育本地区具有创新活力、影响力较为广泛、热爱公共文化服务的社会组织承担公共文化设施运营管理、图书信息采集、书刊编目、阅读指导、讲座展览、艺术创作表演与推广宣传、艺术辅导与培训、优秀传统文化保护传承等领域的服务与工作。

(2) 采取多策培育。将公共文化类社会组织服务纳入本地区年度政府购买公共文化服务计划,采取以奖代补形式扶持本地区公共文

化类社会组织的人员培训、平台建设、创投项目，定期开展对本地区公共文化类社会组织的思想政治、公共文化服务政策法规和业务培训，搭建区域性的公共文化类社会组织的交流展示平台，加大对本地区优秀公共文化类社会组织及其成果的宣传，引导支持本区域具有公共文化服务工作经验的组织和个人登记成立公共文化类社会组织。

(3) 进行规范管理。加强对本地区公共文化类社会组织的监督管理，聘请第三方开展服务效能常态化监测，进行群众满意度调查，建立多维度的考评机制。对公共文化类社会组织活动不正常、运作能力弱和社会认可度低的，引导其合并或注销。对违反国家法律的，依照有关法律规定进行处理。

(二) 建立健全准入与退出制度

公共文化设施是弘扬社会主义核心价值观的重要载体，是社会主义精神文明的重要窗口，是中华优秀传统文化传承发展的重要平台，是人民群众享受公共文化服务的主阵地，加强对社会化运营主体准入与退出制度建设，显得十分重要。

(1) 设置准入条件。一是设置基本的准入条件。参与投标的社会化运营主体应该具有依法登记、成立或设立，具有独立承担民事责任的能力；具备提供服务所必需的专业设备、专业技术和专业团队，具有一定的公共文化产品和服务生产提供能力，自身拥有文化资源或具有统筹文化资源的能力；具有健全的内部治理结构、财务会计和资产管理制度；投标前三年内无重大违法违纪行为，依法取得相关资质并持续符合资质认定条件，具有良好的社会和商业信誉；年检合格或未被文化行政部门或文化市场综合执法机构列入黑名单或已从黑名单移出；具有依法缴纳税收和社会保险的良好记录；法律、法规规定或政府购买服务所要求的其他条件。二是设置专业性的准入条件。社会化运营主体派驻的现场负责人一般应具有相当于本科及以上学历或相当于中级及以上职称,具有三年以上承担公共文化管理服务、场地设施管理、文化活动管理等工作经历,原则上应接受过文化行政部门举办的公共文化专业培训;现场运营团队 1/3 的人员应具有参与公共文化服务与管理的经历;社会化运营主体须承诺现场运营团队所有人员上岗前须参加当地文化行政部门组织的岗前培训并达到合格要求。

(2) 设置退出条件。一是设立单方解除条件。在公共文化设施社会化运营中,将意识形态工作责任制落实不到位及违背法律法规、社会公德和公序良俗等作为委托方对社会化运营主体的单方解除条件。二是违法违规退出。对在公共文化设施运营中,发现社会化运营主体不符合资质要求、歪曲服务主旨、弄虚作假、冒领财政资金等违法违规行为的要退出。三是违反协议退出。凡是违反购买协议约定的退出条款的需退出。四是其他退出条件。根据实际情况,还可以设定必要的退出条件。

(三) 进一步优化政府购买服务工作

遴选合格的政府购买主体、制定适宜的招标方式、科学测算购买经费、建立专业性的评标库是确保公共文化设施社会化健康运营的前提。

(1) 建立合格社会主体目录推荐制度。根据事先公布的合格社会主体有关标准和评审规则,原则上以省级为单位,建立公共文化设施社会化运营合格主体推荐目录,实施动态化管理,提供所属各地在选择社会化运营主体时参考。

(2) 建立灵活的招标方式。遵循公共文化服务的规律和特点,根据本地区合格主体的实际状况,适宜采取什么招标方式就采取什么招标方式,防止执行政策"一刀切"机械式做法。

(3) 建立科学的社会化运营经费测算制度。原则上以省级为单位,建立包括业务活动费、设施设备购置费、人工费(含"五险一金")、办公经费(含培训费)、物管费、利润、税金等项目组成的计算方法相一致的经费测算机制,结合公共文化服务任务和物价水平的变化,定期调整计费标准和项目,规范经费测算行为。

(4) 分类建立公共文化服务购买评标专家库。省级文化行政部门要主动协调同级财政、监察部门,建立由群众文化、图书馆、艺术、文物等领域的专业、行政人员为主体的全省统一规范的公共文化设施社会化运营专家评标库,保证评标结果的公平、公正。

(四) 健全完善监督管理机制

在社会化运营的整个过程中,政府的监督管理至关重要,要建立监管内容明确、职责清晰、方式恰当、信息公开、评价精准的有效协同的监管机制。

(1) 明确监督管理的主要内容。包括:社会化运营主体落实意识形态工作责任制的情况,社会化运营主体贯彻公共文化服务政策法规的情况,社会化运营主体对购买合同的履行情况,开展对社会化运营主体的绩效评价工作,设立非基本服务项目及其执行的情况,社会化运营主体购买资金的使用情况,社会化运营主体开展档案建设的情况,其他需要进行监管事项的情况。

(2) 明确监管各方的职责。以乡镇文化站社会化运营为例,按照公共文化服务保障法及乡镇综合文化站管理办法的有关规定,县级文化行政部门监管的职责包括:对落实意识形态工作责任制及贯彻公共文化服务政策法规的情况进行监督检查,拟订乡镇文化站社会化运营的相关政策措施,对购买合同进行备案并对社会化运营主体履行合同情况进行抽查,制定社会化运营工作绩效评价指标体系并开展绩效评价工作,搭建乡镇文化站社会化运营工作的信息化监管平台、审批非基本服务项目的设立及收费标准等。乡镇政府监管的职责包括:负责对乡镇文化站社会化运营情况的日常监管,对社会化运营主体履行合同情况进行定期不定期监督检查，按照绩效评价结果予以拨付资金、兑现奖惩、督促社会化运营主体改进工作、提高服务质量，对购买服务资金的使用情况进行全过程监管，加强对非基本服务项目执行情况的监督检查，按要求督促社会化运营主体如实填报和上传相关数据资料，督促社会化运营主体按照有关要求做好档案建设工作，对社会化运营情况的投诉或者建议进行处理和反馈等。

(3) 进一步完善监管方式。运用现代科技的手段，建立信息化的业务监管平台，充分利用大数据、云计算等信息化手段，探索"互联网＋监管"模式，实行实时动态、客观真实监管，提高监管效率和质量，节省监管成本。政府授权原有的公共文化机构切实履行现场监管的职责，充分发挥它们专业化监管的作用。建立独立、公正、规范的可管可控的第三方监测评估机制。

(4) 建立公开信息机制。按照"谁购买服务，谁公开信息"的原则，在政府采购网、门户网站公开购买公共文化服务的内容名称、质量与数量、购买方式、购买流程、经费预算、履行期限，购买结果，社会化运营主体的名称、机构设置、人员组成、办公场地、设施设备、规章制度、信誉状况、发展历史、购买协议以及运营实施情况、经费决算、绩效评价结果、审计报告等相关信息，主动接受社会的监督。

(5) 细化考核评价指标体系。依据国家公共文化服务指导标准、省级基本公共文化服务实施标准、县级公共文化服务目录，参照国家颁布的文化馆、图书馆、文化站评估定级办法，考虑设施规模、服务人口、服务半径、购买经费、传承发展优秀地域文化等因素，以服务效能为导向，重点围绕公共文化服务目标达成情况、资金使用情况、资源利用效率、公众参与度、公众满意度等确定绩效评价指标，增强群众的参与度、满意度指标。总体指标要适度，避免大而全；评价指标尽量量化，定性指标不宜设置过多，避免评价的随意性、不可操作性。建立评价结果与兑现合同资金、继续承接、后续优先承接、实行退出等挂钩的机制，促使社会化运营主体持续提高服务水平和质量。

（五）不断加强政府管理能力建设

引入竞争机制，推动公共文化服务社会化发展，对政府的依法管理、合同管理、资金管理的能力提出了新的要求。

（1）进一步细化公共文化服务保障法的有关规定。政府要制定出台公众参与公共文化服务设施使用效能考核评价制度、反映公众文化需求的征询反馈制度、有公众参与的公共文化服务考核评价制度，要督促社会化运营主体建立公共文化设施管理制度和服务规范、资产统计报告制度、公共文化服务开展情况年报制度、安全管理制度，提高对社会化运营主体依法管理的能力。

（2）政府要树立契约意识。在公共文化设施社会化运营中，政府如何利用合同或契约方式来有效管理公共服务的提供，本身也是一个挑战。一是要建立以外包服务内容为基础，以财务管理为中心，以监督管理为保证的合同管理机制，合同管理贯穿于运营的全过程。二是政府与社会主体是一种选择与被选择的关系，但从契约关系角度来看二者地位平等，主要是依据购买合同来履行各自的权利义务，它们之间不是一种行政隶属关系，而是基于外包合同的市场经济关系和法律契约关系，政府部门严禁将社会化运营主体等同于下属单位，只能按合同约定履行管理职责。三是政府要培养具有综合能力较强和素养较高的合同管理队伍，这是政府提升合同管理能力的重要保障。

（3）加强对资金使用的管理。政府要建立健全对社会化运营主体公共文化服务资金使用的监督和统计公告制度，要委托第三方财务公司对购买资金的使用实行全过程监管，确保专款专用和购买业务保量保质完成。

公共文化服务是政府的职责，政府实施公共文化设施社会化运营，只是改变了政府单一提供公共文化服务的方式，并没有改变或转移甚而取消政府的监督管理责任，事实上，只有加强公共文化设施社会化运营的政府管理，才能确保公共文化设施社会化运营沿着正确方向持续健康发展，才能真正提高公共文化设施的建管用效益。当下，我国在公共文化设施社会化运营中出现的问题，是对政府管理的一次考验，要分类指导、因地制宜、稳步推进，在发展中加以解决。

参考文献

[1] 李国新.关于加强农村公共文化服务建设的思考[J].中国图书馆学报，2019(4)：8—9.

[2] 陆和建，等.我国区级公共图书馆社会化管理机制创研究[J].图书馆建设，2015(10)：12.

[3] 李雅，杨乃一.基层图书馆社会化运营中企业参与模式及发展对策——以艾迪讯电子科技（无锡）有限公司为例[J].国家图书馆学刊，2018(4)：74.

[4] 杨永恒，等.公共文化服务效能评估：理论与方法[M].北京：科学出版社，2018：28—31.

[5] 曹磊.日本公共图书馆社会化运营发展历程及问题[J].中国图书馆学报，2017(3)：119.

[6] 国务院关于在市场体系建设中建立公平竞争审查制度的意见[EB/OL](2016-06-14)[2020-03-20].http://www.gov.cn/zhengce/content/2016-06/14/content_5082066.htm

[7] 王玥.成都市武侯区召开文化馆社会化运行服务项目专家论证会[EB/OL].(2017-12-14)[2020-03-20].https://sichuan.scol.com.cn/fffy/201712/56046250.html.

[8] Liu J, Gao R, Cheah C Y J, et al. Evolutionary Game of Investors' Opportunistic Behaviour during the Operational Period in PPP Projects[J]. Construction Management and Economics, 2017, 35(03): 137-153.

[9] 关于持续解决困扰基层的形式主义问题为决胜全面建成小康社会提供坚强作风保证的通知[EB/OL].(2020-04-15)[2020-04-16].http://www.chinalporg.cn/newsitem/278343861.

[10] 高若兰.PPP项目成功标准研究[J].管理现代化,2018(2):99—100.

[11] 中共中央关于全面深化改革若干重大问题的决定[EB/OL].(2013-11-15)[2020-03-20].http://www.chinalporg.cn/newsitem/278343861.

[12] 柳斌杰,等.中华人民共和国公共文化服务保障法解读[M].北京:中国法制出版社,2017:12.

大城市公共文化服务体系公益性服务机制研究

葛红兵　陈　鸣等*

一、西方发达国家现代化进程中公益性服务机制的创生与转型

(一)"国家文化福利":文化公益机制的创生

西方国家传统公共文化服务主要是由慈善机构、私人基金会和志愿者团体等自发形成的民间非营利组织承担的。二战以后,随着福利国家的现代治国理念的确立,西方发达国家的公共文化服务相继进入了国家福利时期,并以国家艺术理事会的方式构建国家公共文化服务制度。因此,国家艺术理事会及其资助之下的各类民间非营利组织构成了20世纪中叶西方发达国家公共文化服务公益性主体的基本格局。

---

* **作者简介**:葛红兵,上海大学中国创意写作中心教授;陈鸣,上海大学中国创意写作中心副教授;高尔雅,上海大学中国创意写作中心博士研究生;郑安格,上海大学创意写作硕士研究生,现于上海格物文化发展研究院就职;王铭,上海大学创意写作硕士研究生,现于集美大学诚毅学院任教。

（二）公私合作与社会企业：文化公益机制的转型

1970年代以后，西方发达国家公共文化服务主体由非营利组织转向社会企业，而公私合作伙伴模式则是这一转向的中介形态。一是中央政府公共文化部门与私人基金会的合作制度；二是各级政府与私人、私人企业的公私合作制度。于是，公共文化服务机构的资金来源不再像传统的慈善机构那样，完全依赖于志愿者的捐赠或企业的赞助，也不再像之前传统的非营利组织那样，主要依赖于国家政府的项目资助，而是来自于政府资本与社会资本的合作伙伴关系中建立起来的公私合作“资金池”。

社会企业是继公私合作伙伴模式之后的又一种文化公益机构，大致可分为两大类型：慈善型社会企业与商业型社会企业。社会企业制度突破了非营利组织的传统公益性制度框架，既可以是私人的商业机构，也可以采用有限责任公司和股份有限公司的慈善机构，只要其服务宗旨致力于社会公益（教育、环境、文化、艺术、旅游等），但是，社会企业的利润主要用于再生产投资和社会公益服务，而不得以企业的股份红利等方式分配给企业的股东和员工。

因此，公私合作和社会企业制度实际上是将传统的非营利组织与私人的营利机构的某些要素混合重组而产生的新型公共文化服务制度形式，在公益性服务的制度框架内，不仅在服务产品的类型上提供免费供给的“纯公共文化产品”与有偿供给的“公益型文化产品”，而且在服务机构的性质上从传统的非营利组织转变为公益性服务机构。

（三）社会公益企业：文化公益的当代制度样式

2005年7月，英国中央政府创设了社区公益公司，其创立机制在于：一是中央政府创立社区公益公司管制办公室的前置审批机制，要求申请社区公益公司的机构必须通过社区公益公司管制办公室的“社区公益测试”；二是法律上设立“资产锁定”的机制，规定社区公益公司解散时,确保其偿还债务和投资者的投资本金之后,所有剩余的资产必须转移至另一个社区公益公司或慈善机构;三是机构运营上设立非营利分配的明确保证机制,要求社区公益公司在利润分配上履行非营利组织的分配约束规则,即公司的利润收入主要用于其再生产投资。

2008 年 4 月,美国的佛蒙特州创立了"低利润有限责任公司"。同其他有限责任公司一样,业主对其企业的投资负责,并可以发行股票筹集资金,但与营利性有限责任公司不同的是,它可以获得"相关投资项目"的资助。而私人基金机构"相关项目投资"的收入不视作营利性收入,享有免税待遇。

因此,社区公益公司和低利润有限责任公司是新世纪以来西方现代公共文化服务公益性机制的制度基石,催生了社区公共文化服务机构的创生,促进了私人基金机构对公共文化服务机构的"相关项目投资",进而使公共文化服务的价值理念由国家文化福利向社会公益的现代化转型。

二、中国公共文化服务的制度设计及公益机制改革进程

(一) 文化事业单位体制改革

建国以来,我国公共文化服务主要是由国家文化事业单位和部门承担的,文化系统内形成了以群艺馆、文化馆、文化站、文化室等为序列的各级群众文化服务机构。改革开放以后,公益性服务机制的中国化创生进程便是以文化事业单位体制改革为主线而展开的。

1. 以文补文政策

1987 年,文化部、财政部、国家工商总局颁发《文化事业单位开展有偿服务和经营活动的暂行办法》,是改革开放后第一个国家文化政策。这一政策将有偿服务引入文化公益机制,是对文化公益机制的一

次创新探索。然而承包制带来的弊端是，部分地区出现政府甩包袱，承包人只管挣钱，公共文化服务质量、数量出现双降局面。

2. 混合制政策

1989年，财政部颁发《关于事业单位财务管理的若干规定》，一部分文化事业单位开始实施事业性质单位企业化管理，所以称为混合制政策。这一政策使文化服务的公益性机制通过全额拨款、差额拨款及自收自支三种形式得到创新。但是，混合制带来了双重法人的问题，即，不少公共文化服务机构同时拥有事业法人与企业法人的身份。

3. 文化市场政策

1988年，文化部、国家工商总局颁发《关于加强文化市场管理工作的通知》规定，凡以商品形式进入流通领域的精神产品与文化娱乐服务，都属于文化市场管理范围。1992年起，国务院出台了6个以管理条例命名的国家文化市场行政法规：音像制品、电影、营业性演出、出版、广播电视、娱乐场所管理法规。这一政策确立了文化事业单位在内的文化经营机构的市场准入制度，即前置审批与工商登记。

4. 文化产业政策

2001年，全国人大出台的《"十五"规划纲要》提出推动文化产业发展，标志文化产业国家政策正式出台。这一政策鼓励一部分经营性文化事业单位实行转企改制，推进出版和影视等文化企业规模化和集团化发展。

5. 公共文化服务体系政策

2006年，全国人大颁发《"十一五"规划纲要》，明确提出，逐步建设形成覆盖全社会的比较完备的公共文化服务体系的目标，标志国家公共文化服务体系政策的正式出台。这一政策促进非营利性文化事业在文化市场化和产业化语境下建构现代公共文化服务体系，鼓励各种社会力量进入公共文化服务系统。

（二）新世纪以来，我国公共文化服务政策的发展态势

2006年，全国人大制定公共文化服务体系政策以后，我国的公共文化服务政策在国家和地方两个层面上得以发展。

首先，在国家层面上，国务院及其文化部等中央政府机构相继出台了一系列有关国家公共文化服务政策、规章和文件，推动公共文化服务的示范、试点，努力建设标准化、规范化的现代公共文化服务体系。一是公共文化服务机构或项目的国家示范，2010年12月，文化部、财政部颁发的《关于开展国家公共文化服务体系示范区（项目）创建工作的通知》；二是公共文化服务的标准化，2014年7月，文化部办公厅颁发的《关于开展公共文化服务标准化等试点工作的通知》；三是，现代公共文化服务体系建设，2015年1月，中共中央办公厅、国务院办公厅颁发的《关于加快构建现代公共文化服务体系的意见》；四是，政府购买公共文化服务的规范化，2015年5月，国务院办公厅转发文化部等部门的《关于做好政府向社会力量购买公共文化服务工作意见的通知》；五是，国家基本公共文化服务的内容指导，2015年10月，国务院办公厅颁发《关于推进基层综合性文化服务中心建设的指导意见》，制定2015—2020年国家基本公共文化服务正面清单。

其次，在地方层面上，各省市政府部门及其文化主管部门在执行国家公共文化服务政策过程中，因地制宜地出台和实施地方性公共文化服务的法规、政策和规章。其中上海是走在前列的，从组织领导、政策保障、资金投入、人才队伍等方面提供了较为充分的保障。在政策法规方面，2008年，上海市文广局出台了两个公共文化服务标准：一是《上海市公共文化设施资质认证标准》；二是《上海市社区文化中心资格认定标准（草案）》。2011年3月，上海市公共文化服务工作协调小组成立，统筹协调全市公共文化服务体系建设重大事项。2011年11月，上海市委办公厅、市政府办公厅出台《上海市关于加强社区文化活动中心建设与管理的指导意见》，2012年11月，上海市人大审议通过

《上海市社区公共文化服务规定》,是全国首部社区公共文化服务的地方性法规。2013年,上海市公共文化服务工作协调小组颁发《上海市社区文化活动中心服务标准》、《上海市社区文化活动中心考核标准》、《上海市村(居)委综合文化活动室服务标准》。2014年,上海市政府颁发《上海市基本公共服务体系暨2013—2015年建设规划》提出,到2015年,初步建立与上海经济社会发展水平相适应,与社会主义现代化国际大都市建设相匹配,城乡一体、较为完备的基本公共服务体系。2015年3月,上海市文广局发布《博物馆、美术馆服务规范上海标准》,填补了该行业服务标准的国内空白。2015年8月,上海市委办公厅、市政府办公厅出台《上海市贯彻〈关于加快构建现代公共文化服务体系的意见〉的实施意见》。2016年5月,上海市政府办公厅出台《关于本市贯彻推进基层综合性文化服务中心建设指导意见的实施意见》。在运营管理模式上,上海市文广局正在大力推进各街镇社区文化活动中心社会化、专业化管理工作。从2013年开始,上海启动“文化上海云”建设项目,并纳入上海智慧城市建设三年行动计划。

近十年来,我国的公共文化服务政策在国家和地方两个层面上展开。国家层面逐步确立了产业与事业分开,行政与事业分开的现代公共文化服务体系建设路径,地方层面改革、试点过程中出现了一系列具有地方特色的公益性制度形式。我国公共文化服务体系的公益性服务机制正向现代制度转型。

三、我国城市公共文化服务公益制度存在的问题及改进思路

(一) 政府管理机制的“治理化”拓展

从基本脉络看,建国以来我国公共文化服务领域经历了由政府“大包大揽”的“文化事业”发展模式,到改革开放初期,不加区分地把

包括公益性文化单位在内的所有文化机构推向市场，在市场化压力下通过“以文补文”“多业助文”等途径被动地开展“生产自救”，再到21世纪之初，把公益性文化事业和经营性文化产业区分开来实行分类指导、分类发展的过程。然而有一种误解以为，在市场经济大背景下，文化产业的发展任务应由企业和市场承担，而计划经济的方式会在某些文化领域保留下来，公益性文化产品和服务仍然应当一如既往地由政府公共财政“大包大揽”，直接由政府生产并供给。这其实是一种政府包揽的“管文化”模式。

新型公共文化服务体系的重构，离不开各级党委和政府在宏观文化管理模式上的重构，其重要的任务之一是，如何改变政府包揽的“管文化”模式，从制度和机制上解决因“条条、块块”的文化行政管理体制而造成多头管理、职能交叉、政出多门，以及“越位”“缺位”“错位”等现象，引入一种由协调和参与机制构成的治理理念。

因此，现代公共文化服务体系需要将传统的政府“管文化”模式转变为国家“治文化”的理念。也就是说，现代公共文化服务体系的机制、结构和秩序，需要依靠国家和地方层面的多元资源和多种力量的影响和协调过程中形成良性的互动，因而“参与”“谈判”“协商”“合作”“伙伴”等便成为公共文化服务“治理化”拓展的关键词。

（二）公共文化服务主体及主体关系的现代转型

传统的“公共文化事业”实施主体仅仅是以政府为代表的官方组织和公共部门，政府包揽公共文化领域的一切事务，政府既是出资人，又是运作者和监管者，官方组织和公共部门依靠行政指令，采用计划分配的方式提供公共文化产品和服务。而现代“公共文化服务体系”的公益性制度，既注重实现公共文化产品和服务在生产和供给方面的效率与效能，强调通过与市场机制的结合来整合和优化公共文化服务资源，以促进公共文化服务供给侧的资源投入和管理效率的提高和改善；同时也重视贯彻公平正义、满足人民群众对公共文化服务的不同偏好，强调社会主义价值观在公共文化服务的供给侧与需求侧的社会交换过程中得以弘扬和发展，强调管理者和服务者的责任，强调公众导向、服务导向、绩效导向和结果导向等核心理念，强调通过体制内与体制外的双重监督来实现管理者和服务者的责任履行，强调以公共文化发展的公共性议题和公益性服务为引导，构建“多中心、多层次、协同合作”的“公共文化服务公益机制”，通过社会沟通和协作以解决各类公共文化问题。

因此，传统“公共文化事业”向现代公共文化服务体系公益性服务机制的转型，就是要在公共文化服务领域内实现服务主体的“多样化”和服务主体关系的“伙伴化”，政府通过协作、协商、伙伴关系等方式，借助市场交易机制和社会交换机制，引入社会力量，实现政府与市场、社会的互动互补。

（三）政府投入的“引导化”及公益性资金投入的多源化

改革开放以来，经过不断改革，公共文化服务领域内的政府投入模式已经出现重大变化，通过“政府采购”“项目补贴”等方式，提高政府在引导和扶持重要公共文化产品、重大公共文化服务项目和公益性文化活动上的精准度。显然，“政府采购”“项目补贴”是公共财政投入方式的重大转变，有助于实现从“以钱养人”“以钱养单位”向“以钱养事”“以钱养项目”转化，然而，在这一转化过程中，政府投入的“引导化”力度还不够，进而导致公益性资金投入渠道的不畅和狭窄。

因此，应该在政府主导下，吸引社会资金参与，在公共文化服务领域内建立公私合营的公司、基金和项目，让政府的投入能够通过社会化手段放大杠杆作用，成为吸引社会资金的“金核”，吸引民间资金参与公益性服务，实现公益性投入的“多元化”。

(四) 建构现代公益性服务机制的制度框架

改革开放以来,我国一线城市在公共文化服务的现代公益性服务机制方面进行了许多建设性的探索,也取得了不少成功的经验和成果,应该在总结基础上加以推进。

我国已经制定了构建现代公共文化服务体系的国家政策,上海等一线城市也相继制定了相关的地方性实施纲要,而现代公共文化服务体系公益性服务机制的政策设计,需要研究现代公共文化服务的特征,既要在公共文化服务的保基本、标准化和规范化等方面下工夫,同时也要注重公共文化服务的多样性、差异性方面,特别是一线城市和国际大都市的特点。概括地讲,现代公益性服务机制的制度框架设计应满足三个方面的要求:公益性文化服务的保障机制安排、公益性文化服务的管理机制安排和公益性文化服务的评价机制安排。

四、我国大都市现代公共文化服务体系公益性服务机制建设中的特殊性问题

近年来,我国大都市公共文化服务公益性机制建设出现了长足的进步,取得了一系列的成就,然而也存在着诸多问题,这些问题制约了我国大都市现代公共文化服务体系公益性服务机制的改革发展。

(一) 供给侧问题

城市市民日益提高、日益多样化的公共文化需求,使我国大都市公共文化产品和服务出现供给方式滞后、供给内容失调、供给渠道不畅等问题。我国现阶段的国家公共文化服务的主要任务是,向广大人民群众提供基本的公共文化产品和服务,这就无法满足人民群众日益多样化的公共文化需求,尤其是一线城市居民的诉求和期待。一些政府部门在计划经济年代形成的自上而下的文化行政管

理模式，也使公共文化产品和服务的配送计划缺乏可操作性和贴切性，局部造成供给过剩和供给失效，进而加重了公共文化服务供给侧的应对能力不足。

因此，公共文化服务机构的社会化、专业化程度不高限制了公共文化服务的供给渠道，阻碍了公共文化服务的供给方式、管理水平的现代化发展，以及公益性文化服务机制的现代性社会化生成。

（二）需求侧问题

因受传统的计划经济模式和单一的国家福利观念的影响而固守公共文化需求的传统偏见。许多人对公共文化服务缺乏正确而完整的认知，依赖于公共文化的免费服务，不愿接受公益性的低收费项目，进而自觉或不自觉地扮演起被动的需求者角色，在公共文化服务的需求上采取消极和被动的索取态度，客观上压制了公共文化服务需求侧的个性化和多样性的公共文化服务诉求。

我国大都市在公共文化服务需求侧方面存在着两个重要的矛盾问题，一是需求群体的差异，常住市民文化需求的高端化、多样化倾向与大量涌入城市的农民工、流动人口文化需求的基本化、标准化需求之间出现较大的鸿沟；二是区域性失衡，大都市中心城区和郊县之间在公共文化服务需求侧方面也存在着不平衡。

（三）供需矛盾问题

对“公益性”认识不同，导致我国大都市公共文化服务领域内的供需矛盾。一方面，作为供给者的公共文化服务机构，往往把政府资助视作其赖以生存的唯一来源，不愿考虑如何通过自身服务方式的改革发展（面向群众的文化需求而不是面向政府的考核要求），来寻找其经济生存的基础和可持续发展的动力；另一方面，作为公共文化服务的需求者，许多人总是固守着免费享用的传统非营利组织的观念，不愿接受甚至极力反对公共文化有偿服务的方式。其结果往往是,大量公共文化服务机构总是困于资金的不足而无法丰富和拓展其公共文化服务项目,不愿或者无法实现以文养文,而不少公共文化服务的需求者又常常对公共文化服务机构的公益性收费采取抵触态度,牢骚满腹甚至怨声载道。

我国已经制定并实施以国家福利为原则的基本公共文化服务政策。但是,人民群众,特别是大都市民众在公共文化服务需求上的层次性差异和多样性诉求超出了国家公共文化服务的"保基本"范围,这就要求公益性文化服务机制能同时面对"保基本"和"保个性"两个需求侧方面的时代要求。

五、国际文化大都市背景下建构现代公共文化服务公益性服务机制的政策建议

近些年来,我国大都市公共文化服务公益性机制建设出现了长足的进步,取得了一系列的成就,然而其发展速度与我国悠久的文明历史不相称;与我国的综合国力和世界大国的地位不相称;与我国的经济发展水平不平衡;与我国的小康社会发展进程不平衡。针对我国大都市公共文化服务公益性机制创建中存在的具体问题,本课题将从以下六个方面提出国际文化大都市背景下建构现代公共文化服务公益性服务机制的政策建议。

(一) 促进低收费、非营利"公益性服务机制"的形成

从西方发达国家公共文化服务制度的现代化转型进程可以看出,公共文化服务最初是通过民间组织的慈善服务和个人的志愿服务来实现的;二战结束之后,公共文化服务又通过国家福利的再分配以国家政府的供给方式来实现;进入 1980 年代,特别是 21 世纪以来,公共

文化服务的价值理念出现了由国家福利向社会公益的转型,公共文化服务的产品也呈现出“纯公共文化产品” 和“公益型文化产品”的分野。当民间慈善性和国家福利性的免费服务提供的“纯公共文化产品”不能完全满足现代都市人的公共文化需求之后,适度引入商业化机制的低收费公益性服务就应运而生。

从政策理念上讲,免费的“纯公共文化产品”在服务供给机制上的优势是无偿服务,主要吸引的是低收入群体,体现的是现代公民的国家文化福利,核心的资源优势是文化服务的费用而不是文化服务的内容。而“公益型文化产品”在服务供给机制上的优势则是需求者的社会交换诉求,主要吸引的是中等收入以上群体,特别是生活在大都市的群体,他们希望能在公共文化服务的供给侧实现其“内在情感的纯粹表达”,希望通过诸如“社区交际”和“社区文化认同”的方式满足其公共文化产品和服务的多样性需求,体现的是现代公民的公益性文化诉求,核心的资源优势是文化服务的内容和方式而不是文化服务的费用。

因此,国际文化大都市的城市定位要求上海的公共文化服务既要在免费服务的“纯公共文化产品”方面有所突破,又要建立健全低收费的“公益型文化产品”的服务机制,进而在分类和分级基础上,设计出适合国际大都市品位和不同社群的个性化诉求的公共文化服务项目的正面清单。

(二) 加大“社会服务机构”的扶持力度

《上海市基本公共服务体系暨2013—2015年建设规划》在创新服务供给机制方面提出,在坚持政府负责的前提下,充分发挥市场机制作用,推动基本公共服务提供主体和提供方式多元化,提高服务的质量和效率。在鼓励社会参与和监督的具体措施上,充分发挥社会组织在基本公共服务需求表达、服务供给与评价监督等方面的积极作用,对适合由社会承担的基本公共服务事项，以购买服务等方式交由社会组织承担。然而无论从总量还是规模上看，上海目前公共文化服务领域内的“社会服务机构”，与国际大都市的现代公共文化服务体系极不相称。

因此，上海公共文化服务领域内“社会服务机构”不仅需要国家层面出台相应的减免税收政策，加大税收扶持力度，而且在地方政府购买公共文化服务方面，做到公平公开、平等对待，部分情况下甚至可以倾斜，以体现政府引导和扶持“社会服务机构”的政策力度。具体措施：一是国家制定有关公共文化服务领域内“社会服务机构”的减免税政策；二是上海市政府放开准入，尤其是开放社区类公益性社会服务组织的准入；二是上海市政府积极培育公益性文化服务的社会组织孵化基地。

（三）鼓励民资创建各类公益性基金和社区公益服务企业、低营利企业

目前，上海等一些大都市相继设立了市、区两级文化发展基金，有的建立了以“公益创投”等命名的公益性文化服务的基金组织及其孵化基地，如，2012年成立的南京市公益创投协会、2015年起天津市在市、区、街道等层面建立社会服务机构的“公益创投”和孵化基地，这些“公益创投”组织发挥了“母基金池”的作用。

因此，从传统模式下政府对文化事业大包大揽的单一负责制，转向以政府保障为主，政府、企业、第三方、个人等多方参与的多元格局，是市场经济条件下现代公共文化服务体系建设的一个必然趋势。具体措施：一是充分重视各级政府公共文化服务基金的“引导化”作用，鼓励民资参与创建独资或者公私合作的“公益创投”基金，扶持“社会服务机构”创建非公募基金会，拓展公益性资金的募资渠道；二是鼓励民资参与公益创业、公共文化服务创业；三是鼓励民资投资社区公益

企业及低营利企业，让这些企业逐渐成为公益性文化服务供给侧的生力军和主力军。

（四）转变政府职能，建立公益性文化服务绩效考评机制

近些年来，随着我国公共文化服务体系建设工作的发展，公共文化服务机构的考评制度也在一线都市相继建立。但是，公共文化服务机构的考评机制，不仅要注重对投入产出效益、文化设施利用率，以及市民对公共文化服务满意度的考核，更为关键的是，要建立健全民众在公共文化服务方面的参与机制，形成自下而上的考核问责机制和公众监督机制。

政府逐渐改变角色，成为出资人和考评人，是建立现代公共文化服务体系公益性文化服务机制的关键。基于“非完全市场性”行为主体及社会交换特点，公益性公共文化服务机构及其活动的绩效考评，就不能采取市场化商业主体的考评模式，而要从纵向和横向两个方面构建公共文化服务绩效评估体系，其中横向结构包括投入与财政保障系统、产品生产与供给保障系统、人力资源保障系统、综合绩效评估等子系统；而纵向结构则涉及公共文化服务的各个环节。

（五）建好线上公益性文化服务平台

互联网和移动网是我国大都市公共文化服务生存和发展的技术支撑，也是现代公共文化服务体系公益性文化服务机制的重要平台。“文化上海云”是上海“智慧城市”建设的重要组成部分。它综合运用云计算、云存储等技术，整合相关文化资源，将市、区（县）、社区三个层级的公共文化服务纳入一个总的门户平台，为市民提供一站式公共数字文化服务。老百姓通过电脑、手机、移动终端和电视接入，只需在门户上点击相应服务模块，就能快捷享受文化服务内容，满足“我要知道、我要参与、我要互动、我要评论”的参与需求，不受时间和地域

限制。

本报告建议,上海市政府应开放公共文化云的接入接口及开发者权限,使其他社会主体及个人可以参与平台内容的开发,并对网络公益性文化服务的开发者和提供者提供支持,设立专项资金,提供专项奖励和资助。

(六)从需求侧那里寻找和挖掘供给侧的公共文化服务资源和动力

在现代公共文化服务体系公益性服务机制的政策设计时,要充分利用好大都市居民的文化优势,更加强调文化服务过程中的"社区交际"和"社区文化认同";要面向提高社区文化的自组织能力、自创造能力;要面向社区文化在区域、阶层、亚文化和历史传承方面的独特性;要在国家福利与社会公益两个层面上弘扬和推进社会主义核心价值观;要面向社区文化个性塑造及社区居民共同认同的方向努力。

建国以后,我国在群众文化系统内建立了群文演出团体等志愿者队伍,这些骨干的公共文化志愿者从公共文化的需求侧转入供给侧,通过自编自演等自娱自乐的方式积极参与公共文化服务资源的民间开发,成为公共文化服务领域内一种重要而独特的需求侧资源。所以,如何继承群众文化的优良传统,在从需求侧那里寻找和挖掘供给侧的公共文化服务资源和动力过程中,引入自娱自乐的群文活动理念。

无论从供给侧还是需求侧上讲,都市居民是大都市公共文化服务的主体。公益性文化服务机制的政策设计必须重点考虑:在政府购买的国家福利式供给的基础上,构建社会公益式供给的两大渠道,一是社会服务机构的专业式供给;二是市民自我服务、自给自足的业余式供给(或称群文式供给),进而突破公共文化服务的供给侧与需求侧的传统界限,从需求侧那里寻找和挖掘供给侧的公共文化服务资源和动力，切实实现以国家福利与社会公益的双重互补为标志的现代公共文化服务价值取向。

大都市居民在基本公共文化服务之上，面向政府提出了“公益性文化服务”的需求，要求政府“增加投入、转换机制、增强活力、改善服务”，这是压力但也是动力。我国已经制定了加快构建现代公共文化服务体系的基本政策，作为国际大都市的上海，应该在建设我国现代公共文化服务体系的公益性服务机制方面先行一步。

本课题认为，建构国际大都市背景下的公益性文化服务机制的政策导向涉及以下方面：

一是变国家福利单一价值取向向国家福利价值取向与社会公益价值取向结合的混合型价值趋向，变国家出资为国家和社会混合出资，变纯免费服务为免费和低收费服务结合。

二是变国家机构提供服务为国家机构、社会公益服务机构（非营利机构）、低营利有限责任公司、公私合伙机构等多主体提供服务的混合主体服务机制。

三是变“保基本”公共文化服务为“保基本”和“保个性”需求结合，变国家管理为国家治理及第三方监管结合。

四是引入市场化配置机制及需求侧倒逼机制，拓展大都市居民及社会主体参与公共文化服务的供给侧结构性改革、充实公共文化服务的自供给渠道。

五是充分发挥大都市互联网、移动网的技术优势，以及文化基础设施好、群众文化的传承广和基础深的资源优势，引领我国的公共文化服务在现代公益性服务机制和制度方面的改革发展。

相信以上海为代表的中国大都市，在公益性文化服务机制的创生和发展等方面一定会探索出独特的理论框架和实践模式，实现中国现代公共文化服务体系的领先发展。

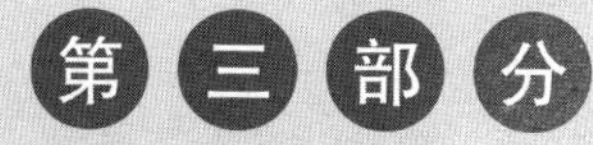

上海经验

“十三五”时期上海市公共文化服务发展报告

上海公共文化服务工作联席会议办公室
上海市文化和旅游局

一、上海“十三五”时期公共文化服务发展基本特征

作为打响“上海文化”品牌的重要实践，“十三五”时期上海公共文化服务发展的总体成效和基本特征体现在以下五个方面：

（一）服务目标均等化

优化基层公共文化设施布局，统筹资源，均衡配置，切实保障人民群众基本文化权益。动态调整基本公共文化服务标准和项目清单。健全覆盖城乡的公共文化设施网络，加强特殊群体公共文化服务，加强农村地区公共文化服务。按照城乡一体化发展的要求，规划建设布局均衡、功能集成、服务便捷的公共文化服务设施，构建完善的市、区县、街镇、居村公共文化服务设施体系。通过建设城市文化广场、主题图书馆、文化服务点等形式，大力拓展都市公共文化空间。按人口和服务半径均衡布局、差别配置，进一步提升“15 分钟公

共文化服务圈”水平。

(二) 供给主体多元化

着力推进公共文化服务供给主体多元化发展,推进共建共享融合发展。动员组织社会力量提供公益性文化服务,深化基层自我管理和文化志愿服务,加大鼓励公益性低收入公共文化产品和服务供给的力度。建立激励机制,扶持和鼓励国有文化企事业单位、非营利性文化机构以及工、青、妇等社会组织和社会文化团体,共同提供公共文化服务。

(三) 运行机制专业化

深入推进公共文化设施服务规范管理,深入推进社区文化活动中心社会化专业化管理,提升公共文化活动可持续发展能力,加强公共文化人才队伍专业素质。积极培育和规范文化类社会组织,完善政府向社会力量购买公共文化服务机制及文化志愿服务体制机制。健全各类公共文化设施运行管理和服务标准体系,规范各级各类公共文化机构服务项目和流程。

(四) 公共服务效能化

围绕群众文化需求,进一步界定基本公共文化服务内容,注重不同层次、不同类型人群的基本公共文化服务内容建设,更加强调服务内容的针对性和有效性,促进公共文化服务精准供给。完善基层公共文化资源配送体系。建立全市公共文化资源库和菜单式配送目录,建立全市统一的公共文化产品配送平台。深化公共文化机构改革,推进公共文化服务数字化建设。

(五) 管理体系制度化

加强公共文化管理体系制度化建设,加强公共文化服务法治保障，完善公共文化绩效评价工作体制，完善多维监督管理体系。健全完善公共文化服务工作协调小组工作机制，完善公共文化服务机构法人治理结构，明确不同文化事业单位的功能定位。不断完善公共文化服务地方性法规体系。

二、上海“十三五”期间公共文化服务工作创新和基本经验

“十三五”时期，上海市公共文化服务工作坚持“人民城市人民建、人民城市为人民”的重要理念，不断完善公共文化服务体系，全力保障人民群众基本文化权益，打响上海文化品牌特色，推动公共文化服务优质均衡发展，推动公共文化服务迈向高质量发展。上海公共文化服务已成为反映群众获得感、幸福感的重要体现。

上海全域推进现代公共文化服务体系建设，成效显著，为全国树立了标杆，提供了示范，走在了全国前列。2015 年 7 月 2 日，中宣部、文旅部在上海召开创新公共文化服务体系运行机制经验交流会；2016 年 11 月 9 日至 11 日，原文化部公共文化司、上海市文广局、嘉定区人民政府联合举办“互联网 + 公共文化服务”专题经验交流活动；2017 年 6 月 29 日—30 日，原文化部在上海召开公共文化服务效能建设现场经验交流会；2019 年 3 月 19 日，文化和旅游部在上海召开公共文化产品供给侧改革现场经验交流会。上海市积极组织参与文化和旅游部、财政部开展的国家公共文化服务体系示范区（示范项目）创建，11 个市辖区暨全市 70%的区参与创建，徐汇区、浦东新区、嘉定区、长宁区先后获得示范区称号，创建成绩均位列东部地区前列，8 个项目获得示范项目称号。

（一）加强顶层设计，完善政策法治保障

从国际上看，许多国家和地方在公共文化的建设和发展方面都经

历了一条法治化发展道路,即从顶层着眼,通过自上而下的顶层设计,制定相关法律,确定发展公共文化的基本政策,保障政府公共财政对公共文化建设的投入,支持社会发展公益性文化事业,明确公共文化机构的地位、义务责任等。"十三五"期间,上海市积极探索,系统谋划,积累了丰富的经验。

1. 坚持社会主义核心价值观引领

在公共文化服务体系建设的各个层面都高度重视社会主义核心价值观的融入,力求内化于心、外化于形、固化为制、转化为力。在各级各类公共文化设施内嵌入社会主义核心价值观表达要素;在丰富公共文化服务内容供给上,坚持社会主义核心价值观引领下的需求导向,开展优秀传统文化艺术普及活动,推动核心价值做小做实、入脑入心。

2. 健全公共文化服务工作协调机制

不断完善市级、区级两个层面的公共文化服务综合协调机制,构建起公共文化服务的大网络、大格局。每年召开全市公共文化建设工作会议,总结经验,部署重点工作,并对年度公共文化服务领域工作突出的集体和个人给予表彰;每年召开公共文化服务工作协调会议,审定下一年度全市构建现代公共文化服务体系工作要点;定期召开协调小组办公室会议,重点协调、促进公共文化资源共建共享,推动落实公共文化服务各项重点工作。2020 年,为进一步加强和完善市级综合协调机制,推动公共文化服务高质量发展,协调机制成员单位从原来的 15 家增至 21 家,并继续由市委常委、宣传部长担任总召集人,形成了全市各部门、各条口齐抓共管,共同推进公共文化服务工作的大格局。

3. 出台公共文化服务地方法规

2020 年 10 月 27 日,经上海市第十五届人大常委会第二十六次会议通过,《上海市公共文化服务保障与促进条例》正式出台,自 2021 年 1 月 1 日施行。作为上海公共文化服务领域的"地方法",《条例》为本市加快建成国际文化大都市，促进公共文化服务高质量发展提供了法治保障。2019 年 11 月，新修订的《上海市志愿服务条例》经上海市第十五届人大常委会审议通过。《上海市全民阅读保障条例》《上海市美术馆管理办法》等正在加快推进。

4. 颁布公共文化相关政策及标准

市委、市政府办公厅先后印发《贯彻〈关于加快构建现代公共文化服务体系的意见〉的实施意见》《关于本市贯彻推进基层综合性文化服务中心建设指导意见的实施意见》《上海市“十三五”时期文化改革发展规划》《全力打响“上海文化”品牌加快建成国际文化大都市三年行动计划(2018—2020 年)》等文件，为推动公共文化服务提供有力保障。全市加强公共文化服务标准化建设的示范引领，发布上海市地方标准《公共数字文化平台服务规范》，填补国内空白；开展嘉定区基本公共文化服务、徐汇区社区文化活动管理两项国家级标准化试点工作，并均以高分通过国标委验收，用标准化理念促进公共文化服务向高品质迈进。

5. 加强公共文化课题研究及成果转化

上海每年都会开展公共文化建设相关课题研究，“十三五”时期共开展重点课题研究 12 项。例如，2017 年，原市文广影视局深入 16 个区近 80 个居村开展大调研，形成《上海市居村委综合文化活动室发展现状调研报告》，制定《关于切实加强本市基层(居村)公共文化服务工作的通知》，召开上海市加强基层(居村)公共文化服务现场会，大力推进“最后一公里”公共文化服务建设，2018 年“提升 4 500 个居村综合文化活动室(中心)服务功能”列入年度市政府实事项目加以推进，真正夯实“最后一公里”建设。征集、编选《上海提升居村综合文化活动室服务功能纪实》《上海市构建现代公共文化服务体系基层优秀实践案例》《上海市公共文化建设创新项目名录》等公共文化服务优秀案例，生动反映上海现代公共文化服务体系建设过程中的实践探索，体现了上海公共文化建设的创造力和活力。

(二) 统筹均衡发展,整合各类文化资源

《中共中央关于制定国民经济和社会发展第十三个五年规划的建议》提出,要推动基本公共文化服务标准化、均等化发展。“十三五”时期,在市委、市政府的高度重视下,上海公共文化服务体系以保障和改善文化民生为目标,按照公益性、基本性、均等性、便利性的原则,整合全市各类文化资源,不断深化均衡,确保优质发展。

1. 优化重大文化设施空间布局

“十三五”期间,相继建成了上海历史博物馆、上海交响音乐博物馆、刘海粟美术馆新馆、程十发美术馆、国际乒联博物馆、奉贤区博物馆等文博场馆并陆续开放;上音歌剧院、上海国际舞蹈中心、九棵树未来艺术中心等一批文体设施也已建成并投入使用;中共一大会址纪念馆完成展览陈列扩容并重新开放。“十三五”时期计划建设的三大市级文化设施——上海图书馆东馆、上海博物馆东馆、上海大歌剧院,以及宛平剧场改扩建项目、上海少年儿童图书馆新馆建设工程、上海马戏城中剧场迁建工程、上海越剧艺术演艺传习中心等项目正在有序建设中。

2. 保障居民享受便捷文化服务

不断构筑文化空间新格局,不断完善“15 分钟社区生活圈”,形成了全面覆盖、互联互通的市、区、街镇、居村四级公共文化设施网络,保障百姓享受免费或优惠、便利又可及的公共文化服务。截至“十三五”规划后期,全市共拥有博物馆 140 座(国有 109 座、非国有 31 座);美术馆 89 家(国有 26 家、非国有 63 家);市、区两级公共图书馆 23 个,街镇图书馆 220 个;市、区两级文化馆 24 个,社区文化活动中心 220 家、分中心 53 家;标准化居村综合文化活动室 5 546 个;东方社区信息苑 311 个。此外,社区综合为老服务中心、市民健身步道、市民球场、

市民益智健身苑点、青年中心等各类公共文化设施也日益增多。全市人均公共文化设施建筑面积从“十二五”规划后期的0.15平方米增加到0.20平方米，保障市民群众就近就便享受公共文化服务。

3. 夯实基层综合性文化服务功能提升

2016年，市政府办公厅印发《关于本市贯彻推进基层综合性文化服务中心建设指导意见的实施意见》，市委宣传部、市文广局、市文明办印发《上海市“十三五”时期社区文化活动中心建设实施方案》。2017年，上海召开基层（居村）公共文化服务工作会议，同时印发《关于切实加强本市基层（居村）公共文化服务工作的通知》，将加强基层综合性文化服务中心建设作为上海“十三五”时期现代公共文化服务体系建设的重要基础任务，着力夯实基层公共文化服务。2018年，上海将提升居村综合文化活动室服务功能纳入年度市政府实事项目加以推进，着力推动“公共文化服务最后一公里”建设。同时，积极推动各区“邻里中心、街区中心、客堂间、睦邻点”等基层服务点建设，通过“嵌入式”公共文化服务，提升基层服务点能级。首次发布“公共文化服务标识（Logo）”，广泛运用于居村综合文化活动室（中心）、社区文化活动中心，提升基层公共文化服务设施的辨识度和知晓率。

4. 打造百姓家门口的公共文化新空间

围绕“世界会客厅”建设，聚焦滨江休闲带水岸联动，着力在“望江驿”“小木屋”等新空间注入公共文化内涵，营造可阅读、宜漫步、高品质的滨水城市文化氛围，成为百姓欢迎的“网红打卡点”。在商圈、地铁、机场、楼宇、公园绿地等公共空间，打造“上海艺术商圈”，布局城市书房、智慧图书馆等“新型阅读空间”，与社会机构共建“城市公共文化客厅”。据不完全统计，全市目前有3 440个、约85万平方米的新型公共文化空间，实现了城市公共文化资源的优化整合与融合发展，让市民在日常通勤、休闲漫步中能够充分感受到上海的人文情怀和城市温度。每年发起“美好生活”上海公共文化空间创新大赛，发掘打造一批有全新设计理念、全新服务内容方式、全新运营管理模式的新空间。

5. 明确基本公共文化服务内容

在《上海市基本公共文化服务实施标准(2015—2020年)》的基础上,进一步明确上海市基本公共服务体系项目清单文化领域7个服务项目和1项残疾人文化服务,明示服务内容、保障标准,并实施动态调整,全力保障人民群众均等享有基本文化权益,确保基本公共文化服务覆盖全民、兜住底线。同时,整合文艺演出、健康养生、科普教育、体育健身、家庭亲子、非遗传承等各类资源,增强基层公共文化设施的综合性服务功能,通过标准化制度、规范化管理、社会化运营,为群众提供基本公共文化服务,不断丰富公共文化产品服务,满足群众的基本文化需求。

6. 保障特殊群体的文化权益

依照《公共文化服务保障法》,将老年人、未成年人、残疾人、来沪务工人员、生活困难群众作为公共文化服务的重点对象,开展劳动节、国庆节"同在阳光下"农民工假日电影放映、"青青夏禾·知行明德"青少年暑期活动、"社区阳光院线"电影放映和老年优惠观影等品牌活动项目,拓展老人优惠观影活动影院覆盖面。推动文教结合,开展戏曲艺术进校园活动、上海市民文化节、校园中华戏曲大赛、"赏戏团"名家进校园活动、非遗进校园、优秀传习基地活动等;推出青少年博物馆教育活动,持续推进"悦读青春"上海青少年深阅读计划,发放"少儿数字阅读卡"。充分利用各类文化阵地及流动服务,开展有针对性的公共文化服务,为老年人、残疾人、未成年人、外来务工人员等提供"红色文艺轻骑兵"、盲文图书阅览、大字书报阅览等有针对性的项目。

7. 加大郊区农村公共文化资源供给,赋能乡村振兴

坚持需求导向、资源下沉、倾斜远郊,整合各类公共文化资源,逐年增加农村公共文化产品供给总量,确保城乡均衡。在公共文化内容供给配送中,远郊地区人均配送额度较市区的比例为2∶1,配送额度

占配送总量的20.3%，面向基层居村配送额度占配送总量的60%。实施“戏曲进乡村”等专题配送演出和活动，开展暑期农村青少年公共文化教育活动，组织农村公益数字电影放映，举办各类休闲农业和乡村旅游文化节庆活动、农民体育健身活动，开展“非遗在社区”上海非物质文化遗产社区传承传播项目，传承发展农村优秀传统文化。

8. 总分馆制推动优质文化资源下沉

“十三五”期间，原市文广影视局、市新闻出版局、市发展改革委、市财政局联合印发《关于推进上海市区级图书馆总分馆制建设的实施意见》《关于推进上海市区级文化馆总分馆制建设的实施意见》，结合上海基层公共文化服务阵地实际情况，按照“区级馆为总馆、街镇社区文化活动中心为分馆、居村综合文化活动室（中心）为服务点”的模式，积极鼓励社会力量参与，实现资源区域内联动共享，全面完成区级图书馆、文化馆总分馆制建设，在推动资源整合下沉、扩大有效覆盖、提高服务均等化水平方面取得新突破。

（三）加快政府职能转变，构建社会化发展新格局

文化体制改革是公共文化服务体系不断完善和发展的重要动力。其中，吸引社会力量参与是发展和构建现代公共文化服务体系的重要途径。上海在此过程中，按照社会化、专业化的发展方向，与时俱进，推陈出新，积极推进体制机制向纵深发展。

1. 深化社会化专业化运营管理

作为全国最早鼓励和推动社区文化活动中心社会化、专业化运营管理的城市，上海90%以上的中心委托各类社会主体参与阵地运营或项目服务。“十三五”期间，进一步梳理和总结发展现状、经验和问题，并建立社区文化活动中心运营管理“合格供应主体”制度，每两年开展合格供应主体征集推荐工作，按照社区文化活动中心服务标准化、运营社会化、管理专业化、供给精准化的目标要求，推选出具有相关项目

运营管理经验、体现可复制可推广的示范管理运营能力的社会主体，并向社会发布《上海市社区文化活动中心运营管理合格供应主体推荐目录》，共发布三轮300家。

2. 推进法人治理结构改革

按照《关于深入推进公共文化机构法人治理结构改革的实施方案》要求，完成上海图书馆、上海市群众艺术馆、上海市少年儿童图书馆、刘海粟美术馆、上海博物馆、上海科技馆及16个区共60家公共文化机构的法人治理结构改革，成立理事会制度，广泛吸纳社会力量、专业人士、各界群众参与共同议事、咨询和决策，完善内部管理制度，创新服务内容和方式，增强公共文化机构活力。

3. 积极培育文化类社会组织

积极培育注册类的文化类社会组织，“十三五”完成后，较2015年增长30%。搭建各类公共文化平台，鼓励文化类社会组织参与公共文化服务创新、群文创作、中华优秀传统文化传承、社会力量举办博物馆美术馆等。推动文化类社会组织规范管理，编印《文化类社会组织规范建设指导手册》等，推动行业自律和健康发展。面向文化类社会组织举办各类培训班，引导社会组织健康有序发展。

4. 繁荣群众文化团队及“走亲”机制

大力培育群众文化团队，全市2.3万余支各级各类群众文化团队不断强化自我管理、自我服务、自我发展。闵行、金山、崇明等区大力开展群众文化团队“文化走亲”活动，通过跨区域文化走亲增强基层公共文化活力。积极发挥群文骨干、团队带头人、非遗传承人等“文化能人”的示范带动作用，宝山、松江、奉贤等区积极引导“文化能人”参与公共文化服务，有力补充基层公共文化资源供给，推动基层社会治理。

5. 文化志愿服务遍地开花

“十三五”期间，上海市文化志愿者队伍建设在稳步推进中取得重要成效，全市共拥有文化志愿者团队约5 200支，文化志愿服务人数约

20万。全市常态化开展文化志愿服务的文化机构共计48个,其中国有文化场馆32个,民营文化设施16个,上海国际电影节、上海市民文化节、中国上海国际艺术节、上海书展等重大文化类节展活动已成为文化志愿者服务的重要平台。2017年12月成立了“上海文化志愿服务联盟”,健全文化志愿服务工作机制,并将社会上各种公益参与者纳入全市志愿服务网络,形成合力,提升能级。

6. 长三角公共文化服务开启协同发展

上海围绕国家重大战略任务,聚焦长三角文化和旅游高质量发展战略合作目标,开启长三角区域公共文化服务协同发展。“十三五”期间,成立长三角国家公共文化示范区(项目)合作机制;成立长三角少儿阅读联盟、长三角城市文化馆联盟、长三角博物馆联盟、长三角美术馆联盟等一批场馆联盟;开展长三角阅读马拉松大赛、长三角美好空间创新大赛、长三角“文采会”、“缤纷长三角”市民文化活动、“长三角文旅融合优秀原创群众文艺作品展演”活动、首届长三角流行歌曲原创大赛、长三角大学生上海地标设计大赛等一批联动活动。三省一市图书馆向长三角区域的公共图书馆发出“城市阅读一卡通”倡议书,号召各馆共同实现“借阅办证零门槛、文献传递无边界、个性服务通全域、通借通还重实效”,推动长三角区域公共文化服务协同发展。

7. 文旅融合拉动城市文化消费

在文旅融合的背景下,推出“百万市民看上海”系列活动,发布上海文化旅游春、夏、秋、冬四季主题精品路线,让市民游客充分感受上海“红色文化”、“海派文化”、“江南文化”的魅力。深入推进“建筑可阅读”项目,老建筑开放数达1 237处,实现应开尽开,并设置二维码1 827处,推出327种建筑可阅读文创产品和87条建筑微旅行线路。发布上海市民“休闲好去处”、“家门口的好去处”、文化旅游场所夜间开放等。开启文化和旅游公共服务机构功能融合试点工作,5家国家级试点单位和30家市级试点单位有序推进实施。旅游咨询服务中心功能延伸，在社区文化活动中心、商业场所和文化场馆等人流密集场所内增设150家“旅游咨询服务点”，为市民游客提供更加便捷、高效、优质的旅游咨询服务体验。

（四）深化供给侧改革，促进供需精准对接

供给侧结构性改革是“十三五”时期我国经济社会发展的主线，在公共文化领域的任务同样重要。持续三个五年的建设，上海以供给侧结构性改革为抓手，通过“平台搭建+机制创新+融合发展”，强引领、补短板、重需求、求精准，不断提高公共文化服务的覆盖面和适用性。

1. 公共文化配送服务向基层下沉

上海市指导各区推进配送工作由三级向四级延伸，逐步完善四级配送机制，成效初显。开展首届公共文化配送产品设计大赛，发布“百强”暨优秀社会主体展示交流活动，让配送工作各方从线上走到线下，开展现场“体验”，提高配送精准度。同时，上海落实加强制度保障、丰富产品结构、升级平台功能、强化人员培训等相应举措，每年制订《公共文化内容配送工作要点》和《上海市公共文化内容配送手册》，同时，专门发布面向居村的资源目录330项。整合市、区两级公共文化配送平台，实现产品征集、申报入口、项目评审等多个统一，进一步提升配送资源供给效能。宣传部、文明办、教委、科委、民政局、文旅局、体育局、工青妇等相关部门将宣传教育、法制宣传、科普教育、体育健身、健康养生、家庭亲子、非遗传承等各类公共文化资源向基层居村下沉，使百姓在家门口就能享受优质公共文化产品和服务。

2. 文采会促进公共文化供需精准对接

上海市浦东新区等区积极探索公共文化精准惠民新路径，首次举办“公共文化产品服务采购大会”，有力激活公共文化服务产品供应活力，有效推动供需双方信息对称。2019年，市文旅局联合长宁区共同举办“上海市及长三角地区公共文化和旅游产品采购大会”，240家参

展单位(582 个产品)、1 500 家采购主体参加,超 1 万人次观展,现场成交意向金额超 1 亿元。“文采会”大大丰富了公共文化供给资源。文化和旅游部对上海公共文化供给侧改革工作给予高度肯定,并在上海召开现场经验交流会向全国推广。

3. 重大文化活动凸显惠民效应

上海成功举办第十二届中国艺术节,承办“十二艺节”群星奖决赛,开展惠民演出系列活动,推出云上群星奖,实现“十万观众进剧场、百万观众在现场、千万观众在线上”。市文旅局、市文明办、市新闻出版局、市教委、市科委、市民政局、市总工会、团市委、市妇联及各区开展了上海市民文化节、“我们的节日”、市民修身行动、上海书展、上海市学生中华优秀传统文化主题月、上海科技节、上海公益伙伴日、上海家庭文化节、百万青少年“红色大寻访”、“礼赞新中国、建功新时代”第二十一届上海读书节、上海职工文艺汇演、“最美劳动者”上海职工微电影节等活动,为市民、职工、学生提供展示舞台,持续激发了群众参与和创新创造活力,营造了浓郁的节庆文化氛围。

4. 上海市民文化节成为上海文化品牌

“十三五”期间,市民文化节累计开展活动近 20 万项,服务市民超过 1.5 亿人次;开展市民文化赛事 50 项,评出 50 个“百强市民文化团队”及“百位市民达人”,大力推动全民艺术普及,形成开放、多元、可持续办节的机制与活力。上海市民文化节被列入“上海市十大文化品牌”之一。上海市民文化节不断深耕厚植,创新办节机制,联合相关区及社会力量共同开展市民舞蹈大赛、“阅读好声音”全城微朗读大赛、市民合唱大赛、中华优秀传统文化知识大赛、市民艺术创客大赛、少儿曲艺大赛等重点赛事活动,推出“百支优秀市民舞蹈团”、“百个阅读好声音”等百强团队,特色鲜明,影响广泛。各区依托市民文化节不断提升群众性文化活动品牌影响力,打造具有地域特色的群众文化活动品牌,如闵行的合唱、长宁的舞蹈、静安的戏剧、松江的朗诵、嘉定的传统文化、徐汇的阿卡贝拉、宝山的民间艺术、普陀的苏州河文化等。

5. 群众文化创作百花齐放

每年开展上海市群众文化新人新作展评展演、上海市民艺术大展等,全市各区、各系统、驻沪部队和单位等均积极参与、选送音乐、舞蹈、戏剧、曲艺等艺术门类的群众性原创作品,每年评选出一批优秀作品和一批创作新人。2019 年,由市群艺馆、长宁区、徐汇区选送的《捍卫者》《和·鸣》《看见自己》等 3 个群众文艺作品荣获第十八届群星奖,占全部 20 个获奖作品的 15%,为历届之最。同时,依托上海市民文化节平台和公共文化配送渠道,组织开展群文优秀作品和"群星奖"获奖作品在全市的巡演,覆盖全市 16 个区,足迹遍布社区、学校、企业、远郊,获得文化部表彰。

(五) 推动公共数字文化服务创新发展,智慧供给

公共数字文化建设作为公共文化服务体系建设的重要组成部分,对于消除数字鸿沟,满足人民群众不断增长的精神文化需求、提高全民族文明素质,构建社会主义核心价值体系具有重要意义。"十三五"期间,上海市不断深化"互联网 + 文化"行动,搭建全市公共文化服务基础信息平台,健全"文化上海云"平台管理。根据《上海在线新文旅发展行动方案(2020—2022 年)》的要求,启动"公共服务数字赋能专项行动",有效解决公共文化服务在空间、时间、人群等方面的不均衡问题,进一步扩大公共文化服务的覆盖面和影响力。

1. 持续推动"文化上海云"平台发挥效应

十三五末,文化云平台累计用户数 650 万,累计活动总量 50 万,累计场馆总量 4 320;平台月均浏览量 600 万次,推出多项线上直播录播活动。

2. 持续推动基层综合性文化设施"智能终端"布局

推动各区、特别是远郊地区,在村居综合文化活动室配置 1 157 个

“文化云盒”智能服务终端，配置率约20%，累计有效播放时长近8万个小时，有效提升了基本公共文化服务在远郊地区的覆盖面和适用性。部分社区文化活动中心增加喜马拉雅“有声图书馆”“有声图书墙”等数字阅读功能。

3. 持续推动开展各类公共文化在线新服务

举办“2018云上市民文化节”“5·18云上博物馆日”“云上影视文化季”“公共文化万人培训”等线上品牌服务，实现线下线上同步办节，盘活、用好各类资源，将公益活动、公共服务直接延伸到市民手中。特别是2020年新冠肺炎疫情发生后，推出了云阅读、云观展、云辅导、云市集、云游等一系列在线新服务，各级各类公共文化场馆在线服务人次超1亿，2020年3月上海市民文化节云上启动，仅当日观看人次就超过了1 000万，公共数字文化服务呈现了提档升级的新局面。除了文化上海云，公共文化场馆在微信公众号、抖音、喜马拉雅、小红书等多个新媒体平台注册账号，多渠道释放公共数字文化资源，取得良好社会效应。

4. 持续推动公共数字文化资源建设

上海图书馆举办公共数字文化工程融合发展培训班，推动本市公共图书馆创新转型发展，推动数字资源建设和数字服务转型。仅2020年，各公共图书馆、文化馆就完成了大型公共数字文化建设项目8个、平台建设2个、服务推广项目3个。推动开展公共数字文化平台服务规范标准化建设工作，2018年列入市质监局发布的地方标准。加快全市东方社区信息苑转型，完善社区文化活动中心中央信息管理平台的数据更新和服务功能。

(六) 建立多维度监督评估机制，提升服务能效

以市民群众的满意度为主要衡量标准，建立有公众参与的公共文化服务考核评价制度，并逐步提高市民群众满意度指标在考核评价中

的比例。“十三五”期间,委托市统计局城市调查大队、零点有数咨询公司、东方公共文化评估中心、社区文化服务中心等第三方机构,对市政府实事项目、公共文化场馆评估定级、日常巡查暗访,并对公共文化配送、率先创建等工作开展考核评价。此外,每年还会邀请人大代表、政协委员等对公共文化服务工作进行检查监督。

1. 将公共文化服务工作纳入政府绩效考核

绩效考核是公共文化服务监管的有效方式之一,而绩效评估的关键在于建立科学的考评指标体系。为完善公共文化服务监督评价机制,上海将公共文化服务工作纳入市对区级政府绩效考核工作中,建立完善以人民群众评价为重要参考的公共文化服务工作开展绩效考核制度。

2. 加强对公共文化机构的评估工作

“十三五”期间,按照文旅部对全国县级以上公共图书馆第六轮评估定级、第五次文化馆评估定级的工作要求,完成全市22个公共图书馆、20个文化馆的考评,均被评为国家“一级馆”称号。2018年,原市文广影视局组织开展2014—2017年上海市社区文化活动中心评估定级工作,命名发布全市202家中心评定等级,其中60家被评定为示范中心。

3. 完善全市公共文化服务阵地日常巡查机制

组建日常巡查志愿者服务队,吸纳优秀退休党员、市三八红旗手、巾帼文明岗等加入志愿者队伍,对全市所有已开放运行的区级文化馆、图书馆和社区文化活动中心开展常态化的暗访巡查,不断促进各类公共文化设施的规范运行,提高管理水平和服务效能。经第三方综合测评,全市公共文化设施服务满意度逐年提高。

三、推动“十四五”时期上海公共文化服务高质量发展

《中共中央关于制定国民经济和社会发展第十四个五年规划和二

〇三五年远景目标的建议》中提出“‘十四五’时期经济社会发展要以推动高质量发展为主题，这是根据我国发展阶段、发展环境、发展条件变化作出的科学判断。”当前，我国社会主要矛盾已经转化为人民日益增长的美好生活需求和不平衡不充分的发展之间的矛盾，发展中的矛盾和问题集中体现在发展质量上。“十四五”时期，上海公共文化服务将把发展质量问题摆在更为突处的位置，着力提升发展质量和效益；将紧密结合《上海市公共文化服务保障与促进条例》的宣传贯彻和落实，推动公共文化服务高质量发展。

推动公共文化服务高质量发展必须坚定不移贯彻新发展理念，将公共文化服务建设的重要性放置于“十四五”时期上海新的发展格局中。“十四五”期间，公共文化服务的整体价值功能将融贯于上海经济社会发展的各个层面，要坚持系统观念和统筹发展，进一步深化公共文化服务于其他领域融合的发展力度，实现机制层面的长效融合，进一步完善公共文化服务体系化运作的体制机制，构建系统内外良好循环，政府、社会和市场共同合作的建设格局。

“十四五”时期，上海公共文化服务的高质量发展将继续以深化供给侧结构性改革为主线。以政府为主导，充分激发社会力量在公共文化服务各个环节的参与度，在供给端持续发力，提供与需求精准对接的公共文化服务产品，不断提高社会的文明程度。进一步完善有利于推动供给侧改革的政策体系，实现全领域、全环节、全方位的结构性优化，推动资金、人员、组织、机构、运行、管理等全要素配置。

公共文化服务建设动力机制的变革是高质量发展的重要驱动。在“十三五”期间公共文化服务社会化取得显著成效的基础上，上海在“十四五”期间将进一步拓展社会化的发展路径，在文化与旅游、体育、教育等领域融合发展的过程中，以市场的机制和消费的力量吸引社会和市场各种主体的积极参与，提供更为多元的空间、设施和服务。

公共服务发展方式的创新是高质量发展的显著表征。“十四五”

时期正处于新冠肺炎疫情产生深远影响的阶段，要深刻总结这次疫情对于公共文化服务带来的挑战和冲击，更为重要的是要研判疫情所催生的公共文化服务发展方式的重大变革，“危机中育新机，变局中开新局”，在危机中实现质的提升。推动公共文化服务线上线下融合发展，线上服务激活存量、扩大增量，尽快实现常态化模式。发展方式的创新还要聚焦未来基层社区的“场景”革命，完成基层文化设施物理空间和数字信息新基建的硬件升级，提升基层文化设施的审美品质，打造人本化、生态化和数字化的基层公共文化空间。

不断满足广大人民群众的精神文化需求，提高社会的文明程度是公共文化服务的最终目的。是否实现高质量发展最为关键的衡量标准不是量化的定性指标，而是价值观的构建、是人的文明素养的提升。“十四五”时期，上海将以习近平总书记考察上海重要讲话精神和“人民城市建设”理念为指引，全面贯彻落实党的十九届五中全会精神，立足超大城市发展实际，把握上海城市文化发展和城市治理的基本规律，坚持以人为本，让广大人民群众在文化上有更多获得感和幸福感，进一步提升现代文化治理能力和治理水平，推动上海由率先基本建成现代公共文化服务体系转向公共文化服务高质量发展，实现从“有没有”到“好不好”的转型升级，为上海加快建成社会主义国际文化大都市提供强大的精神动力和文化支撑。

推动公共文化服务体系建设创新实践的上海经验

陈起众[*]

党的十八届五中全会提出:“坚持创新发展,必须把创新摆在国家发展全局的核心位置,不断推进理论创新、制度创新、科技创新、文化创新等各方面的创新,让创新贯穿党和国家一切工作,让创新在全社会蔚然成风”。建设公共文化服务体系,也必须要以创新作为发展的引擎,把创新的思路建设放在核心地位。上海始终强调要以创新的思路建设公共文化服务体系,从加强街道(乡镇)基层公共文化设施建设入手,积极推动改革创新。在经过了反复调查研究和试点实践的基础上,至2010年建成了覆盖全市街道(乡镇),融科、教、文、体、信息服务于一体的社区文化活动中心,打破了以往计划经济环境下条块分割、各自为政的公共文化建设模式,开启了上海公共文化服务体系建设的创新发展之路。尤其是党的十八大以后,上海坚持以习近平总书记系列重要讲话精神为指导,坚持以创新发展为动力,坚持以人民为中心的工作导向,建设了一批具有特色性、示范性、可复制推广的公共文化建设创新项目,从内容到形式,从功能配置到运行管理,面貌焕然一新,有效地提高了公共文化服务能级。

---

* **作者简介**:陈起众,上海图书馆协会专家咨询委员会副主任委员。

回顾总结上海公共文化服务体系建设的创新发展之路,笔者有以下几点认识。

一、顶层设计,制度先行,助推创新实践

公共文化服务体系建设是前所未有的一项文化事业,在文化发展史上是一大创新,具有里程碑意义。长期以来,公共文化建设在计划经济体制下虽也取得了不少成绩,但存在思想观念、体制机制以及工作上的种种弊端,诸如各自为政、重复建设、管办不分、机制僵化、偏重硬件忽视软件,注重设施规模疏于质量效益等,公共文化事业缺乏可持续发展活力,造成有些建得很好的公共文化设施不能有效地发挥作用,有的甚至异化变性。中央提出公共文化服务体系建设,准确地反映了文化发展的规律,具有丰富而深刻的内涵,包含了"公共文化产品生产供给、设施网络、资金人才技术保障、组织支撑、运行评估"五个方面七项内容,是一个完整的、系统的、不可分割的有机体,体现了文化理论、发展观念以及工作实践上的创新。在2015年中共中央办公厅、国务院办公厅颁布的《关于加快构建现代公共文化服务体系的意见》中,进一步指明了公共文化服务体系建设发展的路径,强调要将改革创新作为加快现代公共文化服务体系建设的动力与基本原则;特别指出要"加快转变政府职能,完善管理体制机制"。这说明,公共文化服务体系建设要以创新作为指导思想,要让制度创新冲破一切束缚文化发展的思想观念和体制机制障碍,让制度有效地规范组织间的相互关系和工作实践,激发高度的主动性、积极性和创造性,在创新实践中发挥制度的先导作用和保证作用。

遵照中央的指示精神,上海公共文化服务体系建设着力从顶层制度设计着手,以社区文化活动中心建设为切入点与突破口,以改革与公共文化服务体系建设不相适应的体制机制为重点,制定了相关的政

策制度。2012年，由市委宣传部牵头，市文明办、发展改革委、财政局、文广局、规划局、民政局等15家相关单位，将2004年组成的“上海市社区文化服务工作领导小组”调整为“上海市公共文化服务工作协调小组”（下简称“协调小组”），完善了相应的工作制度，健全了统筹协调机制，承担起对全市公共文化服务体系建设的决策审议、统筹协调全市公共文化建设重大事项、落实国家重大公共文化工程任务的职责，突显了政府在公共文化服务体系建设中的主体责任。市委宣传部、市文明办、市发展改革委、市文化广播影视管理局（下简称“市文广局”）等10家单位制定了《上海市社区文化活动中心配置要求》，明确社区文化活动中心是一座综合性、多功能、共建共享的基层公共文化设施，规范了社区文化活动中心建设标准，并决定将建设计划纳入上海市经济社会发展的总体规划，作为政府实事工程在全市推进。2011年4月，市委办公厅和市政府办公厅制定并下发了《关于本市加强社区文化活动中心建设和管理的指导意见》；2012年11月，由市人大常务委员会通过《上海市社区公共文化服务规定》并颁布实施；2015年8月，由市委办公厅和市政府办公厅颁布了《上海市贯彻〈关于加快构建现代公共文化服务体系的建设意见〉的实施意见》及《基本公共文化服务实施标准》；2016年4月，市政府办公厅又制定颁发了《关于本市贯彻〈推进基层综合性文化服务中心建设指导意见〉的实施意见》。2016年10月，上海市委发布《关于贯彻落实〈中共中央关于繁荣发展社会主义文化的意见〉的实施意见》。这些政策法规与规范性文件，围绕基层公共文化建设，以创新的思路总结了近年来改革实践的经验，将保障人民群众的基本文化权益作为根本目标，将体制、机制的创新放在首要位置，谋划全市公共文化服务体系的建设与发展，并在顶层制度设计的基础上，进一步做出了一系列具体的制度性安排，主要有以下方面：

（一）建立共建共享机制，加强基层公共文化建设

为加强基层公共文化建设，上海决定在街道（镇）建立社区文化活

动中心。在市委宣传部、市文广局等10家单位制定的《社区文化活动中心配置要求》中明确:社区文化活动中心是以街道、乡镇为依托,以资源共享为原则,“是为社区居民提供文化、体育、教育、信息服务的多功能文化设施”;“通过室别功能多用、开放时间错位等方法,尽可能提高各设施项目的利用率,降低闲置率,避免重复建设和资源浪费”。在市民政局等五家委局单位联合发出的《关于本市体育、文化、教育设施资源向社区开放的意见》中,要求“围绕社区公共文化服务体系建设,以社区内企事业单位的设施资源为载体,加大资源整合统筹力度,向社区居民开放”以此“提高资源共享水平,以满足社区居民日益增长的对体育、文化和教育的需求”。上海市文广局还发出通知,要求社区图书馆电子阅览室、文化共享工程基层服务点、社区信息苑“三位一体”建设,提供“一站式”服务,实现资源共享。由市委宣传部、市文广局、新闻出版局等五家部委局单位联合颁发的《上海市关于推进“农家书屋”工程建设的实施意见》,也明确规定农家书屋“统一设在村综合文化活动室内”并“与东方农村信息苑、农民科技书屋等农村公共文化建设项目共建共享”。共建共享的理念,化为制度,通过“协调小组”统筹规划,落实于公共文化建设项目,实现了全市公共文化基础设施和重大文化工程项目的城乡全覆盖,建设15分钟公共文化服务圈的目标日臻完备,有效地提高了基层公共文化设施的建设水平。

(二)建立社会化专业化运行管理机制,提高公共文化设施管理水平

从建设社区文化活动中心开始,就在打浦桥、临汾路街道等社区文化活动中心,探索运行管理机制的改革创新。2015年在全面总结试点经验的基础上,“协调小组”决定在全市推进社区文化活动中心社会化专业化运行管理模式。上海市文广局颁发了《关于推进上海市社区文化活动中心社会化专业化管理的工作方案》及相配套的一系列制

度，包括《上海市社区文化活动中心社会化专业化管理服务标准》《上海市社区文化活动中心社会化专业化管理主体资质标准》《上海市关于政府购买社区文化活动中心社会化专业化服务的参考流程》《上海市社区文化活动中心社会化专业化管理监督管理办法》《上海市社区文化活动中心社会化专业化管理费用参考》《上海市社区文化活动中心社会化专业化管理服务合约参考文本》等文件，还出台了首批《上海市社区文化活动中心社会化专业化管理合格主体目录》。社区文化活动中心社会化专业化管理的这些政策制度的制定与实施，突破了传统体制机制的障碍，引入了社会组织参与公共文化服务与管理，改变了长期以来公共文化建设由政府独家经营、管办不分的体制机制，实践中创造出由社会主体参与的“公共文化设施整体委托管理”“公共文化部分服务功能委托运行”“购买公共文化服务项目”“与社会组织合作联建”等多种社会化运行管理模式，形成了由政府主导、社会组织参与公共文化服务与管理的新格局，提高了基层公共文化设施利用效益，也为全面推进公共文化服务社会化发展、专业化运行管理，提供了可复制、可推广的经验。

（三）建立供需对接的资源配送机制，丰富公共文化服务内容供给

上海市委制定《关于贯彻落实〈中共中央关于繁荣发展社会主义文化的意见〉的实施意见》，强调现代公共文化服务体系建设要“坚持以人民为中心的工作导向”，“健全公共文化配送机制”，建立“向社会购买公共文化服务机制”。市文广局制定了《向社会力量购买服务管理办法》，上海群众艺术馆成立“上海东方公共文化内容配送中心”，编制了《上海市公共文化内容配送工作管理办法》及相配套的《上海市公共文化内容配送专项资金使用管理办法》《上海市公共文化内容配送产品采购标准》以及《上海市公共文化内容配送产品采购申报指南》

《上海市公共文化内容配送产品评审标准》《上海市公共文化内容配送项目巡查标准》《上海市公共文化内容配送工作简明流程及说明》等具体制度办法。上海市文广局还以政府专项资金为引导,通过媒体向社会公布专项资金申报公告和政府购买服务清单目录。这些制度的制定与实施激发了社会各方力量参与文化建设的主动性、积极性,形成了文化资源整合、竞争与供给机制,为基层公共文化机构获取优质、创新、公益的文化资源提供了有力的支持,为广大人民群众享受基本、均等、便捷的文化产品与服务拓宽了渠道,丰富了内容。

(四) 建立由社会公众参与的民主管理机制,实现对公共文化服务有效监管

《关于本市加强社区文化活动中心建设和管理的指导意见》中指出,"社区文化活动中心应建立由社区居民、群众文艺团队代表等参加的民主管理制度"。在《上海市社区文化活动中心社会化专业化管理监督管理办法》中更具体提出,要对管理主体"实行直接监管、专业监管、民主监管"的"三位一体"监督管理制;并要求完善公共文化服务绩效评价工作机制,信息反馈制度,建立"理事会"制度、专业机构、专业人员进行第三方监督管理制度等。市文广局还制定了《重大文化活动评估指标体系》和《社区文化活动中心考核评估标准》,建立了委托第三方进行评估的机制。考核评估突出以服务为重点、以绩效为核心,突出工作的导向性、设施的利用率与公众的满意度,委托东方公共文化评估中心实施考核评定。公共文化内容配送工作建立了巡查制度,规定由配送工作机构、专业机构、新闻工作者等组成巡查组,通过明察暗访,对配送产品质量、配送管理、服务效果以及受众满意度,做出客观评估。民主监督制度的建立,确保公共文化服务创新发展有正确的方向与良好的运行效益,保证考核评估工作的客观与公正。

上海从顶层制度设计入手,制定了一系列政策法规以及制度规范，确立起政府对公共文化建设的主导地位，打破了长期以来管办不分、各自为政的体制壁垒；引入了市场竞争机制，吸引社会各类主体广泛参与，改变了由政府独家大包大揽的经营格局，为公共文化服务体系建设的创新，提供了强有力的组织支撑、良好的制度环境与政策保障，这是上海推动公共文化服务体系创新发展的关键之举。

二、发掘典型，树立范例，引领创新之路

上海在推进公共文化服务体系建设创新发展的过程中，一直强调要从实际出发，调查研究，积极探索，先试先行；一直坚持总结实践经验，树立创新样板，在每年举行的“公共文化建设工作大会”上交流创新项目与工作经验，起到引路作用。自 2012 年以来，先后介绍了东方宣传教育中心公开招标，汇集社会资源，面向基层，提供“菜单式”文化资源配送服务的经验；交流了打浦桥街道创新机制、服务群众，委托华爱社区服务管理中心对该文化活动中心实行社会化专业化运行管理的新模式；推介了嘉定区开展“百姓书社”“百姓说唱”“百姓睦邻点”等由群众自我参与、自我服务、自我教育、自我管理的“百姓系列”活动；推广了“上海市民文化节”实行多元社会主体参与办节的运行机制等。2014 年，“协调小组”在全市范围内全面启动“公共文化建设创新项目”的推选工作。首先从历年来的创新实践中总结了 24 项弘扬社会主义核心价值观，创新性强，影响面广，受广大市民欢迎的创新项目作为样板，通过《新民晚报》和上海微信、微博，面向全市发布，推动创新项目的不断涌现。2014 年评选出 101 个创新项目，2015 年评选了 150 个创新项目，2016 年评选出 95 个创新项目，三年共评选了 346 个创新项目。这些创新项目几乎涵盖了公共文化服务的设施建设、内容形式、方法方式、运营管理、技术手段等方面，展现出上海贯彻文化体制改革精神，推动公共文化建设创新发展的勃勃生机，反映了这十余年来，尤

其是近五年来公共文化服务体系建设所取得的丰硕成果。这些创新项目有以下几方面特点:

(一)服务主体多元化,增强公共文化发展活力

几乎所有的创新项目中,都渗透着社会主体参与公共文化服务的特点,且呈现出多元化发展趋势,为公共文化服务体系建设增添了强劲的活力。

1. 非文化政府机关参与

例如,市、区科委在社区文化活动中心创办“社区创新屋”以“动手参与,激发创意”为宗旨,提供国内外不同类型的小型机床、辅助工具,配备相应的指导教师,教会民众使用技术,引导市民把动手创新作为新型的休闲娱乐方式,以实现“我创意、我设计、我动手、我快乐”的目的。又如杨浦区社建办、民政局等部门联合推出“杨浦区睦邻节”,举办睦邻节专场演出、睦邻歌曲征集、闲置物品交换、精品仓睦邻节特卖、多样屋展示、记忆中的老游戏、邻里间互帮互助等等活动,打造了睦邻文化新形态,平均每天吸引客流2万余人。

2. 企业机构参与

例如上海炽动传播有限公司在首届上海市民文化节承办了“回家吃饭——社区亲子厨艺大赛”,以哈哈少儿频道《回家吃饭》节目为载体,通过现场比拼烧菜,让每个区的居民都有机会参与活动,从而感受到灶台上、餐厅里的快乐,倡导幸福家庭、和睦社区的文明氛围。又如由浦东陆家嘴金融城举办符合白领文化需求的“白领午间音乐欣赏会”“陆家嘴好声音”等活动,实现文化+商业的融合,打造了“文化小陆家嘴”。嘉定区安亭镇在2015年市民文化节中推出了“文化一家门”,总共有30多个公共文化活动项目让社会主体认领,其中汽车城集团认领了大型演出活动项目,主办了汽车文化节、青鸟音乐节、森林民乐交响等,其余活动项目也被辖区内的各社会组织认领,全年举办

了500多场文化惠民活动,受益群众逾60 000人次。

3.“民非”机构参与

例如上海市华文创意写作中心在居民小区助建“华文社区公益书坊”,开设了“社区写作工作坊”“社区戏剧工作坊”,举办“让百姓发声”等活动,为社区群众提供公共文化服务,使小区拥有了自己的文化客厅。又如由上海人生大不同公益发展中心策划和组织的“大不同演讲”“大不同会馆”“大不同学院”和“大不同创新坊”四大主题活动,三年多来受众达数万人次,成为青年文化基地。闵行区太阳花社区儿童服务中心自2012年开始设立太阳花进城务工人员子女教育项目——合唱课,还组成了以4—15岁外来务工人员子女为主体的“太阳花童声合唱团”,三年来,为310名少年儿童提供了超过500小时的免费艺术教育,成为深受百姓喜爱的公益性文化项目。

4.社会团体参与

例如上海电影评论协会举办的“盲童非视觉摄影系列活动”,通过培训志愿者,组织志愿者与盲童一一配对,教会盲童用触觉、听觉、嗅觉等感官去拍摄照片,帮助盲童拿起相机,在游览公园时把握拍摄目标,按下快门。摄影活动完成后,举办“放飞心灵、触摸世界——上海首届盲童非视觉摄影展”,使盲童体验摄影的乐趣,更加热爱生活。又如上海市收藏协会举办“上海淘宝文化节”,举办了“纪念抗战胜利暨反法西斯战争胜利70周年”藏品展,开展了“上海·巴黎联动活动”、“淘宝小护照活动”等,举办各类活动320余场次,参与活动的单位有百余家,人次达30万。

5.公民个人参与

例如嘉定区江桥镇文化中心邀请著名记者、电视台主持人骆新建立工作室,开设“新闻学堂”,举办“我是记者”名人课堂、“童眼看世界”专栏、“我是小主播”等活动。骆新等记者、主持人,每两周为孩子们安排或在校内、或在电视台、或在录音棚上课、活动,帮助孩子们提升综合素质。又如84岁的李大来先生将他收集的来自世界各国的100多件机械古钟藏品送给政府,开设“大来时间馆”,大来先生还邀请自己的老朋友、老同事以及年轻人一起担任“时间馆”的志愿者,为参观者讲解机械钟表的历史背景和物理知识,观众还可以观摩钟表修理过程。在李老先生影响下,连环画家王万春等一些文化人士也纷纷参与公共文化服务,开设连环画工作室、古琴工作室、城市书房等,成为该地区的文化休闲新业态。

社会多元主体参与公共文化建设,逐步形成了由政府机构、企事业单位、非营利组织和广大市民共同提供公共文化服务供给的新局面,改变了仅仅依靠政府提供的单一方式,增强了公共文化发展活力,这是现代公共文化服务与传统公共文化服务很重要的不同之处,也是创新发展的方向与重要内容。

(二) 拓展公共文化空间,营造都市文化氛围

上海形成了覆盖全市的市、区、街(镇)、居(村)四级公共文化服务网络,但还不能跟上城市人口增长、文化需求变化、城镇化发展等的需要。鼓励社会力量参与公共文化建设,拓宽公共文化活动空间,营造良好的城市文化氛围,这也是公共文化服务创新的一项基本内容。

1. 延伸公共文化活动舞台

例如,申通地铁集团在地标性的人民广场等地铁站台创立“上海地铁音乐角”“地铁图书超市”“地铁美术展”等,成为城市新空间的文化输送带。又如月星集团在48万平方米的“上海环球港”购物中心,辟出1万平方米的空间,建成了商家博物馆、环球港美术馆、公共演艺空间、非遗文化展厅等,打造了涵盖文化、音乐、艺术、旅游等多元化的公共文化活动场所。

2. 构筑大众阅读新空间

例如,奉贤区图书馆根据区域内用户阅读需求,与工业园区、大型

居住区、企事业单位、咖啡馆等结成“城市阅读联盟”。图书馆与大居社区合作，建设大居社区图书馆；与咖啡馆合作，建设文化新空间；与部队合作，建设军营图书馆等。参与奉贤区“城市阅读联盟”的除了街镇图书馆以外，还有90多个企事业单位、24个部队单位、11所学校、6家咖啡馆，都纷纷开辟了市民阅读的新空间。又如由上海作家协会等单位共同在思南路上的“思南公馆”打造思南书集与思南读书会，于每周六在“思南文学之家”举办室内主题读书会，在室外的“花墙广场”由多家特色书店设立露天书市，这里被誉为“申城文化阅读活动新地标”。

（三）弘扬核心价值观，提升公共文化服务品质

公共文化服务的创新要以内容为本。坚持以社会主义核心价值观为引领，传播健康有益的文化，为人民群众提供精神指引，这是公共文化服务之魂，也是公共文化创新实践的重要组成部分。

1. 传颂以爱国主义为核心的民族精神，这是公共文化服务内容创新的首选

例如，上海四行仓库抗战纪念馆推出浸入式教育戏剧“四行仓库保卫战”，以“八一三”淞沪抗战后期四行仓库保卫战为基本素材，以纪念馆陈列为基本场景，通过创作情境，让未成年学生以“角色”表演的方式参与，体验“八百壮士”前仆后继的抗战精神，接受爱国主义教育。又如上海文化艺术档案馆举办“京剧四大行当艺术档案展”，让观众直观感受京剧四大行当的人物特色，感受中华民族的国粹艺术和文化瑰宝。上海市群众艺术馆举办“中华传统经典诵读大赛”，突出爱国、敬业、诚信、友善等要素，改变传统竞赛方式，通过诵读、网络答题、主题展演等形式，扩大传播的辐射面与影响力，唤起广大市民对于祖国传统经典文化的理解与认同。老上海茶馆有限公司举办“老上海风情展”“上海文化公益讲座”“爱上海沙龙”“本土茶馆音乐”等活动，搭建

“文化寻踪——探访老上海”平台，让参与者感受上海大都市的文化底蕴，领略祖国文化的博大精深，倍增爱国情怀。

2. 传播中华美德

例如，金山工业区文体服务中心举办“清风书场”，创编了 40 余个廉洁故事，用评话的艺术形式，传播清正廉洁的高风亮节。又如上海市妇联等相关单位联手开展“好家训、好家风、好家庭”主题宣传活动，举办“家庭风貌展”，评选“海上最美家庭”等，宣传和践行中华美德。

3. 提高艺术修养

例如，上海国际艺术中心推出“艺术天空”，将世界顶尖艺术从舞台剧场延伸到了广场、公园、社区、学校，请名家名团唱主角，引领大众走向艺术经典。又如上海音乐厅举办“音乐下午茶”公益音乐会，将中华民族文化融入现代时尚元素，每周一至周五中午向社会开放，市民可以欣赏到高雅艺术，从 2012 年至 2016 年已演出了千场，受益群众近 8 万人次。上海邬达克文化发展中心举办“邬达克建筑遗产文化月”活动，“听邬达克故事，赏老上海建筑”，让参与者了解上海历史文脉，领略建筑文化艺术的美学魄力。

4. 培育创新精神

例如，崇明绿华镇举办“稻草文化艺术创意活动”，以农村自然资源稻草为主要原料，推出用稻草设计制作的比汽车还要大的“崇明蟹”吸引游客观赏，并由此开展亲子活动，带领孩子们制作牛、山羊、长颈鹿等各类稻草造型，激发起儿童的创造热情，培养动手能力，逐步拓展成为一项全民参与的创意活动。

（四）融合现代科技手段，适应市民文化生活新需求

随着现代信息技术的迅猛发展，人们精神文化生活也发生很大变化，传统的服务方式与手段已不能满足群众需要。让文化与现代科技融合，为人民大众提供时尚、便捷的服务，无疑也是创新的重要方面。

1. 打造数字文化资源

例如，原闸北区（今属静安区）打造“智”文化服务平台，联结区域内文化场馆、演出、图书、非遗资源，建成了“云媒体数字资源库”，搭建了覆盖手机、移动终端、个人电脑和公共文化设施服务终端在内的文化信息传播、分享、互动平台，形成公共文化数字配送与互动服务系统，市民可以实实在在地享受到便捷优质的文化服务。又如嘉定区建立“文化嘉定云”，把图书馆、文化馆、文化中心、博物馆、竹刻博物馆，陆俨少美术馆、孔庙等文化设施与各类特色文化资源整合在一起，通过数字化进行虚拟现实展示，还可以提供回看，形成了一个区域特色文化资源的观赏平台，市民可以足不出户，在网上真实、流畅地体验数字文化带来的全新感受和乐趣。

2. 融入文化活动

例如，上海熙智媒视频技术有限公司策划举办的“中华优秀传统文化礼仪大赛”，利用互联网优势，采用微信、微博的传播方式，进行有奖问答，用“微电影”“随手拍”的光影手段，传承中华优秀传统文化礼仪；又如金山区枫泾镇是中国故事基地，由枫泾文体服务中心打造“互联网＋枫泾故事会”，推出了“枫泾故事会”微信公众号，定期发表创作的新故事，发布举办故事赛事和活动信息，推送有声故事等。这些活动一改平面传播与服务的传统手段，融合受众乐于接受的现代化方式，使群众文化活动变得更活泼、更有生气与吸引力，提高了群众的参与度。

3. 应用于公共文化评价

例如，市民文化节百强团队评审，公共文化资源配送项目的社会采购评选等，用“互联网＋”“文化数字云”平台，让广大市民群众一起加入测评活动，调动了社会参与的积极性，并应用大数据分析识别与评价，保证了评选的公正客观。

(五) 改革运行管理模式,提升基层服务水准

上海始终将管理运行机制的改革创新放在重要地位,在顶层制度设计的指引下,实践中创造了多种管理运行模式。

1. 理事会决策管理

例如,浦东金海文化艺术中心是本市首家推行“公办民营”的区级公共文化设施,建立了由各方代表组成理事会的决策领导制度,委托社会机构法人主体实施运行管理,各方代表参与监管,并邀请第三方评估。在新机制驱动下,金海文化艺术中心服务资源丰富,人气旺盛,年接待群众达20万人次。

2. 专业化运行管理

例如,瑞金二路街道委托拥有文化管理专业人才和文化资源的民办非营利机构“浦江公共文化服务中心”,负责对街道文化活动中心的活动策划、物业服务、团队管理、设施开放等方面实施一体化运行管理。

3. 群众自主管理

例如,嘉定区培育了社会化自治组织——“聚乐轩”群众文化志愿者管理委员会,由嘉定区18个不同类别的群众性文体团队的队长组成。“聚乐轩志愿者管理委员会”发动并组织团队成员,通过民主协商,一起负责管理文化活动中心,形成群众“自我参与、自我服务、自我教育、自我管理”模式,体现出群众自主精神。

4. 合作共建共管

例如,浦东惠南文化艺术指导分中心与区域内50多家企事业单位、社区、学校、文化团队签署了共建共享服务协议,结成“浦东惠南艺术联盟”,实现区域内文化资源的整合与文化活动的共商、共建、共享,弥补了公共文化产品和服务内容不足的问题。

习近平总书记指出:“创新是引领发展的第一动力”“充分尊重群众的首创精神,着眼于解放和发展生产力,放手支持群众大胆实践,大

胆探索，大胆创新，及时发现、总结和推广群众创造的成功经验，把群众的积极性和创业精神引导好、保护好，充分发挥人民群众在改革开放和现代化建设中的主体作用，为改革发展创造一个宽松的环境”。习总书记的指示是推动创新发展的指导思想与实践的指针。基层公共文化机构是为百姓服务的第一线，实践出经验，经验在第一线。上海把工作重心下沉到基层，从基层工作中发现与总结经验，并不断用创新实践的典型案例引路，发挥其示范与带动作用，促进公共文化服务体系建设的不断创新发展，这是一条重要经验。

三、延伸辐射，以点带面，形成创新效应

发现并总结创新典型不是最终目的，只是推动公共文化服务不断创新发展的重要一步；复制推广，延伸辐射，产生创新的连锁反应，全面提升公共文化服务的整体效能才是根本。上海在推动公共文化服务体系建设创新实践的过程中，市委、市政府及市文化主管部门，不仅制定并颁布了一系列促进创新发展的政策法规与指导性文件，并通过抓试点、树样板，典型引路、以点带面，着力把制定的政策制度转化为可操作的具体措施，以及可行性、可操作的项目，而且把局部经验推广到全市，构建成全局性的创新项目，从而产生出强大的整体效应，在以下工作中可见一斑。

（一）推进社会化专业化运行管理机制

全市在推进社区文化活动中心建设的同时，就对运行管理的体制机制提出了改革创新的要求，并在少数街镇的社区文化活动中心进行探索，而后又在全市公共文化建设大会上推广了打浦桥街道办事处、委托“民非”机构华爱社区服务管理中心对打浦桥社区文化活动中心实施社会化专业化运行管理的经验，继而扩大到徐汇、浦东、嘉定、闵

行等4个国家和市级公共文化服务体系建设示范区的社区文化活动中心进一步试行。通过了一系列试点,社会主体参与社区文化活动中心运行管理的经验逐步成熟,总结与制定出了一套社会化专业化运行管理的制度体系。市文广局通过召开全市推进大会、试点单位现场会、交流会等方式,向全市推广经验。明确所谓社会化管理,“其本质是让更多的社会主体参与社区文化活动中心的管理和服务,丰富社区文化活动中心的活动内容,核心是提升专业化水平,更好地满足群众多元需求”;所谓专业化管理,“一是按照专业标准进行管理,二是由专业团队实施管理,三是达到专业管理水平”;在实施方式上“可以分为全委托管理、部分委托管理(场地设施或文化活动项目)、街镇自行管理(按照服务标准)三种模式”;管理模式的选择,“强调因地制宜,选择权在基层”,从而推动全市各区各街镇的社区文化活动中心根据各自的实际状况,选用不同的模式实施运行管理。截至2016年,全市建成运行的216家标准化社区文化活动中心,有超过90%的社区文化活动中心委托企业、社会组织、群众文艺团队等各类主体参与整体管理或部分项目管理。

社会主体参与运行管理后,带来了新的发展理念、新的文化资源、新的服务方式、新的管理手段,增强了社区文化活动中心的活力,从而提高了市民对社区文化活动中心的满意度,被群众誉为“家门口的精神乐园”。

(二)打造公共文化资源配送体系升级版

上海把公共文化产品的生产供给,提高基层公共文化服务水准与能力,始终放在建设的重要位置。在“协调小组”统筹下,2004年开始组建由东方宣教服务中心、东方讲坛、东方社区学校服务中心、东方社区信息苑、东方社区文化艺术中心、东方永乐农村数字电影院线等6家不同体制机构组成的公共文化内容配送平台。由政府出资5 500

万，通过“整合资源、百姓点菜、政府买单、按需配送”的方式，为基层公共文化机构提供演出、讲座、展览、培训、信息服务、艺术指导、农村电影放映等公共文化内容配送服务，创新了文化产品的供给机制，受到社区群众欢迎。为了加快建成现代公共文化服务体系，实现基本公共文化服务标准化、均等化，满足群众不断增长的文化需求，2015 年“协调小组”拟定了《关于进一步做好“东方系列”公共文化配送工作的方案》，决定打造资源配送服务的升级版，进一步推进公共文化资源供给的社会化，提高资源配送数量与质量。“升级版”有以下特点：

1. 市区联动，实行资源差异化配置

由市群众艺术馆将原来的六个“东方配送机构”整合一起，建立统一的配送平台——“上海东方公共文化内容配送中心”。内容配送服务立足市、区、街镇三级公共文化设施网络，构建配送“1 + 17”市区联动机制。市级配送注重优化内容结构，扩大产品供应主体，强化示范性、引领性、指导性；区级配送注重集聚本区域文化资源，提倡多样化、普惠性；街镇配送工作要求在做好市区内容配送的接收工作基础上，向居委(村)延伸，注重满足群众自我教育、自我娱乐、自我服务。市、区、街镇三级联动配送机制的创新，实现了资源差异化配置，提高了配送服务的数量质量。

2. 公开招标，扩大资源供给主体

通过召开配送产品征集工作媒体信息发布会、在“数字文化云”平台上公示、与配送主体沟通等方式，进一步吸引优秀的社会主体参与到公共文化配送工作中来，拓展了资源进入渠道。通过组织供需双方见面会的形式，促进“供需对接”。2016 年参与市级配送的单位达到了 110 家，项目 355 个；参与区级配送的主体数量达 575 家。

3. 资源配送，强调“供需对接”

为提高配送资源的有效性与针对性，在通过大数据分析群众需求的基础上，确立配送资源内容的重点，向更受市民欢迎的文艺演出、特色活动、文艺指导方面倾斜;投入资金增加到 6 500 万;资源配送力度进一步加大向远郊地区倾斜;运行过程中建立起巡查制度与反馈制度,由群众评价,保障了社会主体供给配送资源内容的质量效益。

公共文化内容配送系统的创建与升级版的打造,完善了"市区联动""举手申报""点单采购""需求对接""绩效评估"等五大配送服务机制,提高了公共文化产品供给的数量与质量,2016 年市区两级配送演出 9 572 场、文化讲座 3 253 场、电影 139 293 场、艺术教育活动 20 766 场、文艺指导员 79 082 课时,受众共达 2 472.3 万人次,丰富了人民群众的精神文化生活,提升了基层公共文化设施的利用效率和机构的管理能力。

(三) 举办永不落幕的"市民文化节"

从 2013 年起,上海开始举办"市民文化节"。"市民文化节"承载了传承中华优秀文化、引领社会主义核心价值观、普及市民艺术教育活动、培育区域特色文化品牌、提升公共文化服务效能等五大功能。"市民文化节"将活动重点放到社区基层,实现了"百个社区大展示、万支团队大竞技、社会各界齐参与、千万市民共享受"的目标,促进了基层公共文化设施的有效利用,让普通民众也能实现艺术梦想,丰富精神文化生活。市民文化节的创新亮点,主要有以下两点:

1. 社会主体的广泛参与,创新了办节机制

"市民文化节"贯彻推动公共文化社会化发展的精神,通过媒体广发"英雄帖"征集社会组织参与办节,文化行政主管部门主动退至后台。有的社会组织主动举手要求承办主题活动,如上海收藏协会承办"市民收藏大赛",办出了上海历史上规模最大、参与人数最多、品种最齐全的民间收藏展示活动;有的社会组织将自创的文化主题活动项目申请纳入市民文化节,如上海阿卡贝拉文化中心申报举办"阿卡贝拉艺术节",把这种新的文艺形式带入市民文化节,打造成了音乐节的品

牌项目；有的社会组织接受政府招标、购买服务，将优质资源提供市民文化节，如闵行市民文化广场管理委员会、上海星炼科技有限公司等接受承办“市民合唱大赛”，提供专业化服务；有的社会组织与公共文化机构合作共办市民文化节活动，如市民文化节组委会与东方艺术中心合作共办“家庭音乐会”、与上海市语言文字工作委员会联手推出“中华古诗词大赛”等。据统计，每年有50多家社会主体将自创的文化主题活动申请参与市民文化节。市民文化节还将活动延伸到全市各区域，形成“1(市)+16(区)+209(街镇)”的三级联动体系，有效地整合了区域文化资源，促进了基层公共文化设施满载运营。

“市民文化节”创新了办节机制，成为了社会组织参与公共文化建设的平台，它改变了以往政府主办节庆活动的传统方式，由政府主办变政府主导，承接单位由体制内单位向社会力量共同承办转变，形成了“政府主导、社会支持、各方参与、群众受益”的举办节庆活动的新机制、新格局。

2. 现代科技手段的应用，创新了活动方式

市民文化节应用现代信息化技术，使活动变得生动活泼而富有吸引力，特别适合青年群体的参与。如“中国梦·上海情”沪语大赛，依托新民网“侬好上海”，开辟网络赛区平台，推出了“沪语水平测试”活动，共有8 000余位用户参与答题，200多人用微信上传了特色音频才艺，超过15 000人次参与复赛与30强的网络投票。又如由杨浦区图书馆与上海朗诵协会等合作举办的“阅读好声音”全城微朗读大赛，依托网络传播，通过移动终端上传“阅读好声音”，唤起了广大市民阅读热情。运用网络开展群众文化活动，突破传统活动的方式方法，拓展至立体的、多维的、不受时空限制的互联网运作，市民文化节树立了活动方式创新的典范。

办节活动机制与方式的创新，使文化节内容丰富，范围拓展，辐射面扩大，专业化程度提升。全市每年春夏秋冬四季举办文化活动达

5—6 万项,参与人次超过 3 000 万,使基层公共文化设施获得优质的内容支撑,提高了利用率,使参与的社会主体业务水平提升,社会影响力扩大,新主体得到培育,使广大市民能就近、方便地享受丰富的文化服务,获得自我展示风采的体验,提高了文化素养,打造了一个永不落幕的“市民文化节”。

(四)搭建“文化上海云”平台,支撑公共文化服务全面创新

上海从 2013 年开始启动“文化上海云”建设,并将它纳入上海智慧城市建设行动计划,目标是给公共文化服务插上现代信息技术的翅膀,让市民可以不受时空限制,便捷地参加到线上线下的活动中。“文化上海云”首先在嘉定区、闵行区、闸北区(今属静安区)试点,三区分别创建了“文化嘉定云”“文趣闵行”和“海上智文化”服务平台。在试点基础上。市文广局依托“上海创图科技公司”的专业技术,研发了软件平台,按照“互联网+文化”的要求,综合运用云计算、云存储等技术,建立“文化上海云”,并在全市逐步推进建设。“文化上海云”有两个突出的亮点:

1. 整合资源,功能齐全

“文化上海云”整合市、区、街(镇)的文化活动和场馆信息,围绕市民对公共文化“我要知道、我要参与、我要互动、我要评论”的需求,开发了信息公告、活动预约、场馆预订、空间展示、社团风采、竞赛互动、文物鉴赏、文艺培训、大数据分析等 9 大功能,面向市民提供一站式服务。市民百姓可以通过手机、移动终端和电脑接入等方式,只需在门户上点击相应服务模块,不受时间和地域限制,就能快捷地享受文化服务。

2. 稳步推进,覆盖全面

“文化上海云”按照“统一规范、分头推进、独立运营、系统整合”的原则,通过试点细化了建设标准,将“文化上海云”建设逐步推及到全市。目前,“文化上海云”覆盖了市、区和街道(镇)共370多个文化馆、图书馆、展览馆、美术馆和社区文化活动中心，每年汇集全市约6万余场公共文化活动信息和3 000多个文化社团信息,方便了市民参与。如市民文化节依托“文化上海云”,搭建了线上报名、节目视频上传和评选平台;又如举办了“云平台应用大赛”“百强公共文化配送创新产品”网上投票评选等活动,不仅吸引了广大市民的积极参与,也动员起更多的社会主体推出精彩的文化活动。

“文化上海云”成为全国第一个实现省级区域全覆盖的公共文化数字化服务平台,推动了公共文化服务转型,解决了公共文化服务知晓率、参与率和场馆利用率低的问题,也激发了社会主体参与公共文化的主动性与积极性,为加快建成现代公共文化服务体系迈出坚实一步。

四、小　结

纵观上海推动公共文化服务体系建设创新的做法,笔者有以下三点体会:

(一) 推动创新要坚持以人民为中心的指导思想

《关于加快构建现代公共文化服务体系的意见》明确指出,“以人民为中心”是公共文化服务体系建设的指导思想与基本原则。上海展现出公共文化建设的创新成果,有的打造“家门口的文化乐园”,让百姓就近、方便、快捷地享受公共文化服务;有的从对象上着力,将服务重点、资源分配的重点下沉到农村、社区、基层,让各类群体都能享受均等化的基本公共文化服务;有的从内容上着眼,以社会主义核心价值观为引领,海纳百川,融合多元化的文化产品,发展先进文化,创新传统文化,支持健康文化,使人民群众的文化素质与凝聚力不断提高;有的从方式方法上入手，以“群众喜欢不喜欢”为衡量准则，融合现代科技手段，不断推陈出新、与时俱进，实现“供需对接”，适应人民群众不断增长的精神文化需求；有的从制度保障上探索，引入多元化的社会主体，实施民主管理制度，使群众拥有文化诉求的表达权、参与权、决策权、监督权，体现群众的主体地位，激发起群众的创造精神，使人民群众的基本文化权益得到保障。公共文化建设的创新，不仅仅是功能性的创新，它要体现发展为了人民，发展依靠人民，发展的成果由人民共享的宗旨，这是创新的出发点与落脚点，也是衡量创新成效的基本标准。

（二）推动创新要以制度创新为先导

党的十八届五中全会提出：“必须把发展基点放在创新上，形成促进创新的体制架构，塑造更多依靠创新驱动、更多发挥先发优势的引领型发展”。上海创新之路给我们的又一启示，就是政府带头改革，以制度创新先行，立足基层实践，不断总结新经验、新办法，改革不适合发展的体制机制，形成政策法规制度，为创新提供良好的制度环境与政策保障，推动公共文化的社会化发展、专业化运行、数字化服务、标准化管理。上海实施的四大文化服务项目，集中体现了创新的成果及实实在在的成效。

（三）推动创新要以鼓励支持社会化发展作为重点

党的十八届三中全会“决定”中指出：“引入竞争机制，推动公共文化服务社会化发展。”这是满足人民群众不断增长的公共文化服务需求的必然要求，也是公共文化创新的一项重点。在上海346项公共文化建设的创新项目中，共同的特点就是渗透了公共文化服务社会化发展的内容。从创新制度看，都突出了鼓励社会化参与的要义；从创新项目的数量看，由社会组织独家提供的创新项目占到30%左右，还有许多是社会组织与市、区和街道（镇）公共文化机构共创共建的创新项目。社会力量的融入，改变了长期以来公共文化服务仅仅依靠政府的单一方式，调动起全社会的力量，激发出发展的活力与动力，公共文化服务整体的创新发展就带动起来，从而促进了公共文化活动空间的广泛开拓、公共文化供给内容的多元化、公共文化服务形式手段的现代化、公共文化资金的多渠道投入等。实践证明，抓住公共文化社会化发展这一重点，打破传统体制的壁垒，确立起由政府、企业、非营利组织以及公民共同参与的运行管理体制机制，有利于全面推动公共文化建设的创新发展，有利于加快建成现代公共文化服务体系，有利于文化民生的保障。

参考文献

[1] 钱泽红：《2016 年上海公共文化服务发展的基本情况》，载《上海公共文化服务发展报告(2017)》，上海书店出版社 2017 年版，第 1—14 页。

[2] 上海市公共文化服务工作协调小组编印：《上海市公共文化建设创新项目名录》(2014、2015、2016)。

[3] 覃川：《创新发展的理论意义和实践要求》，《经济日报》2017 年 7 月 21 日。

上海社区文化活动中心专业化社会化实践与探索*

夏洁秋**

公共文化服务体系是由政府主导、保障公民基本文化权利、满足公民公共文化需求的文化产品供应与服务体系，不仅是公民个人文化权益和文化民生的实现保障，也关系到城乡的文化繁荣和文化软实力提升。随着我国改革开放的进一步深入，国家日益重视公共文化服务体系建设，党的十七大报告提出“覆盖全社会的公共文化服务体系”是实现全面建设小康社会的重要目标之一。党的十八届三中全会上进一步提出“推进文化体制机制创新，构建现代公共文化服务体系”。构建现代公共文化服务体系是一个新概念，突出了公共文化服务体系的时代性、创新性和开放性特征，具有很强的现实针对性。现代公共文化服务体系具有服务目标均等化，供给主体多元化，运行机制民主化，公共服务高效化，管理体系法治化的基本特征①。社区文化活动中心作为公共文化服务体系的基础网络，它是由政府主办，以街道、乡镇为依托的多功能、综合性的公益性文化机构，以不断满足人民群众的基本

* 本文为夏洁秋主持的 2014 年上海市文化广播影视管理局的《上海市社区文化活动中心专业化、社会化管理模式研究》课题成果。

** 作者简介：夏洁秋，同济大学人文学院文化产业系副主任，副教授，博士。

① 蒯大申：《现代公共文化服务体系的内涵与基本特征》，《文汇报》，2014-02-25。

精神文化需求为目标，为社区居民提供文化、体育、教育、科普、信息等服务，是保证人民基本文化权益的基础设施，对增强社区凝聚力、提高市民文明素质、维护社会和谐稳定、促进经济社会发展具有重要作用。

为适应政府向现代管理迈进的目标，上海公共文化服务体系建设积极对接社会管理创新目标。开展社区文化活动中心建设多年来，上海市文广局主导出台了《上海市社区文化活动中心基本配置要求》《上海市社区公共文化服务规定》等一系列管理制度和政策，鼓励各区、街镇根据自身的实际情况，在社区文化活动中心的硬件建设和运作模式上进行诸多有益的探索，形成了一定特色。为适应现代公共文化服务体系建设的要求，上海于 2013 年启动了有序推进社区文化活动中心社会化和专业化管理的工作，在探索提高社区文化活动中心的效能和影响力上形成了较丰富的实践。

一、现代管理理念下公共文化服务的主要模式

公共文化服务体系建设是政府公共管理的重要组成部分。上海在探索社区文化活动中心社会化和专业化管理的过程中，注重借鉴各国在现代管理理念下形成的主要公共文化服务管理模式的合理要素。

（一）政府主导模式

在政府主导型公共文化服务模式中，政府主要扮演政策制定者、资金供应者和生产安排者的角色。在供给主体方面，政府文化机构及相关单位是供给主体，生产并提供公共文化产品和服务，其中，纯公共文化物品和服务的供给是重点；在资金来源方面，由公共财政直接投资，政府提供经费预算并进行管制，重点投资基本文化服务，体现公益性与非营利性，同时，政府承担着资金筹集者的责任，通过政策引导，多渠道、多形式地筹集社会资金来发展公共文化，并依据经济形势和

发展目标确定对公共文化服务的投入规模；在制度配套方面，政府制定并不断完善公共文化相关的法律、法规体系，将公共文化服务供给和管理纳入法制化轨道。此外，政府需要有能力执行贯彻既定方针政策，并设立各级文化行政管理部门。此模式具有指挥统一、组织系统简单、可操作性强的优点，但容易导致国家供给的公共文化服务与民间需求之间存在差距。

（二）PPP 模式

PPP 模式（Public-Private-Partnership）在国内有多种译法，包括公私合作伙伴模式、公私营机构的伙伴合作、官方/民间的合作、公共民营合作制、官督商办模式、国家私人合营公司等。PPP 模式主要是指公共部门与私人部门共同参与公共文化产品生产和服务的制度安排，让非公共部门参与提供公共产品和服务，从而实现政府公共部门的职能，并为非公部门带来利益。其运行机制核心是公私合作、协调与共赢，表现为伙伴关系、利益共享和风险分担，是一种以参与方“双赢”或“多赢”为理念的新型融资模式。PPP 模式的基本形式包括运营维护协议、管理协议、租赁购买、BOOB/BTO、特许经营、非公共机构拥有等。随着社会发展的内在需求，PPP 模式出现了适度扩展，即在政府与私人部门合作中融入了中间组织，作为政府与私人部门的协调者和对话者，承担一些政府不该“管”的职能，或是在政府和私人均失灵的领域，形成了以中间组织为枢纽的 PPP 模式。PPP 类型多样，参见表 1。

表 1　PPP 不同模式比较一览表①

PPP 类型	资产所有权	运营与维护	投资主体	风险承担者
服务外包	公共部门	公共和私营部门	公共部门	公共部门
管理外包	公共部门	私营部门	公共部门	公共部门

① 孙本刚：《准经营性基础设施项目 PPP 模式研究》，同济大学，2006 年。

（续表）

PPP类型	资产所有权	运营与维护	投资主体	风险承担者
租赁	公共部门	私营部门	公共部门	公共部门
特许经营	公共部门	私营部门	私营部门	私营部门
BOT/BOO	公共和私营部门	私营部门	私营部门	私营部门
剥离	公共或私营部门	私营部门	私营部门	私营部门

（三）多中心供给模式

公共文化服务的多中心供给模式是指，在多中心治理理论框架下，以在利益相关者之间建立和运行自主性契约为核心，以多种决策方式和机制为主要构成，形成政府供给、市场供给、非营利组织供给以及联合供给的整合体系，具有比较高效的经济和社会效益。多中心供给意味着在公共文化服务供给过程中，多元主体在一定规则约束下以多种形式共同行使主体性权力，而使用者能够在可替代的公共文化产品供给者之间进行选择。多中心供给模式的关键在于政府并不是公共文化服务的唯一供给者，在政府之外还存在其他的供给形式，可以有效满足人们对公共文化服务的需求，提高公共文化服务的配置效率。

（四）市场主导模式

该模式主要由文化企业组织生产和提供公共文化服务，其成功提供公共文化服务的关键是按照市场机制向居民收费，企业需遵循市场机制收回成本并获得一定利润，而公共利益不过是其提供产品及服务衍生的结果。在市场主导模式下，政府往往将公共文化产品以“合同”形式交由非公共部门生产和经营，再由政府通过招投标机制进行购买，这意味着文化主管部门不直接举办文化活动，而是根据公众要求，在制定行业和服务标准、严格审查文化企事业单位资质、信誉的基础上，通过合同外包方式委托有资质、信誉高的文化企业生产公共文化产品与服务，并实施严格的审批和市场监管、给予相应财政或经费补贴。这种模式有助于形成运转高效、良性竞争、多元互补的公共文化服务供给体系，满足不同层次的公众文化需求，但有时不利于贯彻政府的文化战略。

上述现代管理理念下的公共文化服务模式各具特色，也需要相应的社会生态环境。各社区文化活动中心在探索社会化和专业化管理时，必须结合区域实际情况采用具有适应性的管理模式，才能不断提升公共文化服务水平。

二、上海市社区文化活动中心建设状况及运营模式

上海市按照市委、市政府的部署，在公共文化服务体系建设中重点加强社区文化活动中心的建设和管理。从2004年起，上海对全市的公益性文化设施进行了整体规划并着手进行了系统整合，按照新的布局要求和配置标准，改建、扩建及新建了一批功能完善的社区综合性文化活动设施，统一命名为“社区文化活动中心”。截至2011年底，全市投入约50亿元，建成203家标准化社区文化活动中心，总面积达到100万平方米①，实现社区文化活动中心基本覆盖全市街镇的目标。

为加强和完善社区文化活动中心的管理，2011年底，上海市委、市政府出台了《关于加强社区文化活动中心建设与管理的指导意见》，为社区文化活动中心的运行和管理提供了制度保障。2013年4月，上海市人大出台《上海市社区公共文化服务规定》，进一步细化规范社区公共文化服务标准，并制定了服务标准、项目清单、评估考核办法、投诉

① 上海市文广局公共文化处提供数据。

处理规定等一系列配套文件，这是全国第一部专门面向社区基层公共文化服务的法规。总体来看，上海社区文化活动中心为社区居民提供了丰富多彩的公共文化服务，管理服务发展势头良好。其中，不少社区文化活动中心进一步探索功能定位，创新管理运行机制，整合社区公共文化资源，提供有针对性、有特色的公共文化服务项目。

（一）当前上海社区文化活动中心的主要管理模式

1. 街道（镇）政府直接管理

街道（镇）成立事业单位或成立民非组织对中心进行直接管理，街道（镇）派机关工作人员或者事业编制工作人员负责。目前，有约100个街道（镇）采用这样一种管理模式，主要集中在郊区乡镇①。该模式具有以下特点：一是街道（镇）政府直接委派机关干部担任社区文化活动中心的负责人，设行政管理部、物业管理部、企划部等部门具体承担管理运行职能；二是由街道（镇）政府直接组织对居民进行各种文化宣传教育，开展各种以群众为主体的文化活动；三是形成比较完备的政府投资渠道。

这种模式是目前上海社区文化活动中心采取较多的一种模式，例如杨浦区上海路街道（原五角场镇）社区文化活动中心等采用此管理模式。

2. 全委托管理

街道（镇）政府通过购买服务的方式委托社会专业机构对社区文化活动中心进行专业管理，签订托管协议，明确双方职责。目前，有约10个街道（镇）采用这种管理模式②。该模式具有以下特点：一是街

---

① 《上海市社区文化活动中心专业化、社会化管理模式研究》课题调研获得的基本数据。

② 《上海市社区文化活动中心专业化、社会化管理模式研究》课题调研获得的基本数据。

道（镇）政府与社会组织开展契约合作，通过托管方式来提供社区文化服务；二是社会组织的负责人为社区文化活动中心的主任，实行主任负责制，中心的日常工作由社会组织自主管理；三是文化活动中心的经费一般由街道（镇）政府全额支付，包括社区文化活动中心的人员工资、办公日常开销、基本活动经费等。

近年来，上海一些街道（镇）社区文化中心纷纷探索采用此模式，并取得良好的运营实效。例如，黄浦区打浦桥街道把社区文化中心整体委托给上海华爱社区服务管理中心作为运营机构，并把活动中心的物业委托给具有专业资质的上海金玉兰物业有限公司管理。打浦桥街道办事处与华爱签订协议，对服务内容和标准进行约定，并制定监督考核办法：一是确立社区文化管委会制度，管委会由街道领导担任主任，成员由人大代表、群团负责人、居民代表和中心主任组成，主要负责审批工作计划、项目设置和财政执行情况等重要事项；二是确立联席会议制度，每月举行一次例会，成员由街道、被委托方、居委代表组成，主要审定运营方的活动项目表、排片表、听取意见、协商解决具体问题，实现实时动态监督；三是确立群众评估制度，街道每半年召集各方代表对中心运行管理情况进行一次审议、评估。根据评议结果，取消群众不欢迎的项目，增设群众有要求的项目。同时，将整体评估的结果直接与被委托方的项目管理费、奖励费和能否续签挂钩。这一做法既强化了政府的监管职能，也确保了群众的知情权、参与权①。通过这些举措，打浦桥街道办事处从办文化转向管文化，依托华爱的社会资源与专业运行能力，使文化中心服务水平与质量有所提高，群众普遍感到满意。

3．部分委托管理

街道（镇）政府将社区文化中心部分场地设施的物业委托社会专

① 《上海市社区文化活动中心专业化、社会化管理模式研究》课题调研获得的资料。

业机构管理，或者将部分活动项目委托专业机构承办。目前，有80—90家左右的街道乡镇采用这样一种专业管理模式①。该模式具有以下特点：一是街道（镇）政府仅将社区文化中心部分场地设施的物业管理或部分活动项目委托给专业机构管理，通过签订合同，确立政府主导、企业运作、公益为本的合作形式，共同负责文化活动中心的运作，政府负责监管，企业负责运营；二是街道（镇）政府一般聘用1名社区文化活动中心主任，自主管理社区文化活动中心的主要项目运作；三是文化活动中心的经费由政府补贴一部分，企业经营运作自筹一部分。

比较典型的个案是浦东区康桥镇社区文化活动中心。康桥镇人民政府与锦辉公司签订协议，由政府与锦辉公司共同负责文化活动中心的产业运作、物业管理、团队培养、市场开拓、文化服务等职能。政府负责制定年度文化工作要求，并设立管委会，监管文化中心运营、管理和文化服务方向。锦辉公司负责策划并执行全年群众文化计划，为公益活动设定主题、范围、对象、目标。在康桥社区文化中心产业化经营的进程中，锦辉在政府支持下，通过招募文化志愿者、培训专业化人员和选择租户，保证了公益场地的正常开放和运营成本的降低。此外，锦辉团队通过请进来、走出去，以市场手段整合社会性文化资源，引进了大量专业团队来中心演出、培训、讲座、展览及经营，实现了活动载体的全面创新，同时引进多元的社会资金注入康桥群众文化建设，提升了社区文化活动中心的服务水平。

上述三种管理模式各有特点，但总体来看，委托社会专业机构承接社区文化活动中心的管理运营与服务，体现出活力强、水平高的特点，得到广大市民和社会肯定，也符合党的十八届三中全会推动公共文化服务社会化、专业化发展的精神，应成为上海市社区文化活动中

① 《上海市社区文化活动中心专业化、社会化管理模式研究》课题调研获得的基本数据。

心的主要管理模式。

表 2　上海社区文化活动中心不同类型的管理模式优缺点比较

类　型	优　点	缺　点
政府直管模式	1. 管理主体明确，形成较完整的管理机制；2. 运营资金有保障，利于中心的设施建设及活动开展；3. 公益性有保障，在政府公共政策支持下，文化设施对广大社区成员免费开放，开展各种公益性文化活动。	1. 文化活动往往带有政府行政命令色彩，社区成员常处于被动状态，参与度不高；2. 存在主体错位现象，政府付出高额的成本，却无法获得社区居民的认可，满足其文化需求；3. 社区功能缺失，政府单方面运作产生的资源、资金、人气不足的矛盾，影响中心的可持续发展。
全委托管理模式	1. 整合经营降低了运营成本，通过采用灵活高效的运营方式提高了社区中心文化服务的效益；2. 实行专业化管理，可为社区居民提供优质的文化产品和服务。	1. 社区文化中心的管理主体身份不清，会导致中心在人员招聘、合同签订、经费开支等方面存在困难；2. 我国现有的专业化社会组织发展不成熟，缺乏足够的能提供专业化服务的社会组织；3. 相应的法律法规不完善，缺乏制度保障。
部分委托管理模式	1. 市场化运作充分发挥了市场在资源配置中的基础性作用，提高公共文化的供给水平，有利于增强社区文化活力，丰富社区文化的内涵；2. 提高了社区文化服务的效率和质量，弥补了财政投入公共文化资金不足的缺口。3. 有利于丰富社区文化服务的内容及形式，满足居民多元化的文化需求。	1. 定位有时不明确，如果收费性项目过多、过高会导致商业气息过浓，偏离公益性文化服务的总体方向；2. 缺乏统一的管理制度和规范，缺乏统一的运行标准，难以对中心的管理模式、运作机制进行科学的评估和考核。

（二）上海社区文化活动中心管理存在的主要问题

1. 管理体制呈“多层多头”结构，管理关系较复杂

上海目前社区文化活动中心的管理体制是一个“多层多头”的结

构,在行政上隶属于街道(镇),在业务上要接受所在区文化行政主管部门指导,同时,作为一个综合性、多功能的文化服务平台,要对口科、教、文、体各部门,涵盖党、工、青、妇等活动内容,管理内容庞杂,形成了“多层多头”的管理格局。这样的管理体制容易导致各方关系难以理顺,管理重点不明晰,导致责任主体难以落实。

2. 管理模式的选择随意性较强,管理水平参差不齐

上海现阶段得社区文化活动中心有多种管理模式,由于缺乏社区文化活动中心的管理机制和管理团队组建的统一模式和标准,各街道主要根据自己的资源情况,并兼顾领导层对社区文化建设的重视程度来决定管理模式,随意性较强,社区文化活动中心的管理水平呈现良莠不齐的状况。

3. 管理评估标准尚不完善,评估机制激励作用不足

2013 年以前,上海社区文化中心缺乏有效的社会化、专业化管理和评估实施办法。社区文化活动中心在管理模式上主要有两种倾向:一种是行政化,即由街道直接委派人员来管理,计划决策、项目设置等大多由行政机构人员包揽承办;另一种是市场化,认为市场是有效率的,政府建好设施后应彻底交给市场。在调研中发现,不管选择哪种管理模式,如果缺乏专业化的管理标准约束都容易导致以下问题:一是供需脱节,提供的服务并非是居民最需要的服务;二是设施利用率低下、管理和运营成本高昂;三是一些项目设施严重偏离公益性文化服务的总体方向。因此,急需有效的制度配套。

4. 专业的社会管理机构和队伍较少,社会力量作用发挥不够

通过广泛调研发现,上海目前具备相应资质和条件的社会组织数量较少,全社会的社会组织培育不发达导致了专业社会组织的稀缺,这给全面推广社会化、专业化管理模式带来了困难。

5. 管理队伍的专业教育普遍不足,缺乏创新能力

由于社区文化活动中心存在人员编制不足、管理成本较高等问

题,不少街(镇)直接管理的文化活动中心大多简单地聘用原文化站的老员工,或者聘用具有文体专长的离退休人员来承担管理职能,管理队伍总体年龄结构偏大,创新意识和能力不强。而青年人往往承担具体的设施管理职能,大多数无法参与中心运行、项目策划、活动推广等工作,青年人的成长空间较小,难以留住人才,管理团队的可持续发展能力不强。

6. 资源调配能力有待提高,亟需形成全市共享支持管理的配送平台

相对于人民群众日益增长的多层次、多样化的精神文化需求,现有的供需匹配还不够,配送机制有待进一步完善。这主要体现在:一方面是活动内容安排与需求有差距;另一方面是很多现有的社会资源和设施条件未能充分发挥作用。尽管有不少的高水平资源条件可以为社区文化活动中心所利用,但共享调配的组织管理能力较弱,资源短缺与闲置并存的情况较突出。

三、上海社区文化活动中心专业化社会化管理的内涵及实践

(一) 专业化、社会化管理的内涵

1. 社区文化活动中心的专业化管理

专业化管理通常包括以下内涵:一是管理的范围明确;二是具有标准化、规范化、科学化的管理要求;三是需要进行长期的专业教育;四是从事者个人、集体均具有广泛自律性;五是专业自律性范围内,直接负有做出判断、采取行为的责任。就社区文化活动中心而言,其专业化管理应该包括以下范畴。

(1) 专业化的管理机构。即从事社区文化活动中心的管理主体应具备相应的管理技能和管理经验,并需通过考核认证获得相应的管

理资格。

(2) 专业化的人才队伍。即从事社区文化活动中心的管理人员应具有相关知识和技能,具备管理职业道德,能胜任社区文化活动中心的相关管理工作,并长期接受专业教育,确保专业化的管理水平。

(3) 规范化的服务标准。即要有社区文化活动中心管理服务的各项标准,包括专业化管理服务标准,专业化管理主体资质标准,专业化管理监督管理办法等,使各项管理工作有据可依。

(4) 标准化的操作流程。即要有从事社区文化活动中心的各项管理工作的标准化流程,如关于购买社区文化中心专业化服务的办法,社区文化中心专业化管理费用参考,社区文化中心委托管理服务合约签订办法等。

2. 社区文化活动中心的社会化管理

社会化管理模式,即以社区治理为理念,由政府、社区企事业单位、第三部门和社区居民等共同参与社区公益性文化事业的管理,形成多元互动的网络型运作模式。社会化管理模式是建立在治理理论基础上,旨在强调多元主体、参与管理、合作伙伴关系。就社区文化活动中心而言,其社会化管理应该包括以下范畴。

(1) 多元文化主体及其合作。应当促进公民、私有部门以及非营利组织等广泛参与社区公共文化服务,并确立与政府的合作伙伴关系。在社区文化发展中,政府不再是主要的处于控制地位的掌舵者,而只是一个非常重要的参与者和服务者,专业的社会组织将会发挥更大的作用。

(2) 发挥社区自治组织和中介组织在社区文化建设中的作用。政府应积极培育民间文化团体和社会文化中介组织,倡导和发展社区文化志愿者队伍,支持鼓励他们积极参与社区文化事务;将一些政府不该管、管不了、管不好的社区事务转移给市场或社会文化中介组织,实行委托管理和市场运作。

（二）上海推进社区文化活动中心专业化、社会化管理的实践

1. 加强制度设计

上海市文广影视管理局从 2013 年下半年开始邀请有关专家和市民代表共同组成课题组，通过问卷调查、实地考察、访谈座谈等方式深入开展调研。在充分调研的基础上，起草形成了《关于推进上海市社区文化活动中心专业化社会化管理的工作方案》《上海市社区文化活动中心专业化社会化管理服务标准》《上海市关于政府购买社区文化活动中心专业化社会化服务的参考流程》《上海市社区文化活动中心专业化社会化管理主体资质标准》《上海市社区文化活动中心专业化社会化管理监督管理办法》《上海市社区文化活动中心专业化社会化管理费用参考》以及《社区文化活动中心全委托管理服务合约参考文本》等标准和规范的初稿。随后，又广泛征求区县、街镇、市民代表意见，先后邀请区县文化行政部门、街道（乡镇）、基层文化工作者、本市文化领域专家、媒体召开 8 次座谈会，召开 4 次市民代表听证会，并分别发函到各区县文化管理部门征求意见，对标准和规范文件进行完善和修改，经 18 次修改，形成了《关于推进上海市社区文化活动中心专业化社会化管理的工作方案》及各项标准、规范①。

2. 召开全市推进工作大会，推进试点工作和面上工作

2015 年 4 月，上海市文化广播影视管理局向各区（县）正式下发《关于推进社区文化活动中心专业化社会化管理的若干意见》《上海市社区文化活动中心专业化社会化管理服务标准》（2014 版）等相关文件，组织开展现场会议，通过文件解读，全面部署推进全市社区文化活动中心专业化社会化管理工作。同时，以国家和市级公共文化服务体系示范区创建为契机，选择徐汇、浦东、嘉定等区全面开展社区文化活动中心专业化社会化管理试点工作，在其他区县选择部分街道（乡镇）

① 具体内容见上海市文化广播影视管理局下发的文件。

参照三种管理模式开展专业化、社会化管理试点工作，积累经验，探索示范。

在试点工作的基础上，面向全市社区文化活动中心推进专业化社会化管理。对中心城区以社区文化活动中心的满载率为核心来指导工作推进，对郊区强调通过专业化社会化管理实现公共文化服务均等化，促进城乡一体化发展。

3. 征集培育合格主体

组织面向全社会广泛征集合格社会主体的活动，营造社会组织培育的社会氛围。经专家评审，建立市级合格社会主体推荐目录清单，并对列入清单的社会主体开展公共文化业务培训，提升其专业资质和管理水平。2014 年 11 月，上海市文化广播影视管理局面向全社会广泛征集参与社区文化活动中心专业化社会化管理的合格社会主体①，共有 60 多家企业和社会组织报名。2015 年，经过专业评审，共有 31 家单位分别获得全委托管理、场地设施委托管理、活动项目委托管理的合格主体资格。

表 3　上海市社区文化活动中心社会化专业化管理合格主体推荐目录(2015 版)②

序号	申报类别	申报单位
1	全委托管理(5 家)	上海浦东上上文化服务中心
2		浦江文化发展中心
3		上海星妍文化服务中心
4		上海棠弥投资有限公司
5		上海华爱社区服务管理中心

① 《上海市社区文化活动中心专业化社会化管理相关主体征集公告》,《新民晚报》,2014-11-28。

② 《上海市社区文化活动中心专业化社会化管理合格主体推荐目录公示》,上海市人民政府发布,2015-2-5。

（续表）

序号	申报类别	申报单位
6	场地设施委托管理（4家）	上海浦江物业有限公司
7		上海申勤物业管理服务有限公司
8		上海新长宁集团仙霞物业有限公司
9		上海延吉物业管理有限公司
10	活动项目委托管理（22家）	上海满艺文化传播有限公司
11		上海市华文创意写作中心
12		上海左邻右舍文化艺术传播有限公司
13		上海闸北临汾社区明悦文化服务中心
14		上海电影评论学会
15		上海科技助老服务中心
16		上海创图网络科技发展有限公司
17		上海广旭传播有限公司
18		上海新恒文文化传媒有限公司
19		上海权军民传统艺术中心
20		上海九九关爱文化中心
21		上海乐酷青年创意公益发展中心
22		上海市浦东新区鑫源社区文化服务中心
23		上海奇灵文化传媒发展有限公司
24		上海市动漫行业协会
25		上海荣誉文化传播有限公司
26		上海屋里厢社区服务中心
27		上海松江区艺树文化发展中心
28		上海我爱我家社会公益服务中心
29		上海宏天文化传播有限公司
30		上海海派连环画中心
31		上海兴越公共文化管理服务中心

4. 发挥社区自治组织的作用

(1) 推进以社区居民为主体的文化团队建设

社区居民是文化活动的主体，也是公共文化服务的对象。各社区文化活动中心普遍结合社区居民的爱好及特长，引导居民组建多样化的文化团队，构建社区文化活动中心居民自治的基础。例如，浦东新区塘桥街道社区文化活动中心组建了具有当地特色的码头号子表演队，并形成了三个梯队，每年创作编排新号子节目，曾荣获得文化部举办的全国原生民歌多人组合银奖，并赴德国、巴西等国参加国际民间艺术节；街道还成立塘桥社区围棋队，有 500 名左右各类梯队成员，在社区 8 所幼儿园、中小学开设公益围棋兴趣课，进一步普及青少年围棋运动；街道建立扯铃俱乐部，23 个居委都成立扯铃队，参与居民达数千人①。数量庞大的居民文化团队成为社区文化活动中心居民自治的抓手。

(2) 探索建立居民文化团队的自我管理机制

为了促进居民文化团队的可持续发展，激发居民的自我管理、自我创造意识，各社区文化活动中心不断探索，形成有效的管理机制。例如，黄浦区五里桥街道社区文化活动中心注重发挥等级团队的示范、引领功能，加强等级团队培育管理。中心制定了等级团队评定标准，每一支团队建立一本团队活动记录册，并按等级给予专项活动经费；每年 2 次培训、2 次检查和 1 次学习交流。截至 2013 年底，文化活动中心共有等级团队 46 支，占全街道 166 支文体团队的 28%。以等级团队引领，提高团队的整体素质，发挥了“一支团队就是一支志愿者队伍”的精神，积极参加社区各项公益活动②。

(3) 构建文化志愿者服务网络

志愿服务是现代社会文明程度的重要标志。文化志愿者是志愿

① 《上海市社区文化活动中心专业化、社会化管理模式研究》课题调研获得的资料。
② 《上海市社区文化活动中心专业化、社会化管理模式研究》课题调研获得的资料。

者队伍的一个有机组成部分,是指不以物质报酬为目的,利用自己的时间、文化知识或文化、艺术及体育等技能自愿为他人和社会提供文化艺术服务的人。上海的社区文化活动中心在探索文化志愿者服务上形成了一系列经验。

一是组建多样化的文化志愿者团队。各社区文化活动中心除了鼓励普通居民自发组织文体志愿者团队外,还根据社区独特的居民资源组织有特色的文化志愿者服务。如徐汇区天平社区文化活动中心以文化名人为引导,帮助居民文化团队提高业务水平,激发其自主学习和管理意识。天平社区有着得天独厚的名人名家资源,秦怡、周小燕、尚长荣、陆春龄、任桂珍、何占豪、茅善玉等大家耳熟能详的文化名人都居住或工作在天平社区。为了积极发挥文化名人的示范引领作用,于2007年5月11日正式成立了天平社区文化名人服务指导机构“名家坊”,30余位电影、戏曲、音乐、主持领域的“坊”间名人倾情加盟、无私奉献,给社区文化注入了无限张力。据统计,“名家坊”成立近六年多来,共举办演出、讲座、辅导活动百余场①。又如松江区新桥镇社区文化活动中心加强对社区专业文化人才的挖掘和培养,充分利用社区内的虹上海舞蹈学校、上海歌舞团、上海芭蕾舞团、上海电影译制厂、区艺术中心等资源,不断提升虹桥社区群文作品的质量。再如,长宁区虹桥社区文化活动中心整合资源,邀请上海社区乐队、首届妈妈咪呀选秀节目人气选手、古北民星艺术团、社区内的中外文艺爱好者等参与本社区的志愿文化服务,让社区居民享受到丰富的中外文化大餐②。上海目前已形成了庞大的文化志愿者队伍。

二是建设文化志愿者团队管理机构。如嘉定镇街道文体中心自2005年培育团队以来,坚持政府扶持、团队自治的办法,唤醒市民的文化自觉性。到2012年底建成各类文化志愿者团队221支,织就了一

① 《上海市社区文化活动中心专业化、社会化管理模式研究》课题调研获得的资料。

② 同上。

张以政府为主导、社区文化志愿者共同参与的公共文化服务网络，有效保障了嘉定镇地区市民最基本的文化权益。为了推进居民自治管理水平提高，2012 年 5 月，嘉定镇街道开创性地成立了由民间文化志愿者组成的一个自治组织——“聚乐轩”文化志愿者管理委员会，“聚乐轩”在筹备过程中，通过各社区文化站、文化团队推荐人选，由来自嘉定镇街道的 30 位群众文化志愿者成为“聚乐轩”的发起人，并参与到筹备工作中来。通过大家长达 5 个月的多轮推选，最终选出由一个会长、一个常务副会长、六个分别代表音乐、舞蹈、戏曲、读书、摄影、书画的副会长，以及不同文化团队队长组成的 18 个委员的“聚乐轩”首届理事会，理事会下设秘书处，秘书长由文化中心主任兼任，成员为文化中心群文组全体成员。“聚乐轩”另设文化巡防队和文化指导队，分别监督、反馈和指导各会开展活动。“聚乐轩”自成立之日起就参与到文化中心大楼的管理，为所有文化团队提供规范管理和贴心服务，参与社区文化团队的等级评判、奖励办法制定、活动设计安排等，使 200 多支团队广泛交流、良性互动。同时，“聚乐轩”设立评估机制，如有的团队内部管理不善，无法承担对外演出任务，“聚乐轩”会对其进行“劝退”，或相应减少其使用场所的时间，将资源“挪”给其他团队，而各团队对此评判也相当“买账”①，用这种方式促进了资源的优化整合。又如在杨浦区文明办的指导下，延吉街道和上海青年家园民间组织服务中心签订合作协议，共同推动社区志愿中心建设，拟成立延吉社区志愿中心，由分会秘书长（文明办主任）任中心主任、青年家园负责人任副主任，街道与青年家园安排专人实施日常管理。在工作分工方面，区文明办做好整体指导工作，把握中心的发展方向；延吉街道党工委、办事处负责指导和支持中心工作，提供政策和资金保障；青年家园根据区、街道的需求，具体负责志愿中心的规划设计、项目引进、管理运

① 《上海市社区文化活动中心专业化、社会化管理模式研究》课题调研获得的资料。

营、日常督导、项目评估、活动开展等,加强党政部门与社会组织的有效互动①。

三是制定文化志愿者管理制度,指导文化志愿者服务。例如徐汇区的群众文化志愿者工作队伍目前已有 3 557 人,占常住人口的千分之三。其中,区级志愿者队伍人数达 1 131 人。徐汇区制定了《群众文化志愿者管理办法》来指导志愿者开展服务工作,在文化志愿服务工作中也涌现出许多志愿模范。77 岁的徐月琴老人连续 8 年参与徐家汇公园星期音乐会志愿者服务,被评为徐汇区 2010 年度群文优秀志愿者;退休日语教师李遇玫连续 10 年来在区图免费开设日语辅导班,2011 年 3 月份被评为 2010 年度上海市中心图书馆"十佳志愿者",群众文化志愿者队伍成为了徐汇区公共文化服务的重要力量②。

5. 运用"互联网 + "提升社区文化活动中心的运营能级

上海一向重视"互联网 + "在公共文化服务中的运用。为解决线下公共文化服务时间、空间限制的问题,有效整合各条线公共文化资源,上海启动"文化上海云"建设项目,综合运用云计算、云存储等技术,将市、区(县)、社区三个层级的公共文化服务纳入一个总的门户平台,并与国家数字支撑平台对接。市民通过电脑、手机、移动终端和电视接入,只需在门户上点击相应服务模块,就能快捷地享受文化服务内容,不受时间和地域限制③。"文化上海云"已于 2016 年 3 月 26 日正式上线。其中,嘉定区积极建设"嘉定文化云"平台。例如,嘉定菊园社区文化活动中心的"云上订餐"平台深受居民喜爱,居民还可通过"菊园有戏"微信预约自己喜爱的文化活动,也可以通过微信、云平台预约场馆,改变了过去往往是固定团队使用场馆的情况,促使各类社

① 《上海市社区文化活动中心专业化、社会化管理模式研究》课题调研获得的资料。

② 同上。

③ 《申城公共文化 15 分钟服务圈不断完善》,《解放日报》,2015-7-2。

会力量不断提升管理水平①。社会力量的文化聚合平台已经从实体设施逐步向网络延伸。

（三）上海市推进社区文化活动中心专业化、社会化管理需注意的问题

上海市的社区文化活动中心数量众多，区域发展水平不平衡，在《上海市社区文化活动中心专业化社会化管理服务标准》(2014版)及相关配套文件指导的基础上，需结合实际探索具体方式。

1. 开展配套制度建设，培育和规范文化类社会组织

要广泛宣传文化类社会组织在现代公共文化服务体系建设中的功能和作用，让众多自发成立的文艺团队组织形成要升级转型为文化类专业性社会组织的认知，促进该类型社会组织的数量增加；简化社会组织的登记手续，清除其在成立方面的程序障碍；政府购买公共文化服务的资金、项目要向专业性社会组织倾斜，培育其发展壮大，促进服务能力提升和可持续发展。

2. 注重契约设计，培育契约精神

在已制定的《上海市社区文化活动中心专业化社会化管理服务标准》等配套文件的指导下，促使社区文化活动中心专业化、社会化管理的合同条款设置合理化，确保专业性社会组织获得供给充足、稳定的资源保障，使其获得行使职能的独立性，避免社会组织对行政体制资源的强依赖性。同时，通过合理的合同约定，确保公共文化服务目标的实现。当前，尤其需要重视契约精神的培育和推广，避免合同任何一方的随意毁约等行为。

3. 注重可持续性，不断改进提高

上海市推进社区文化活动中心专业化、社会化管理的工作具有一

---

① 《上海市社区文化活动中心专业化、社会化管理模式研究》课题调研获得的资料。

定的探索性,随着实际情况的变化和发展,需要不断探索,改进提高。今后,拟每两年修订一次实施方案,以不断适应新形势的发展需要。2016 年 4 月,上海市文化广播影视管理局公共文化处已经启动了全市性的社区文化活动中心专业化、社会化管理工作情况的调查,各区已组织专门人员,采用问卷调查、访谈调查、实地调查等方式,对全市各个社区文化中心的管理模式进行全面摸底,在收集数据、掌握全面情况的基础上,将进一步改进实施方案,促进社区文化活动中心专业化、社会化管理工作取得更好实效。

历史文化类博物馆中的青少年美育实践*

袁雁悦**

如今，博物馆的教育职能已得到较为普遍的认同，而博物馆教育的范畴、内涵及形式在不同语境与视角下则各有差异。本文聚焦以历史文化类博物馆为场景的青少年课外教学，介绍笔者在上海博物馆的教学案例，并探讨如何通过教学内容与形式的设计来克服博物馆中展览模式带来的壁垒。在这一结合教学实践的探讨中，尤其希望突出美育中的“社会美”这一维度。

一、博物馆、美育与伦理

早在20世纪30年代，我国的教育家、南京博物院（原国立中央博物馆）创建人蔡元培已提出“美育在学校，可通过音乐、图画、游戏来实现，在社会则通过博物馆、美术馆、剧院、公园来实现”。近年来，学者们也从多方面论述了博物馆场景的美育价值，比如杜莹认为“博物馆

* 本文选自《美育学刊》2018年第4期。

** **作者简介**：袁雁悦，上海纽约大学助理教授，在创造力与创意项目中设计并执行多项创新教学及研发项目。获剑桥大学教育学博士、牛津大学人类学硕士，多年来从事创新教育、项目式教学、教育研究、跨文化交流等相关工作。

是儿童进行美学教育的重要场所，是真善美的殿堂，博物馆具有真实性……博物馆的藏品凝聚了美……博物馆的每一件藏品都有其独特的文化内涵，有其特有的美学价值”。李竞业则基于蔡元培的美学思想，强调了美育对人的全面发展的重要作用，并从四个方面阐述了博物馆美育的具体表现：作为美育物质基础的博物馆丰富的藏品，作为培养美观的最佳形式的博物馆藏品的直观性，符合美育教育特点的强烈融入感的博物馆陈列语言，与美育普遍性相得益彰的博物馆的公众性。

笔者以为，在认识到博物馆与美育的联系及博物馆自身的特点之外，还应当更具体、更批判性地分析与博物馆相关的美育教学方法。其中值得注意的是博物馆中的藏品（尤其是实物藏品）不应当被单独抽离出来作为教学的唯一对象。在博物馆中，展品并不是被“去场景化”了，而是重新进入了一个新的场域。博物馆教育的总体内容便是在博物馆这一新环境中人们对这些物品的认知、感受及体验。谈及美育，蔡元培将其定义为“应用美学之原理于教育，以陶冶感情为目的者也”。而何为美学之原理值得审慎辨析。概括来讲，西方大致经历了从现代审美到后现代审美的过渡。在以康德为代表的古典美学体系中，“美”是基于主客体二分法及“表现”与“再现”形式的美学概念建构。而在后现代美学中，美学逐渐走向了多元化与生活化。在这一转变中，社会美（或者“生态美”）这一层面逐渐突显，在美学范畴内融入了对“人在生活和社会中的立场、判断”的关注，并强调“人的社会性和关系性，尤其是冷静保持了善与和谐的关系”。

再回到博物馆中，这一美学理念的转变同样折射在对博物馆展览文化的批判性认识上。比如 Hooper Greenhill 简要分析了伦敦的英国国家肖像博物馆通过肖像画的选择及展陈方式对强化社会权力等级的作用，并由此巩固英国文化中的男权特征。博物馆通过赋予掌权家族中个人肖像在公众场合供众人观看的特权，从而在某种程度上增强了权力的合法性。假设博物馆基于这一点开展美育教学，则可从多个角度入手：比如可以从肖像画这一绘画题材本身展开来解读不同艺术手法对“人”的表现，肖像画中所反映的不同时代的服装及人体美学，或是在博物馆环境中展陈肖像的空间组合与布局等。而更为完整的美育教学中则不应忽视 Hooper Greenhill 所指出的在博物馆环境中展示肖像画这一行为本身所涵盖的文化性及政治性。这也正是博物馆语境中美育教学的最大难点：即博物馆展览本身包含了一种审美选择与伦理选择，并影响着我们认识这些展品的角度与我们的整体审美感受。这里，简要举例说明西方博物馆中由“人类学物品/艺术品”这一二分法造成的展示困境。策展人 Vogel 通过展览对这一命题进行了“行为艺术式”的试探。在纽约的非洲艺术中心，Vogel 策划了题为“艺术/物品”(Art/Artifact)的展览，在其中的一个展厅中，Vogel 将一件来自非洲赞德(Zande)部落的“渔网”放置在高出地面的白色展台上，同时也在展厅墙上及附近同时展出了来自非洲的另两件展品。这一展览实践意在指明“艺术”与“物品”之间难以区分的界限，同时也是一次通过展陈方式来干涉物品属性的尝试。作为一件非常普通的日常用品的“渔网”，如果以人类学的视角来呈现，则可联想到许多关于此物品的社会文化语境，而“渔网”本身也会成为体现非洲赞德人日常生活方式的一件“物证”。在 Vogel 这一“故意”借用当代艺术展陈模式的展览中，“渔网”不再是一件人类学意义上的物品，它被精心折叠包裹起来放置在“白立方”中的聚光灯下，瞬间变身为一件“艺术品”。Vogel 的尝试不仅仅是指向博物馆专业人士的，因为这一试探最终触及的是博物馆展览文化长期形成的范式及其培养的观众心理。也就是说，这种展陈模式本身营造出了一种具有高识别度的环境，让观者不自觉地将这些展品判定为“艺术品”，并单纯从艺术审美的角度来欣赏。

这一将近 30 年前的案例对于如今的博物馆展览文化依然有参考价值，从某种意义上来说，博物馆的展览理念包含了一种伦理选择，这体现在对“物”本身的尊重及对观众与展品之间关系所设定的架构上。从教育层面来说，博物馆场景的美育教学亦有责任将展品放置在整个展览文化语境中去考量，融入这其中一系列的社会关系、价值判断与文化假设，培养更全面、更具批判性的审美能力，引发层次更为丰富的情感体验。

二、历史文化类博物馆中的青少年美育

上文所提及的“艺术/物品”展览也暗示了长期以来不同类型博物馆在展览理念方面形成的范式。本文中的“历史文化类”博物馆是指以当地或更大范围内的历史为主要线索展开进行展览展示的综合性博物馆，而不是只关注某一类特别物品或是主题的专题性博物馆。在欧美博物馆中，国家与地区性的博物馆馆藏中不乏来自世界各地的藏品，这与博物馆建立之初的人类学考察与研究，以及殖民、战争时期的收藏都有紧密联系（如大英博物馆、卢浮宫博物馆、美国大都会博物馆等）。相比之下，我国的综合类博物馆多以展示中国古代器物与当地历史文化为主。但这一类博物馆在总体展览方式上亦不同于专门展示经典艺术形式（绘画、雕塑）的艺术类博物馆。当然，不同类型博物馆之间的界限并非总是很清晰，比如上海博物馆经常被形容为一座“中国古代艺术博物馆”，这也体现在博物馆展厅基于器物的分类方法上。目前，全馆共有10个常设展览的展厅：中国古代青铜馆、中国古代雕塑馆、中国古代陶瓷馆、中国历代书法馆、中国历代绘画馆、中国历代玺印馆、中国历代钱币馆、中国历代玉器馆、中国明清家具馆、中国少数民族工艺馆。大部分展厅的展品皆陈列在玻璃柜中，并配有简单的标签（主要为品名、年代与材质）。除了部分展馆内有相关的制作工艺介绍（青铜馆内的青铜铸造工艺展示、陶瓷馆内的瓷窑复制）及视频，大部分的常设展览本身未能反映出器物背后丰富的社会文化性，

各展品之间的联系更是常设展览中缺失的部分。

在关注多元群体需求与强调博物馆教育职能的趋势下，博物馆亟需思考如何突破这一传统展示方式所带来的局限。可以说，这也是我国大多数历史文化类博物馆所共同面临的挑战。

上海博物馆于 2016 年 11 月推出了亲子教育平台，目前已针对 4 至 14 岁儿童及少儿群体陆续开展了一系列与博物馆常设展览、特别展览相关的博物馆课程。以下，仅以笔者设计并教授的基于常设展馆“少数民族工艺馆”（以下简称“少数民族馆”）的课程“穿在身上的密码”与“穿悦之旅”为例，针对上文提及的美育中“社会美”这一维度，简要介绍教学中的相关尝试及难点。

教学案例："穿在身上的密码"与"穿悦之旅"

“穿在身上的密码”与“穿悦之旅”分别是针对 6 至 9 岁及 10 至 14 岁年龄段学员开设的博物馆课程。每次课程总长为 2 小时，由教室的概述、展厅内的导览及课堂练习三个部分组成。每次课程的学员在 15 名左右。

课程的核心内容是基于馆藏的少数民族服饰，让学员们在互动式教学中了解不同少数民族文化与服饰相关的方面，主要涉及创世神话、传说故事、社会风俗及审美选择等。课堂练习包含与服饰相关的细节（比如临摹纹饰、将头饰与民族进行配对）及在展厅导览结束后鼓励学员自己进行设计与创作的环节（根据展厅中所获得的灵感，自己设计一款组合纹饰或服饰）。

这两门课程的内容总体一致，具体形式及细节则根据不同年龄的认知程度有所调整。以下将主要突出在教学中与本文主题相关的教学设计。

1. 教学设计 1："衣橱"的比喻

少数民族展厅内的展品是上海博物馆中最接近“人类学”意义的。

展厅中大部分展品的年代都是20世纪的,从时间轴层面来说不涉及古代。而展厅名字本身也暗含了汉族与少数民族的二分法。展品中的服饰主要是通过玻璃柜中的衣架或是模特来呈现,有些是单个陈列柜展出一件服饰,有些是多件服饰陈列在(可能还会外加其他包类、鞋类、饰品)在同一个玻璃展柜中。

笔者的教学设计中主要包含了以下假设,即目前的陈列方式将民族服饰抽离出原本的生活场景,较易引起猎奇式的审美,参观者很可能会将展厅所展出的服饰作为某一民族的"代表性"形象或是符号来理解。针对这一假设,课堂教学的目标会希望学员能够在欣赏服饰"形象美"的同时,对于博物馆展览文化有基础性的了解,而这一理念很难通过直接表述传达给年龄较低的学员。为此,笔者在课堂中做了如下尝试:比如在"穿在身上的密码"教室授课环节中,向学员们展示身着礼服式童装的儿童照片,并询问学员在什么样的场合会选择这样的服饰。常见的回答有"参加婚礼""拍艺术照""走秀"等,紧接着询问学员们平时上学或是参加运动时是否会穿着这样的服饰,他们都会比较迅速、坚定地给出否定的答案,并在引导下给出各种理由,比如"容易弄脏""上学不方便""上学要穿校服"等。通过这一方式,结合学员们比较熟悉的生活场景,引出了根据不同场合选择不同服饰的社会现象。教室里的热身给展馆中的导览做了铺垫,比如在介绍满族的蟒袍这一件馆藏服饰时,笔者在介绍了主要的纹饰后引导学员思考当时的官员会在怎样的场合身着这样一件装饰华丽的服饰。同时,通过其他图片,比较了作为"礼服"的蟒袍与上朝时穿在最外层的补服。

在课程总结部分中,会再次提醒学员们在展馆中所见到的服饰只是各民族人们"衣橱"中的"一件",正如我们会根据场合、季节、心情等各种因素来选择每天的服饰一样。同时,各民族的年轻人如今也多以现代服饰为主,民族服饰更可能是传统节日中人们穿着的装束。虽然博物馆的陈列较为固定,但我们每个人的衣橱并不是一成不变的。

2. 教学设计 2:从惊叹到安静的沉思

由于展厅的陈列将服饰作为单一的展品抽离出来,并未提供更多的背景信息,观者与展品的互动一般也只停留在最直接的“观看”层面。课堂中学员确实经常会在展柜前惊叹“哇,好好看”“呀,好丑呀”“啊,好奇怪啊”,以此来描述他们对于肉眼所见的最直接的感受。博物馆课程目标之一便是启发学员思考不同文化中人们对于“美”的不同角度的把握,从而体会祖国大地上生活着的各民族人民服饰的多样性,以及其中所体现的对“美”的不同层次的理解与多元的创造方式。通过课堂中对服饰元素背后的历史故事与文化习俗的介绍,学员能逐渐了解服饰的“社会性”与“文化性”,而不仅仅从他们自己固有的审美选择出发来进行简单的评价。

比如,在展厅中有一件单独展示的“蒙古族银嵌珊瑚珠头面”。课堂中,笔者让学员观察头面上的三种主要材料(红珊瑚、绿松石与银饰),对蒙古族女性所喜爱的颜色组合有了基本的了解。同时,询问学员如果戴上这样一件头饰会是什么感觉。学员们会立即反应——“感觉会非常重,很不舒服”。通过这一展品再引出生活中大家熟悉的人们对奢侈品的向往及其他各种为了展现“财富”的穿戴选择。

服饰与财富、社会地位的联系等等思考皆可通过课堂的背景补充来实现,而与服饰相关的还有针对“人体美”的多元社会审美角度,这一话题难免会涉及伦理选择,在博物馆一堂课程的时间内较难梳理清楚。在目前的课程设计中,主要以展厅中的一套彝族男子服饰为引子,希望激发学员对这一问题的思考。展柜中身着彝族服饰的模特头部包裹有深蓝色的头巾,“遮蔽”了头巾中的长发。课堂中通过图片展示了彝族男子蓄发的习俗,学员无不表示诧异,大都会生出“为何男子要留这么长的头发”的疑问。紧接着,便从彝族文化中男性头发的神圣属性出发,引出多个例子介绍在不同文化中因为时代性的社会审美而对身体各部位产生的“特殊”要求，并特别强调了女性群体为之付出的代价。比如中国封建社会时期对女子“缠足”（裹小脚）的要求，以及在欧洲持续了几百年的女子“束腰”传统。最后再次回到当下，让学员们思考当今社会中与之相似的整容、长期穿着高跟鞋等同样会“扭曲”“束缚”“改变”女性身体某些部位的文化需求。这时候，学员们往往会陷入沉思，有些女性学员也会表达自己长大后绝不穿高跟鞋等想法。

对于课堂中引入“身体美学”这一环节有多层面的考量，一是希望打开学员的审美维度，了解不同时间、空间中对“美”的多样化理解，并结合当下生活中的案例，让学员“不以之为怪”；二是暗示了女性因回应社会对“身体美”的标准所付出的代价，希望学员开始接触并思考与“装扮”相关的性别议题。

总的来说，基于少数民族馆的馆藏，课堂教学设计在结合服饰背后的历史背景与社会文化信息等内容的同时，特别融入美育中“社会美”的层面，让学员欣赏服饰本身元素的同时，也能思考审美的多元化。课程中涉及两个层面的伦理问题：一是博物馆陈列将服饰从其社会文化语境中抽离出来，可能引起观者从单一的审美维度来欣赏展品，在课堂中通过“衣橱”的比喻，希望学员们明白展品只是少数民族服饰文化中的一个侧面；二是与服饰直接相关的“身体美学”的伦理问题，面对年龄较小的学员，在课堂上采用的是从展厅展品向外引申的方法，介绍多个时间、空间维度中的“多元”审美标准，一方面让学员明白“美”本身也是随着时空而变化的，并没有统一标准，另一方面也希望让学员体会“美”并不单纯指“好看/不好看”，而与整个时代及特定文化的集体审美选择与标准密不可分。

三、博物馆美育：突破展览的局限与边界

在 Karp 和 Davine 编撰的著作《展览文化：博物馆展示的诗学与

政治》中，整合了多个案例在较为广泛的程度上探讨策划博物馆展览的挑战，即“在展览中提供给观众可以重组他们知识的环境与资源”。书中的篇目从不同角度出发论述了具体的环境与资源的设置。其中，Greenblatt 总结了展览能为观者提供的两种心理维度：一为惊奇感，既“展陈的物品有一种能让观者留步的力量，能够通过其独特感激发观者的注意力”；一为共鸣感，既“拓宽观者认知中原有的边界，并唤起更为复杂的动态的文化动力”。展览因而能促进人们“对他者智慧的尊敬与赞赏”。Greenblatt 认为需要融合“惊奇感”与“共鸣感”这两个维度，可以“继续尝试突破现有展陈模式的限制，跨越界限并创造更强的融合性”。Greenblatt 的观点总体来说是理论层面的总结与畅想，在具体实践层面，我们则需要进一步思考他的建议中所隐含的问题：如何突破现有展陈模式的限制？如何跨越界限并创造更强的融合性？

笔者以为，目前我国的历史文化类博物馆在展览及空间更新上的探索依然处于起步阶段，而在较长的一段时间内，传统的常设展览依然会是各类观众群体接触博物馆展览的主要渠道之一。面对这一现状，教育层面的努力能在一定程度上“弥补”因各种条件限制而无法在较短时间周期内进行调整更新的常设展览，从而在“突破现有展陈模式的限制，跨越界限并创造更强的融合性”方面进行尝试。就本文所提及的上海博物馆少数民族展厅来说，展厅中对民族服饰的展示本身很容易引起观者的“惊奇感”，但从另一角度来说这也反映了当下社会教育中对民族服饰审美教育的缺失。目前的展厅展览并未提供足够的环境与资源让观众更全面地了解与服饰相关的多民族文化的智慧与审美选择的文化背景。为此，博物馆场景内的教学有责任尝试跨越这些壁垒，打通“惊奇感”与“共鸣感”。在本文中所列举的教学实例中，主要突出了针对美育中“社会美”这一维度的尝试。在具体的教学实践中，补充了通过服饰得以传承并保留的民族神话、社会风俗等，拓宽了原本只能在视觉层面上欣赏服饰的单一审美维度。同时，课堂中通过“衣橱”的比喻让学员明白展览中所呈现的服饰只是各民族服饰文化中的其中一部分。课堂中也重点突出了审美选择与创造的多元性以及与之相关的不同时空维度中的“身体美学”。

目前,从社会报名的积极性来看,儿童及青少年家庭对于常设展厅的这些作为课外学习的博物馆课堂有极大的需求。同时,文中尚未提及的是,这些校外课程中,家长最为关切的依然是“知识性”的历史信息。因而,如何逐渐在知识性的基本诉求之外,提升社会对于博物馆场景美育的重视,尤其是进一步将“社会美”的维度融入青少年美育中,依然是博物馆教育的一大挑战。从课程主题来说,除了拓宽审美经验,结合服饰审美与身体美学的课堂也会对青少年成长中认知自我、了解我国作为多民族国家的社会状况、包容多元审美等方面有所启发。

因而,基于博物馆展览的美育应当突破单纯从“审美”角度出发的方法,在教学中结合博物馆展览文化本身的伦理选择,而对于博物馆展览来说,美育教学也为突破展览本身局限与边界提供了一种可能。

第四部分

全球视野

公共文化发展的理论视野、实践推进及未来展望

郑崇选　钱泽红　冯　佳　吴　晗*

公共文化服务体系是以保障公民基本文化权益，满足公民基本文化需求为目的，以政府为主导，以公共财政为支撑，以公益性文化单位为骨干，向社会提供公共文化设施、产品、服务以及制度的体系。构建现代公共文化服务体系，是保障和改善民生的重要举措，是全面深化文化体制改革、促进文化事业繁荣发展的必然要求，是弘扬社会主义核心价值观、建设社会主义文化强国的重大任务。近年来，随着我国政府对于公共文化服务建设重视程度的日益提高，构建现代公共文化服务体系成为保障人民群众基本文化权益、建设社会主义文化强国的重要制度设计。本文着重选取近年来现代公共文化服务体系构建涉及的政策、绩效评估及社会化等几个重要方面的理论与实践进展，并在此基础上进行了分析。

---

* **作者简介**：郑崇选，上海社会科学院文学研究所副所长、研究员；钱泽红，上海社会科学院文学研究所助理研究员；冯佳，上海社会科学院文学研究所副研究员；吴晗，上海社会科学院文学研究所助理研究员。

一、相关理论

(一) 公共文化政策

公共文化服务政策扮演着制定"游戏规则、安排基本制度、规范服务行为"等重要的功能,在公共文化服务体系建设过程中发挥着极其重要的作用。在此背景下,有关公共文化政策的研究日益成为国内学术界和文化建设实践者广泛关注的焦点。总体而言,公共文化服务政策研究属于复合性研究,既涉及政治学、管理学、法学等诸多基础理论,也与文化改革发展的实践紧密相连。目前,相关研究对文化政策的界定中,一般并不严格区分"文化政策"与"公共文化政策"。所谓"公共文化政策",即社会公共权威(通常是政府)在特定情境中,为达到一定的文化目标而制定的行动方案或行动准则,其作用是规范和管理公共文化事务,指导有关文化机构、团体或个人的行动,其表达形式包括法律法规、行动规定或命令、国家领导人口头或书面的指示,政府大型文化规划、具体行动计划及相关策略等。常常表现为国家或地区的重要领导讲话、文化规划、文化法规、文化经济政策等多种形式①。近年来,公共文化服务政策研究在对我国公共文化服务政策进行系统梳理的基础上,主要集中于公共文化服务政策的转型发展、功能定位、政策影响机制、存在问题以及在文化治理中的重要作用等相关领域。

我国的公共文化服务是从原来的文化事业建设体制转型而来,一方面,传统文化事业体制的基本架构还发挥着很重要的作用,同时,因为制度框架的重大变化,公共文化服务建设的内在运行和管理机制也发生了很大的变化,对于公共文化政策的功能和内涵转变产生了重要的影响。"国家公共文化服务体系建设既包含了基层文化单位的功能建设,同时又超越了传统文化事业体制的本位,具有国家文化创新战

---

① 毛少莹.公共文化服务概论[M].北京:北京师范大学出版社,2014.

略的意义。”①“从发展群众文化事业到构建公共文化服务体系，是文化体制改革的重要一步。这一过程体现了政策措施背后出发点的转化：从计划性的自上而下文化产品供应商到尊重人民群众文化消费的自主权和选择权。”②“公共文化服务体系是新世纪的一项重要的国家文化政策。建设一个以公共文化生产供给、设施网络、资金人才、技术保障、组织支撑和运行评估为基本框架的覆盖全社会的公共文化服务体系在我国公共文化领域将具有划时代的意义。”③公共文化建设的体制转型也深刻影响了公共文化政策的功能定位，“文化政策的功能主要是通过对公共空间内文化活动、文化产品、文化服务直接或间接地干预或管理，为地区、国家乃至全球的公共文化活动创造某种适宜的环境和条件，尊重和促进公民文化权利和国家文化主权，保护文化遗产，建立文明传播的多样性格局。”④从文化治理的角度认识公共文化政策的重要功能体现了学界研究的最新发展，“文化治理中国是当代中国发展的重要特征和国家治理的目标追求。文化政策是它最重要的治理手段和治理工具。作为治国理政的重要制度建设和道路选择，如何建设和发展社会主义中国的社会主义文化，构成了当代中国文化政策发展的主题和主线。”⑤

与我国现代公共文化服务体系建设目标不相适应的是，当前公共文化政策还未形成完善、系统的体系，很多方面还存在缺位和不足。主要体现在以下几个方面：公共文化服务政策制定过程中社会参与

---

① 傅才武.国家公共文化服务体系建设的价值评估及政策定位[J].江汉大学学报(人文科学版)，2010，29(06)：17—22.

② 任珺.跨域视角下的文化政策研究[M].北京：社会科学文献出版社，2014.

③ 李少惠，张红娟.建国以来我国公共文化政策的发展[J].社会主义研究，2010(02)：110—114.

④ 夏洁秋.文化政策与公共文化服务建构——以博物馆为例[J].同济大学学报(社会科学版)，2013，24(01)：62—67.

⑤ 胡惠林.文化治理中国：当代中国文化政策的空间[J].上海文化，2015(02)：5—13+125.

不足；公共文化服务政策执行中缺乏有效的监督和检查；对公共文化服务政策绩效缺乏评估等等①。一些学者还对2011年开始的国家公共文化示范区和示范项目的重大政策设计提出了不同的意见："项目制主导之下的公共文化服务体系建设很少在乎文化服务是否真正满足民众的文化需要，或者民众真正的文化需要是什么，这就导致文化服务的缺位与错位、大部分公共文化产品和服务无法下沉到基层（特别是社区层面和行政村层面），尤其是很多公共文化服务设施远远超出了百姓日常的活动圈，很多文化服务设施闲置、公共文化服务项目无人问津，公共文化活动组织涣散。并指出了公共文化服务示范区（项目）建设是把有限的文化资源分配到少数几个基础较好的地区，其结果是强者愈强，弱者恒弱。"②

在公共文化政策研究方法上，目前主要有两种研究路径，分别是工具性政策研究路径和批判性文化研究路径。工具性政策研究主要采用实证研究方法，通过对某一现实文化问题大规模的调研，为政府制订某项具体的文化政策提供参考咨询服务，主要目的是知识服务于社会再生产，并且是以政府为社会在生产的权力、权威和责任的核心，这种研究方法一般视为是行政性研究，有助于巩固和维持社会权力结构的现状。批判性文化研究植根于马克思主义传统与批判理论，旨在通过"质化方法"检视其主题中文化活动以及文化活动与权力的关系，并主要开展微观政治的分析与对抗，致力于将知识与社会进步相结合③。此种研究方法一般不对文化政策的制定本身提出具体的意见，而是着重研究公共文化政策背后的复杂权力关系及产生社会文化影

---

① 胡税根，李倩.我国公共文化服务政策发展研究[J].华中师范大学学报（人文社会科学版），2015，54(02)：43—53.

② 张良."项目治国"的成效与限度——以国家公共文化服务体系示范区（项目）为分析对象[J].人文杂志，2013(01)：114—121.

③ 胡霁荣.社会主义中国文化政策的转型——上海工人文化宫与当代中国文化政治[M].上海：上海人民出版社，2016.

响的内在肌理。

（二）公共文化绩效评估

在建设现代公共文化服务体系的进程中，亟需开展公共文化服务体系绩效评估研究，目的是通过绩效评估来更好地实现对公共文化服务体系的规范、引导和管理。《关于加快构建现代公共文化服务体系的意见》《中华人民共和国公共文化服务保障法》等重要政策法规，为开展公共文化服务绩效评估提供了政策依据，而近年来保障人民文化权益呼声的不断提高，也对改善政府公共文化服务绩效提出了迫切的现实要求。

发达国家和地区的绩效评估经历了三个阶段：第一阶段以“财务导向”为主，如早期开展公共部门绩效评估的英国，是为了应对当时政府出现的严重财政危机；第二阶段以“目标导向”为主，如美国政府在20世纪70年代兴起的以重视结果为导向的“绩效预算”；第三阶段以“战略导向”为主，以1992年卡普兰和诺顿发表的《平衡计分卡——提高绩效的衡量方法》为标志，强调绩效管理和评估要以符合评估对象的发展战略为导向①。

20世纪80年代末，西方国家“新公共管理运动”兴起，伴随“政府再造”“服务型政府建设”的管理思潮及文化在公众生活中地位的不断上升，发达国家进行了不同程度的文化管理体制改革，公共文化管理理念逐渐被公共文化服务理念代替，绩效评估在西方政府公共部门管理中得到了广泛应用。20世纪70年代以后，丹麦、芬兰、挪威、加拿大等国家相继实施了公共组织绩效评估；90年代，亚洲日本、韩国等国家也先后引入了公共组织绩效评估手段，并开展公众对文化艺术服务质量满意度调查等活动。鉴于发达国家政府对绩效评估及管理的迷恋，

① 这部分资料引自毛少莹的文章《公共文化服务绩效评估指标体系的建构》，发表于深圳文化研究2007年第1期。

西方学者甚至认为“绩效管理国家”正在取代“行政国家”。

西方发达国家因历史传统和现实国情的不同，大体存在“政府主导”“民间主导”和“政府与民间共同主导”三种主要的公共文化服务管理体制与模式。不同的公共文化服务模式可能表现出不同的特点，但它们都可以被归入现代公共管理学意义上的“共同治理模式”，政府顺应时代发展要求推行“新公共服务范式”，在“社会治理”的统一框架下进行公共文化服务的供给和绩效评估①。

从2005年以后，中国学术界开始关注对各级政府及公共服务的绩效评估。江易华著《当代中国县级政府基本公共服务绩效评估指标体系的理论构建与实证研究》一书，是国家社会科学基金重大项目“促进社会公平正义的服务型政府建设和公共服务体系完善研究”的阶段性成果，该书聚焦中国县级政府，立足于行政学的学科角度，采用规范研究、实证研究和比较研究的方法，运用文献搜集、问卷设计与调查、统计分析等技术手段，开展县级政府基本公共服务绩效评估指标体系的理论构建与实证筛选研究，并选择中国某县级市，运用综合指数模型对其基本公共服务绩效进行了实证分析②。尚虎平著《基于数据挖掘的我国地方政府绩效评估指标设计——面向江苏四市的探索性研究》，是国家社科基金重大项目《幸福指数导向下我国政府绩效评价体系研究》的成果，该研究以数据挖掘技术作为工具，以江苏省苏州、南京、盐城、徐州四市作为研究对象，探索性地设计了一套市政府绩效评估通用指标体系。此项研究丰富了我国地方政府绩效评估指标设计的方法库，较好地解决了如何从大量模糊、不完全信息中筛选科学指标的问题，尝试有针对性地解决设计政府评估

① 代利凤.发达国家公共文化服务绩效评估概览[J].重庆科技学院学报（社会科学版），2014(04)：111—113.

② 江易华.当代中国县级政府基本公共服务绩效评估指标体系的理论构建与实证研究[M].北京：中国社会科学出版社，2010.

指标的难题①。芦刚著《地方政府绩效评估中的公民参与：制度、方法与战略》一书，则关注公民参与问题，从公民评议政府的实践分析入手，充分肯定了公民参与是地方政府绩效评估不可或缺的关键环节，是地方政府进一步了解公民需求的一项重要机制。本书在理论分析的基础上，提出了基于公民参与的地方政府绩效评估发展战略，即形成多重绩效评估体制的合成效率，重塑绩效评估中公民与政府的关系，实现工具理性与价值理性的融合，以公民为导向改进地方政府绩效，最终的目标是实现评估由“政府主导”走向“民间发起”②。

公共文化服务作为政府公共服务的有机组成部分，公共文化服务绩效评估的理念实际上就来源于政府绩效评估。国内“公共文化服务绩效评估”这一概念在研究论文中正式出现是在2007年。国内对公共文化服务绩效评估的理论研究大体包括绩效评价研究、绩效管理研究、指标体系研究等，具体涉及对绩效评估的意义、基本原则、指标建立的模型与方法、评估主体的确立等内容的探讨。向勇等最早提出了公共文化服务绩效评估测评的任务结构模型，探讨了对公共文化服务体系分类建立目标评估体系③。徐清泉将公共文化服务绩效评估研究放在全国各地积极落实科学发展观、普遍启动调结构转方式的深化改革开放背景下，认为今后的公共文化服务绩效评估研究，必须顺应文化领域向非文领域融合发展的趋势④。张楠按照中国当前文化行政能力和体制条件，设计了纵横结构的公共文化服务绩效评估体系模型⑤。朱

① 尚虎平.基于数据挖掘的我国地方政府绩效评估指标设计——面向江苏四市的探索性研究[M].北京：经济管理出版社，2013.

② 芦刚.地方政府绩效评估中的公民参与：制度、方法与战略[M].北京：中国社会科学出版社，2014.

③ 向勇，喻文益.公共文化服务绩效评估的模型研究与政策建议[J].现代经济探讨，2008(01)：21—24.

④ 徐清泉.公共文化服务评估研究：现状、需求及要素[J].毛泽东邓小平理论研究，2012(08)：57—62+115.

⑤ 张楠.纵横结构的公共文化服务绩效评估体系模型[J].领导科学，2012(20)：25—29.

艳鑫等尝试利用DEA方法对公共文化服务进行绩效评估研究，分析我国东西部公共文化服务投入产出的效果差异①。李少惠等针对我国农村公共文化服务绩效评估研究的不足，提出了农村公共文化服务绩效评估指标设计的原则，构建了农村公共文化服务绩效评估的模型②。总体来看，直至目前，我国公共文化服务绩效评估的基本理论体系还未完全形成，这将会是未来相当长一段时间内的研究热点。

（三）公共文化社会化

公共文化服务要以政府为主导，但同时政府能力也是有限的，社会力量参与公共文化服务的提供不仅是可能的，也是必须的。政府在发挥公共文化服务主导作用的同时，也要充分运用政治、经济、法律和舆论各种手段调动广大人民群众的积极性，鼓励社会力量、社会资本参与提供公共文化服务。自中共中央办公厅、国务院办公厅《关于加强公共文化服务体系建设的若干意见》颁布以来，公共文化服务体系研究成了热门，学界从不同角度探讨了社会力量参与公共文化服务体系建设的理论渊源、重要意义和实现方式。党的十八届三中全会在部署推动现代公共文化服务体系社会化发展时，提出了培育文化非营利组织的任务。2015年1月，《关于加快构建现代公共文化服务体系的意见》提出要鼓励和引导社会力量参与公共文化服务体系建设，这再次引发了学界和从业人员的热议。

聚焦公共文化服务社会化建设发展，首先要了解相关理论的发展源流，才能更好地指导实践。社会力量参与公共服务的理论来源于国外公共管理的相关理论。国际上，关于社会力量参与文化艺术的相关

---

① 朱艳鑫，赵立波.公共文化服务绩效评价：基于DEA的实证研究[J].山东行政学院学报，2013(01)：33—38.

② 李少惠，余君萍.公共治理视野下我国农村公共文化服务绩效评估研究[J].四川行政学院学报，2010(01)：32—35.

案例和研究相对较早。Janet Minihan 指出，英国从二战开始时的口号就是“最好的给最多的人（the Best for the Most）”和“为了人民而艺术（Art for the People）”①。秉承这一理念，第二次世界大战后，随着福利国家的产生，西方学者开始提倡文化平等、文化民主等概念，整个西方国家的文化政策开始经历从国家单方面的文化提供与传播向多元包容、侧重公共行政和管理观念的转变。英国经济学家 Duncan Black、美国经济学家 James Buchanan 等认为，用经济学来研究政府的管理活动及各个领域公共政策的制定和执行是一个有效的办法，从而提出“公共选择理论”。该理论运用于公共文化管理，即采取政府与非政府公共服务机构分权的形式，引入市场机制和社会力量，改善公共文化服务供给范围并提高效率。此后，“新公共服务”理念更进一步，从公民权利、社会资本、公共对话三个维度树立了检验公共行政发展的标尺，凸显了管理实践中公民的导向，强调了公共管理的服务性质，建立了政府与公众的互动关系。从此，公平性、民主性和满意度成为了公共行政的追求目标②。20 世纪 90 年代，西方兴起的“治理理论”为社会化研究提供了新的视角和范畴。对于“治理理论”，国外很多学者进行过深入的研究，涌现出大量相关著述，如 Elinor Ostrom、Kevin V、Jean-Pierre Gaudin、B.Guy Peters 等。国外学者主要运用“治理理论”研究国际问题、社会控制系统、自组织网络和“善治”等宏观层面，而对公共文化事业的治理研究非常少，一般是把它放在文化管理的研究当中。

尽管国外的公共文化服务社会化程度远高于我国，各国政府在公共服务提供过程中所担任的角色也大相径庭，但关注国外学者的研究成果，能够对我国专业协会、基金会等文化非营利组织参与公共文化

---

① Minihan, Janet. The Nationalization of Culture: The Development of State Subsides to the Arts in Great Britain[M]. New York: New York University Press, 1977: 2.

② 罗伯特・丹哈特（著），项龙，刘俊生（译）.公共组织理论[M].北京：华夏出版社，2002.

服务，社会力量兴办文化实体，社会捐助公共文化事业，文化志愿者参与公共文化服务等社会化发展重点关注的领域给予借鉴，提供参考。国外学者先进的公共管理理念对我国公共文化服务体系的成功构建和建设发展具有重要的借鉴意义，但由于文化体制根本性的不同，通过中西公共文化管理的比较，能够为社会力量参与公共文化建设方面带来更深入的认识和思考。自2005年我国首次提出“公共文化服务”以来，公共文化服务在我国全面开展，公共文化服务社会化的相关实践逐步在各地进行了积极探索，相关研究也越来越多。对国内公共文化服务社会化建设发展方面的研究进行归纳总结，主要有两大类：一类是理论研究，包括社会力量参与主体、参与模式、参与机制及参与的重要性等；另一类是实践研究，包括各地区、各领域、各类社会力量参与公共文化服务的实践和案例。综合相关领域的最新研究成果，国内学者认为，随着西方公共选择、新公共管理等理论的引入和发展，包括文化志愿者（文化义工）、企事业单位、民间非营利组织等社会力量，应通过捐助、兴办、直接参与服务活动提供、参与经营管理等方式，参与到城市社区和农村地区的公共文化服务供给的各环节之中。

二、代表性观点与创新实践

（一）公共文化政策

1. 重大理论创新

公共文化服务体系是一种以保障公民基本文化权利为出发点的制度体系，与文化事业体制作为意识形态执行单位的设计理念存在一定的区别①。将公共文化服务政策与政党文化政策区别开来，而作

---

① 傅才武.国家公共文化服务体系建设的价值评估及政策定位[J].江汉大学学报（人文科学版），2010，29(06)：17—22.

为政府重要公共政策的一种表现形式,体现了对公共文化政策功能和理念认识上的提升。公共文化政策与传统的政党文化政策之间有本质的不同,表现为政策主体(一是合法拥有公共权力的政府,一是政党)、政策目标(一是公共利益最大化,一是政党利益最大化)、政策手段(一是以宪政法制为前提,一是人治色彩浓厚)的不同,以及在内容制定、手段选择等方面表现出的差异。① 尽管公共文化服务也具有"意识形态前置"②的特征,但其最终的目标和根本的任务是要满足人民群众日益增长的多元文化需求。

公共文化服务政策理论创新的第二个层面是公共管理学科相关领域理论方法的充分运用,如公共物品理论、公共选择理论、新公共管理理论、新公共服务理论、多中心治理理论等,这些理论资源的运用对于公共文化政策的研究提供了更为有力的理论支撑。"政策与管理有着密切的关系,制定政策的目的正是开展管理,成熟的管理经验和做法,往往会固化为政策措施并得以长期执行。"③近年来,通过十八届三中全会及中央两办意见等一系列重大公共文化政策的出台都可以看到新公共管理理论的内在影响,如公共文化服务产品的性质界定、鼓励和引导社会力量参与、促进公共文化服务提供主体多元化、公共文化产品供给和需求的对接等等。

文化治理理念和理论的引入,也是公共文化服务政策研究的重要理论创新,特别是在国家治理体系和治理能力现代化成为全面深化改革国家战略的背景下,文化治理成为国家治理体系和治理能力现代化的重要组成部分。文化政策研究学者对治理问题的阐释是从福柯的"治理性"观念演绎而来的。文化治理是指运用于文化领域公共事务

---

① 毛少莹.公共文化服务概论[M].北京:北京师范大学出版社,2014.

② 王列生.论构建公共文化服务体系的意识形态前置[J].文艺理论与批评,2007(02):125—129.

③ 毛少莹.从公共文化政策看文化管理类学科的构成[J].上海文化,2014(12):97—104.

的发展模式,与传统管理模式相比,更强调全局性和整体观念,并以“合作”代替“管理”,即公共部门、私营企业、非营利组织、社会团体等各种性质机构以及公民个体在一个持续互动过程中建立一种合作关系。这些理念与现代公共文化体系等相关重大公共文化政策的发展目标、价值遵循上高度一致,成为公共文化服务政策研究的重要理论支撑和研究工具。文化政策是国家文化治理体系和治理能力现代化的重要工具系统,没有文化政策的现代化就没有国家文化治理体系和治理能力的现代化①。

2. 代表性观点

我国公共文化服务政策的研究,虽起步较晚,但发展比较迅速。从 20 世纪 90 初期开始,出现了一些对宏观层面和具体视角的研究成果。宏观层面的文献主要有胡惠林的《文化政策学》②、刘斌的《中国历代文化政策得失》③、毛少莹的《公共文化政策的理论与实践》④、林信华的《文化政策新论》⑤等。具体层面研究公共文化政策的文献也各有侧重,有的把焦点集中在历史上某一朝代或中国共产党革命战争时期的文化政策,有的侧重于介绍国外在某一领域的文化政策,也有的针对某一领域的文化政策(如农村文化政策、少数民族文化政策、文化经济政策)进行分析。

进入 21 世纪后,学者们开始把关注的目光转到公共文化服务政策的理论和实践。《中国公共文化服务体系建设论丛》⑥汇集了学者们对此专题的最早的理论探索成果,也凝聚了一线文化工作者对相关

① 胡惠林.文化治理中国:当代中国文化政策的空间[J].上海文化,2015(02):5—13+125.

② 胡惠林.文化政策学[M].上海:上海文艺出版社,2003.

③ 刘斌.中国历代文化政策得失[M].山东:泰山出版社,2009.

④ 毛少莹:公共文化政策的理论与实践[M].深圳:海天出版社 2008 年版。

⑤ 林信华:文化政策新论》[M].台湾:杨智出版社 2003 年版。

⑥ 这部分资料引自文化部社图司、中国文化报社编撰的中国公共文化服务体系建设论丛——2005 年“全国公共文化服务体系建设交流研讨会”会议论文集,内部发行。

实践的思考。陈威主编的《公共文化服务体系研究》①及《完备的公共文化服务体系研究》②立足于深圳实践,对公共文化服务政策问题进行了较为详细的理论研究。王列生、郭怀中、肖庆的《国家公共文化服务体系论》全面分析了国家公共文化服务体系的命题背景、基本框架、基本原则和体制机制障碍,并作了相关内容的中西比较,在附录部门还比较详细地介绍了美国、英国、法国的公共文化政策。自 2007 年开始,社会科学文献出版社先后出版了 2007 年度、2009 年度、2012 年度的《中国公共文化服务发展报告》,集中了近几年我国公共文化服务体系建设的最新研究成果及公共文化服务的实践发展。王鹤云运用法学、政治学、公共经济学、公共管理学、政策科学等学科理论,全面系统地分析了现阶段公共文化服务的内涵和外延,在借鉴国外相关研究成果基础上,提出公共文化服务政策的基本框架,并在梳理我国公共文化服务相关实践和政策的成效与不足基础上,提出完善相关政策的意见和建议③。毛少莹等著《公共文化服务概论》④是近年较为全面论述公共文化服务的专门著述,虽然作为普及型教材出版,但书中的主体内容充分吸收了当前公共文化服务研究的最新成果。全书对国内外公共文化服务发展的历史和现状进行了全面的介绍和客观的描述,也对相关概念和理论进行了系统的阐释和深入的探讨。胡霁荣从工人文化宫的历史与嬗变、文化宫的工人文艺生产方式的变革两个方面,具体梳理了社会主义中国文化政策的历史发展脉络,以文化组织为单位考察了文化政策与文化组织的关系,政策在实践中的实际作用和效果⑤。杨晓东、尹学梅把公共文化服务体系建设置于当代中国改革开

---

① 陈威.公共文化服务体系研究[M].深圳:深圳报业集团出版社,2006.

② 陈威.公共文化服务体系研究[M].深圳:深圳报业集团出版社,2006.

③ 王鹤云.我国公共文化服务政策研究[D].北京:中国艺术研究院,2014.

④ 毛少莹.公共文化服务概论[M].北京:北京师范大学出版社,2014.

⑤ 胡霁荣.社会主义中国文化政策的转型——上海工人文化宫与当代中国文化政治[M].上海:上海人民出版社,2016.

放和文化体制改革的大背景中，描述了文化体制改革过程中公共文化服务体系建设的起步、发展历程，总结了公共文化服务体系建设的成就和经验，指出了问题和症结，并根据社会发展状况和政策的导向提出了有针对性的建议[①]。

（二）公共文化绩效评估

公共文化绩效评估的核心是设计一套科学、合理、体现公共服务价值导向的指标体系，即设立一套衡量的尺度和标准。目前国内在指标体系的设计上，采取了以定性为主，定性与定量相结合的方式。在指标结构上，多数采用三级指标体系，即按照要测试的项目确定每一级指标和相应的权重。一级指标为主要考核要素；二级指标是一级指标中各部分内容的分解；三级指标是二级指标的进一步细化，是具体观测和操作的指标。评估人员根据具体情况确立评估标准后，将这些指标按一定规则组合起来，通过数学计算最后形成一个结果，再把数据结果转化成相应等级的评估结论。绩效评估有助于保证公共服务的公共性、公益性和民主性，明确政府的责任意识和服务人员的服务意识，体现公共机构提供公共物品的终极价值追求，为合理配置、高效使用公共文化资源，提高公共文化服务的综合水平，保障公民文化权利，衡量公共文化服务体系完善程度，提供了必不可少的技术工具和制度保障。

国内公共文化服务绩效评估范围则主要集中在对图书馆、博物馆、文化馆和社区文化活动中心进行绩效评估。其中，在文旅部层面上，除县级以上全国公共图书馆、群艺馆和文化馆评估外；2008 年初，我国出台了《全国博物馆评估办法（试行）》和《博物馆评估暂行标准》，正式启动博物馆评估定级；首批全国重点美术馆评估工作也已于 2010

① 杨晓东，尹学梅.当代我国公共文化服务体系建设论纲[M].天津：天津社会科学院出版社，2014.

年初启动。这些由文旅部组织的文化机构的绩效评估，均有较详细具体的评估标准、指标体系和评估程序，最后形成评估结果并对评估对象给予一定程度的奖励。

目前，国内各地也在结合本地公共文化建设和发展实际，探索公共文化服务绩效评估。以上海和北京为例，近些年来，各地重要的公共文化服务绩效评估实践包括以下几项。

1. 上海社区文化活动中心绩效评估

早在2007年，上海市就组建课题组，在充分调研的基础上，对上海社区文化活动中心设计了一套评估指标体系，并开展试评估。从2008年至2014年，上海共计对本市的社区文化活动中心开展了3次绩效评估，评估指标体系包括4个一级指标，分别是“保障指标”“运营指标”“效益指标”和“可持续发展指标”。上海社区文化活动中心绩效评估是全国首次进行的公共文化服务绩效评估，同时，围绕绩效评估取得了一系列旨在完善制度、提高规范性的新进展，具有体制改革和制度创新的重要意义，社区文化活动中心绩效评估对提升社区文化活动中心运营、服务水平，加强对社区文化活动中心的管理等方面取得了一系列积极进展①。

2. 上海市重大文化活动绩效评估

2008年开始，上海市连续对本市重大文化活动开展绩效评估。在这期间，上海市重大文化活动的评估对象不断调整，2008年评估对象是上海市举办的各类晚会和节庆活动，2010年，又将上海市重要会展活动纳入评估范围。上海市重大文化活动评估指标体系的设计，主要针对重大文化活动中存在的制约发展的一系列问题，如活动质量有待提高，各类文化资源有待整合，经费的投入和使用结构有待完善，制作机构竞争力有待加强等。指标体系的基本思路是分类评估，即根据文

① 这部分资料出自钱泽红的论文：上海社区文化活动中心绩效评估新进展，本文收录于《上海文化发展报告2013》一书的第140—153页，由北京社会科学文献出版社出版。

化活动的不同类型分别考核其效益,力求通过评估推动文化活动的管理和调控,找准上海市文化活动的定位及发展目标,加大政府在政策上的支持力度。其中晚会类指标体系包括3个一级指标,分别为:“规范性指标”“艺术性指标”和“影响力指标”;节庆类指标体系包括4个一级指标,分别为:“规范化程度”“专业化程度”“文化艺术性”和“品牌影响力”;展览展示类指标体系包括4个一级指标,分别为:“规范化程度”“专业化程度”“文化内涵”和“品牌影响力”。

重大文化活动绩效评估,不仅是上海市加强对重大文化活动管理的开创性工作,在全国也是首创。通过不断探索和积累经验,评估已经成为文化管理规范化、科学化、专业化的体现,是学习实践科学发展观,以改革创新的思维,全面统筹、协调、可持续地推进文化活动机制建设,促进文化大繁荣大发展的重要手段,对提升上海重大文化活动质量,加强科学管理,保障重大文化活动的规范运作,起到了积极的作用①。

3. 北京朝阳区“2+5”绩效评估体系

2012年6月,北京市朝阳区与第三方评估机构上海华夏社会发展研究院合作,结合文化部下发的有关“国家公共文化服务体系示范区”建设的验收要求,对朝阳区所有街道公共文化机构开展全面评估,并发布评估结果,开创了北京市公共文化服务绩效评估的先例。朝阳区公共文化服务建设实现了规划、评价、绩效“三位一体”,制定了“2+5”绩效评价体系,对责任单位相关工作开展情况进行考核,实现了集中评估与个体评估的统一。朝阳区公共文化服务绩效评估体系设置了包括公共文化设施、公共文化供给、公共文化享受、公共文化管理、公共文化保障在内的五大维度,以及与之相关的22个评价指标和110

① 这部分资料出自杨莉的论文:上海市重大文化活动绩效评估工作的探索与思考,本文收录于《上海文化发展报告2013》一书的第154—169页,由北京社会科学文献出版社出版。

条评价标准，除此之外，还设计了“得奖与媒体报道”和“大会发言、承办活动与文保单位、非遗名录申报”两项特殊指标①。

（三）公共文化社会化

1. 重大理论创新

将西方公共管理的相关理念直接用于指导中国公共文化发展的实践，引导各地密切关注与实际相适应的公共文化服务社会化制度设计，是近年来国内公共文化服务体系建设最大的创新发展成就。

李国新从宏观角度指出，我国的公共文化服务体系建设一开始就确立了引导和鼓励社会力量参与的原则，后来逐步明确了构建现代公共文化服务体系的目标。在这个过程中，政府、市场、社会三者缺一不可。政府的作用是保基本、促公平；市场用来提供多样化的产品和服务；社会的作用则在于激发各类社会主体参与公共文化服务的积极性，创造良好的社会环境②。周羲提出，引导社会力量参与文化建设发挥积极作用的具体途径包括：构筑共同的文化心理、建立和完善文化经济政策、创新文化投入机制、参与公益文化建设、拓宽文化建设咨询途径等五个方面③。毛少莹在构建公共文化服务绩效评估指标体系时指出，在公共文化服务绩效评估模型中，加入了“社会参与”指标，将社会参与作为衡量绩效的一个基本维度④。李少惠则认为，政府是公共文化服务体系建设的核心主体，企业是公共文化服务体系建设的竞争参与主体，非政府组织是公共文化服务体系建设的重要主体，社

---

① 王学琴，陈雅.国内外公共文化服务绩效评估比较研究[J].情报资料工作，2014(06)：89—94.

② 李国新.激活社会力量参与公共文化服务[N].经济日报，2015-01-16(009).

③ 周羲.引导和鼓励社会力量参与文化建设[EB/OL].(2008-12-15)[2015-02-29].http://www.counsellor.gov.cn/content/2008-12/15/content_1742.htm.

④ 毛少莹.公共文化服务绩效评估指标体系的建构[C].中国公共文化服务发展报告，2007：391.

区是公共文化服务体系建设的基本主体①。巩玉丽认为，一个合理、科学的公共文化服务体系主体应该由政府、文化事业单位、非政府组织、企业四个方面组成，并有各自的职能定位，其中要以政府为主导、以公益性文化单位为骨干，鼓励全社会积极参与，共同推动公共文化服务体系建设的发展与完善②。

从社会力量参与公共文化服务体系的理论基础上看，姚远以公民社会理论、善治理论、市场失灵与政府失灵理论为基础，提出从社会管理理念、机制、流程和方式四个方面重构新的社会管理模式③。黄洁英认为，社会力量参与公共文化建设的思路来源于公共选择、新公共管理等理论的兴起，人们对除政府以外的其他部门参与公共管理产生了新的认识，拓宽了公共管理参与主体的范畴，也极大地影响了我国的公共管理理念，由此衍生出社会力量参与公共文化建设的概念④。李军鹏从公民文化权利着手，在推进我国文化公平的思路与对策中提到，要建立政府、非政府组织、企业在提供公共文化服务上的合作伙伴关系⑤。刘敏从公共文化建设主体的角度指出，我国现行公共文化投资体制尚未形成社会各方共同参与建设的合力；我国也缺乏激励社会各界和个人参与包括公共文化在内的公益事业的法律体系和税收政策体系，公民还没有形成公共文化大家办的观念⑥。刘俊生针对从计划经济时期公共文化服务的主体构成到市场经济时期公共文化服务供给的多元主体进行分析，认为多元化组织体系较一元化组织体系能

---

① 李少惠.公共文化服务体系建设的主体构成及其功能分析[J].社科纵横，2007(2)：37—39.

② 巩玉丽.公共文化服务体系的改革取向及职能定位[J].中共青岛市委党校青岛行政学院学报，2008(2)：27—30.

③ 姚远.非政府组织参与社会管理的模式构建研究[D].大连：大连理工大学，2008.

④ 黄洁英.社会力量参与公共文化建设研究——基于上海市徐汇区政府文化职能的视角[D].上海：华东师范大学，2010：4.

⑤ 李军鹏.公共管理学[M].北京：首都经济贸易大学出版社，2005：329.

⑥ 刘敏.谁是公共文化建设的主体？[C].中国公共文化服务体系建设论丛，2005.

更好地满足公民的不同文化需求和公民文化权利的实现①。

2. 实践层面

在社会捐助、兴办文化实体方面，王京生结合深圳公共文化服务体系建设实践指出，要积极引导社会力量以兴办实体、赞助活动、免费提供设施等多种形式参与公共文化服务。支持民办公益性文化机构的发展，鼓励民间开办博物馆、图书馆等，促进公共文化服务的多元化、社会化②。王子舟归纳社会力量兴办图书馆的4种模式：独立建馆办馆、捐资建馆和捐书助馆、与公共图书馆合作、志愿者服务等③。张秀梅探讨了利用私人慈善资本合办图书馆分馆的模式，分析此种合办分馆模式的适用范围和合作原则等问题④。齐勇锋等提出，要转变财政投资机制，以公共文化财政投资为主渠道，综合运用多种投融资工具和多种形式的财税优惠政策，广泛吸引社会资本和产业资本进入公共文化服务领域⑤。马仙玉针对新农村建设中表现出的公共文化产品资源供给总量不足等问题，提出要建立多元化资金投入和"第三种力量供给"，体现共建性⑥。

在社会力量参与公共文化服务活动方面，祁述裕认为，推进公共文化服务体制创新，应努力实现公共文化服务供给主体的多元化和供

---

① 刘俊生.公共文化服务组织体系及其变迁研究——从旧思维到新思维的转变[J].中国行政管理,2010(1)：39—42.

② 王京生.把公共文化服务体系建设作为民生大事抓紧抓好[C].中国公共文化发展报告,2007:101.

③ 王子舟.伟大的力量来自于哪里——解读社会力量办馆助馆[J].中国图书馆学报,2010(3)：26—30.

④ 张秀梅.在我国利用私人慈善资本合办图书馆分馆的探讨[J].中国图书馆学报,2009(7)：113—118.

⑤ 齐勇锋.构建公共文化服务体系探索[EB/OL].[2012-07-28].http://www.sdpc.gov.cn/tzgg/shlygg/t20060430_68003.htm.

⑥ 马仙玉.新农村建设中的文化产品供给现状及对策研究[J].南京航空航天大学学报(社会科学版),2009(2):25—29.

给方式的多样化①。杨玉麟认为，县级公共图书馆在发展过程中，一定不能轻视和忽视自己身边的各种社会力量资源，除了文化局是上级主管机关外，其他部门的政府机关、公办和民营企业、各种社会团体（政协、文联、妇联、共青团、慈善协会等）、事业单位和地方名人都是在建设图书馆事业中可以很好利用的补充性资源②。郭国祥认为，农村的经济现状和农民的短视使公共文化资源供给缺乏发展动力，要整合本地文化馆、乡镇文化站、村级文化活动室、文化专业户，整合农技站、广播电视站以及机关、学校、企业等各种组织资源，形成合力③。从公众角度，姜亦凤提出，应从加强公民教育、鼓励参与实践、增强公民参与信心、提高公民个人参与意识和能力等方面，提高公民参与公共文化服务的实效，从而在我国建立另一种自下而上的渠道，让公民以各种组织形式参与到公共文化服务体系构建中④。孙晓莉总结了公民参与公共服务的3种类型：公民参与的政府推动型、精英主导型、公众自治型⑤。阮可认为，社区组织是社会力量参与的基本形式，在确保个人参与提供公共文化服务中发挥着关键的作用，同时指出，应有效设计社区文化建设载体，规范运作社区体系⑥。

在社会力量参与公共文化服务经营管理方面，谷丽君在对非政府组织参与公共服务的必要性分析中认为，公共服务供给不足、不均等的现状，促使公共服务供给主体向多元化转变，这为非政府组织参与

---

① 祁述裕.当前公共文化服务体系建设中的几个重要问题[C].中国公共文化服务发展报告，2007：121.

② 杨玉麟.关于“社会力量参与图书馆建设”若干问题的思考[J].图书与情报，2008（1）.

③ 郭国祥.农村公共文化产品供给研究——以武汉新洲区为个案[J].人文杂志，2011（4）：166—173.

④ 姜亦凤.我国公共文化服务体系构建中的公民参与研究[D].青岛：中国海洋大学，2008.

⑤ 孙晓莉.公共服务中的公民参与[J].中国人民大学学报，2009（4）：114—119.

⑥ 阮可.公共文化服务的社会力量参与研究[J].文化艺术研究，2013（3）：64—69.

公共服务提供了必要性①。刘红纯对博物馆经营中社会力量的参与可行性进行了探讨，得出博物馆在经营方式改革上的对策②。齐敏从秦公一号大墓博物馆7年管理和经营中遇到的问题，以及问题产生的原因入手，对由社会力量进行管理和经营的遗址博物馆进行了研究③。沈中元认为，在强调政府与社会互动治理的观点下，政府已开始转换角色，扮演社会共同演化的推手之一；而私人部门也不只是技术发展上被动的接受者，成为政府在促进公共服务工作上的伙伴④。王会会通过杭州市非政府组织参与公共文化服务的实践认为，非营利组织自身能力的提升和政府对非营利组织的支持与合作是共同发展公共文化服务的保证和出路⑤。陈立旭基于浙江的实践经验，提出创新公共文化服务体系投入和管理方式，探索"国有民营"和"国助民办"等新路子，实行国家和社会力量共同参与、政府和民间协力发展的新型合作模式⑥。

党的十七届六中全会《关于深化文化体制改革，推动社会主义文化大发展大繁荣若干重大问题的决定》提出，壮大文化志愿者队伍，鼓励专业文化工作者和社会各界人士参与基层文化建设和群众文化活动，形成专兼结合的基层文化工作队伍。针对此，刘辉提出，人才的发掘与队伍的打造是公共文化服务的基础，既要稳定基本人才队伍，又

---

① 谷丽君.我国非政府组织参与公共服务的机制研究[D].开封：河南大学，2009.

② 刘纯红.社会力量参与文物博物馆经营的可行性[J].艺术百家，2006(7).

③ 齐敏.中国大陆社会力量介入文化遗产事业管理经营问题初探[D].西安：西北大学，2009.

④ 沈中元.全球化下非政府组织之研究[D].上海：复旦大学，2003.

⑤ 王会会.非营利组织参与公共服务：基于杭州市的实证研究[D].杭州：浙江大学，2010.

⑥ 陈立旭.创新公共文化服务体系投入与管理方式——基于浙江实践经验的研究[M]//李景源，陈威.中国公共文化服务发展报告(2009).北京：社会科学文献出版社，2009.

要发挥社区志愿者公共文化服务作用①。金武刚提出,文化志愿者与普通志愿者的不同之处在于专业性更强,强调文化艺术服务。文化志愿者招募要考虑团队的整体水准,要在政府扶持下,壮大文化志愿者队伍,拓宽公共文化建设的领域,逐步推动公共文化供给体系由文化事业单位内循环到全社会大循环的转变②。

三、问题与展望

(一)公共文化政策

公共文化服务政策研究是一个正在兴起的研究领域,随着我国公共文化服务体系建设进程的加快,有关文化政策的研究将会得到政府、学界和各类智库更多的重视。与公共文化服务体系实践飞速发展不相适应的是,国内学者的研究力量还比较薄弱,且研究的深度和广度都有待进一步提升。主要表现在以下四个方面。一是关于公共文化服务政策的研究大多还集中在对中国公共文化政策一般性的描述研究层面,研究的内容主要是中国公共文化服务政策的发展阶段、主要构成、主要特征、发挥功能等,相对缺乏一种系统性的理论建构和综合研究。二是现有的研究比较侧重与国外发达国家文化政策的比较研究,对我国公共文化政策系统性的历时研究重视不够,忽视建国以来我国公共文化政策自身演变历史的梳理,对我国社会主义初期阶段形成的有效的文化事业政策缺乏有效的吸收和借鉴。三是批判性的研究比较缺乏,往往就政策文件谈政策,注重先入为主地论证具体的公共文化政策的合理性,一味相信官方说法或者官方的统计数据,脱

① 刘辉.理解公共文化服务:资金、人才与市场化道路的分歧[J].江西师范大学学报(哲学社会科学版).2011,44(2):19—25.

② 金武刚.厦门青年民族乐团案例分析[J].上海文化,2013(4):30—34.

离社会和文化发展的具体实践，因而造成学术研究受官方政策话语主导或制约的现象比较严重，有损于知识生产与学术研究本来应有的独立之精神。四是一般宏观性的研究较多，实证性和个案研究较少，对于具体文化政策的制定过程、社会参与、影响机制、绩效评估缺少全面系统的关注，“制定文化政策时需要更多的事实依据、数据和其他证据。通过协调研究者、政策制定者和文化活动参与者的内部和外部各个不同部分，能够促进文化和社会之间的去分化过程，减小社会和文化之间的差距。”①

针对这些公共文化服务政策研究中存在的问题，关于公共文化政策的研究需要在以下几个方面进一步改善和加强。首先，要充分认识到文化政策研究本身的独立性以及学术研究本身的中立性、客观性，“从事政策研究的学者不能只是记录政策文化部门的工作，还应对政策建构和实施进行评价，并尽可能地独立于委托部门之外开展研究”②，这是当前公共文化政策研究存在的比较突出的问题，相当一部分学者的研究已经和政府的具体文化管理工作合为一体，学者直接参与了文化政策的制定过程，这虽然可以提高文化政策本身的科学性和合理性，但同时也可能丧失学者本身的独立批判思辨，容易成为政府的代言工具。其次，要积极探索跨学科研究方面的融合运用，研究者除了具备传统社会科学研究所要求的较高专业素质外，还要具备跨学科研究的严格训练及学术规范，培育跨学科的意识和视野，灵活运用多种研究方法。再次，要进一步加强中国公共文化服务体系理论构建的研究，尽快建立具有中国特色的公共文化理论体系，改变我国现行公共文化服务体系建设实践只能流于自我摸索、流于简单照搬西方发达国家公共文化建设理念经验的状态，同时还要为我国推进中国特色

① ［斯洛文尼亚］Vesna copic，马绯璠编译：《论文化政策研究中实证研究的缺失》《文化艺术研究》2012 年第 1 期。

② 范春燕：《解读当代西方发达国家的文化政策》《国外社会科学》2013 年第 3 期。

的现代公共文化服务体系建设实践，提供强有力的基本理论和科学理念的支撑。最后，要以问题意识为导向，进一步加强具体政策个案的研究，通过具体个案的研究把握公共文化政策从制订到实施的全过程，提升公共文化政策研究的实证性和科学性。

（二）公共文化绩效评估

首先，西方发达国家有着较为悠久的法制传统，其公共文化服务管理体制的主要特点是“立法主导、民间参与和政府服务”，绩效评估的整体框架和具体服务项目也都建立在相应的法律制度基础上，成熟的法律体系是绩效评估成功的前提和保证。而我国对公共文化服务的绩效评估大多停留在自发状态和自愿层面，缺少具体的、可操作的政策性指导，更缺少绩效评估的法律支撑，因此，探讨公共文化服务绩效评估的立法原则、立法框架、使相关评估工作实现有法可依是今后绩效评估研究的当务之急。

其次，公共文化服务绩效评估的顺利开展，需要科学、可操作性的绩效评估指标体系。在指标的设计上，需要量化具有重要意义的不确定因素、活动与结果，既要有经济效益指标，也要有社会效益指标；既要评估已经表现出来的成绩，也要评估潜在能力的绩效；既要考虑当前的实际状况，也要考虑未来的发展。我们应充分借鉴发达国家和地区设定公共文化服务整体指标和不同文化行业评估的具体指标的经验，重点剖析支撑指标体系生成的相关理论本质及理念内涵，综合探讨文化指标与经济指标、政治指标、社会环境指标等相互间的内在联系，把握规律，因地制宜，尝试构建“中国特色社会主义公共文化服务指标设置应用理论”①的基本框架，并努力进行中国化实践。

---

① 徐清泉：《公共文化服务评估研究：现状、需求及要素》，《毛泽东邓小平理论研究》，2012年第8期。

再次，公共文化服务体系绩效评估中的公众参与，就是要求最大限度地让人民群众真正参与文化建设，使他们能够通过各种有效渠道充分表达意见和诉求。以往人民群众一直被当作文化权益的被动接受者，其公共文化建设主体的自主性价值往往是被忽略的。公共文化服务体系最根本的核心目标之一在于社会大众文化需求的满足和文化权益的保障，公共文化服务体系的建设也并不仅仅体现在政府单纯给予或提供了什么，更重要的是社会大众需要什么以及作为需求的主体如何参与公共文化的创造。加强评估中的公众参与，实质上就是加强评估的民主化。评估的民主化程度体现在参与的范围和参与程度上。在主体范围上要求不仅包括传统的评估主体，如行政人员、相关专家，更应该包括直接相关与不直接相关的公众。公众参与意味着监督评估活动的公正性和公平性，在参与程度上要求公众参与评估的问题识别与确定，方案设计论证，信息收集等，即在评估的各个环节中充分发挥公众应有的角色，"公众参与度""公众满意度"等一定要在绩效评估的过程中体现出来，并且将公众的意志较为鲜明地反映到评估结果中。

截至目前，公共文化服务绩效评估指标体系仍然是基于定性分析建立的，目的是保障公共文化服务的公益性、广泛参与性，这样的指标体系仍然是不够完备和充分的，未来需要引入定量分析作为补充。为了实现这一目标，需要积累大量准确的评估数据，形成"公共文化服务绩效评估指标数据库"。通过长期积累的数据，分析出指标之间的定量关系，然后对指标体系进行进一步调整，从而使指标体系更加科学、客观、透明，真实反映公共文化服务体系建设的状况和水平，为科学有效的管理提供切实的参考。

（三）公共文化社会化

近年来，随着完善政府采购制度，实行政府购买公共文化服务，转变政府财政投入方式，逐步建立适应市场的运转机制，公共文化社会化也得到政府越来越多的关注。并随着2015年"两办"意见的出台，各地已开始探索出台政府购买公共文化服务指导性意见和目录。2014年9月，重庆市人民政府办公厅转发重庆市文化委、市财政局《政府向社会力量购买公共文化演出服务实施方案》的通知①，拉开了地方政府购买公共文化服务的规范化、制度化序幕。

综上，随着社会力量参与公共文化服务研究的内涵和外延不断扩大，国内已有理论研究和实践发展极大地推动了社会力量参与公共文化服务体系建设，也出现了众多研究成果。从研究中不难发现，尽管如何引导和鼓励社会力量参与公共文化服务是理论界和实务界共同关心的焦点，但目前，公共文化服务社会化相关研究还存在可适用性研究偏少、研究深度不够、整个行业发展的经验理论总结不多等问题。未来，应更多地从制度层面提供公共文化服务社会化的分层次研究、可行路径和效益分析，为社会力量参与公共文化服务体系建设提供常态长效的保证。

---

① 重庆市政府办公厅. 重庆市人民政府办公厅关于转发市文化委市财政局政府向社会力量购买公共文化演出服务实施方案的通知[EB/OL].(2014-10-15)[2015-03-29]. http://www.cq.gov.cn/publicinfo/web/views/Show! detail.action? sid=3929880.

欧美发达国家文化政策法规与公共文化服务：进展与启迪[*]

解学芳[**]

一、公共文化服务的法律支撑：宪法与文化基本法

欧美各国对公共文化建设的高度重视，在各国宪法与文化基本法的具体条款中有所体现。从德国、俄罗斯、瑞士等国家的典型做法来看，宪法与文化基本法不但明确了对文化艺术发展的扶持，也成为国家支持与鼓励公共文化发展的法律保障与制度根基。

德国面对公共文化机构资金短缺问题，在法制层面明确了政府承担文化基础设施与维持公众基本文化需求的扶持资金。在德国的宪法中加入了特定的条款——国家承担支持文化的义务，并通过积极措施保护和促进文化艺术的发展；并且，根据德国宪法的解释，艺术和科学、研究和教学应当是免费的。与此同时，德国大多数州的宪法也明确提出对艺术、文化发展提供公共财政。例如“州要保护和支持文化

---

* 本文节选自《国外文化产业财税扶持政策法规体系研究：最新进展、模式与启示》，作者解学芳，臧志彭，原刊于《国外社会科学》，2015 年第 4 期。

** 解学芳，同济大学人文学院文化产业系教授，博士生导师，媒体产业研究所副所长，主要从事文化产业与文化管理研究。基金项目：国家自然科学基金面上项目（71473176）；上海市浦江人才计划资助（17PJC100）。

生活”(柏林州宪法，第二部分第 20 条)，“所有人应有机会利用生活中的文化商品”(莱茵兰—普法尔茨州，第三部分第 40 条)，①可见，政府承担扶持与培育文化艺术发展的责任是宪法的应有之意。

俄罗斯利用宪法与文化基本法作为法制依据扶持与推动文化发展。在宪法中明确规定“发展联邦文化项目，根据联邦预算为文化拨款，制定文化部门的最低报酬和稿酬，保护对联邦具有重要性和特别价值的历史文化古迹”，并把对文化遗产的保护安排在政府扶持的优先任务列表中，体现出俄罗斯在遵从宪法的基础上采取积极的国家艺术政策，推动文化的发展；按照俄罗斯联邦宪法的要求“保障公民创造、获得文化、参与文化生活的自由，利用文化设施的权力，保护知识产权，将保护历史文化遗产和遗迹作为每个公民的责任”，明确了公民自由创造和参与文化生活的权利。此外，俄罗斯的《文化基本法》规定了国家文化行动需遵循一定的原则和规范来维护、发展和传播文化，保障文化权利和自由；同时，确立了国家对文化发展的资助水平——联邦预算 2%与地区预算 6%(不包括媒体)。而在《俄罗斯联邦文化法》中包含了文化部门合伙特别准入、慈善和捐赠活动等的具体规定；此外，政府提出的“2020 战略”关注创新，强调对文化、教育、科学发展的投入与扶持；2012 年 5 月的总统令则提出“扩大俄罗斯在国外的文化地位，加强俄语在世界上的地位，建立俄罗斯科学与文化网络中心”②，谋求在互联网时代俄罗斯本土文化的国际影响力的提升。

瑞士则对联邦宪法进行了修订，修订后的宪法包含的法律条款突出了促进文化多样性、保护文化遗产、丰富文化艺术活动的目的。例如宪法规定“应促进共同福利、可持续发展、内部凝聚力和国家的文化

---

① Blumenreich U.Compendium cultural policies and trends in Europe：Germany [R]. http://www.culturalpolicies.net .2013(14th edition).

② Fedorova T；Kochelyaeva N.Compendium cultural policies and trends in Europe：Russian Federation[R].http://www.culturalpolicies.net .2013-12.

多样性”（宪法第 2 章），“保障语言自由”（宪法第 18 章），“保障艺术自由”（宪法第 21 章），“联邦可以支持国家利益的文化活动、鼓励艺术和音乐、教育的发展”（宪法第 69 章），“联邦政府应当保护风景、地区、历史遗迹和自然文化古迹，应支持自然文化遗产保护行动”（宪法第 78 章）以及“为广播、电视以及其他形式的特色节目与信息的公众转播完善立法”（宪法第 93 章）等条款，明确了为实现保障文化艺术多元化、保护文化遗产、扶持艺术、音乐与广播电视发展的目标应给予积极的扶持。此外，2012 年瑞士实施了《联邦文化促进法》，规定联邦政府在促进文化发展方面的职责以及文化政策准则，提出“通过促进文化发展提升瑞士文化凝聚力、保护瑞士文化多样性，通过促进文化发展、鼓励类型丰富的优质文化资源的供给，通过促进文化发展为文化艺术从业人员和文化机构创造优良环境，通过促进文化发展让民众更主动参与文化活动、更方便地享用文化服务，通过促进文化发展塑造瑞士文化强国的国际形象”，①成为瑞士积极扶持文化发展的基本方针。

二、公共文化发展的资金保障：财税政策扶持

政府对公共文化给予财税扶持，是公民文化权益得以实现的重要保障。从文化属性来看，对公共文化设施的可持续性投入与国家层面实现文化发展的可持续性，需要政府设计科学合理的文化政策给予扶持；②从经济属性来看，对公共文化的扶持是提升公民文化素养、培育潜在的文化消费群体的重要制度安排。虽然欧美各国致力于鼓励与激发民间组织与私人社会资本与捐赠源源不断地注入公共文化建设，

① Weckrle C. Compendium cultural policies and trends in Europe：Switzerland［R］. http://www.culturalpolicies.net .2012（13th edition）.

② Stylianou-Lambert T，Christodoulou-Yerali NBM. Museums and cultural sustainability：stakeholders，forces，and cultural policies［J］. International Journal of Cultural Policy，2014，20（5）：566—587.

但国家层面对文化艺术的财政扶持仍然是公共文化建设资金的重要来源与基础保障,特别是对文化艺术机构、艺术家的私人捐赠与赞助实施免税政策,为公共文化建设发展提供了良好的制度环境。

德国很重视对大型公共文化设施的财政投入。从近些年的投入实例来看,2006 年,德国联邦政府的财政补贴扶持柏林三大歌剧院;2007 年,联邦议会设立 4 亿欧元的特殊文化基金,并支出 50%用于柏林国家歌剧院整修;2008 年,联邦共和国与柏林地区签订文化之都融资合约,确定联邦对柏林的文化资助持续到 2017 年底。实际上,德国尤其重视对博物馆、档案馆、公共艺术的发展,在财税扶持上确保投入的连续性。从下表 1 可以看出,2005 年至 2014 年,德国用于公共文化支出的规模逐年稳健增加,到 2014 年高达 9 493.5 百万欧元,其中自治市与各州的支出比重超过 85%,而且联邦政府对公共文化的投入比重呈现增长态势。此外,德国颁布的《基金会税收法案》规定对部分公共文化活动或类似于剧院表演的非盈利活动采取免增值税与企业所得税,要求设立公共基金会,并规定向基金会捐赠的组织与私人给予税收激励,从而刺激了基金会的遍地开花。例如联邦文化基金会、普鲁士遗产基金会、魏玛经典基金会等,对促进公共文化建设起到了关键的作用。

英国对公共文化的重视与扶持表现为三个层面:一是政府或文化艺术委员会等机构大力扶持公共文化。例如,英国政府拨款 4 000 万英镑资金设立基金扶持 2012 年奥林匹克运动会和残奥会,促进青年群体对艺术与体育的兴趣,而由公众和私人基金出资 7 500 万英镑构成的基金则用于“盛典 2012”的文化活动;2013 年,40%的基金用于健康、教育、环境和慈善事业,而体育、艺术与遗产各占 20%。[①] 二是英国对公益性文化行业实施税收优惠政策。例如,对图书出版、期刊、

① 疏影薇,冉杰夕:《国文化艺术基金: 平衡文化 补充财政 推进普及》,《中国文化报》,2014 年 1 月 16 日。

表 1　2005—2014 年德国公共文化支出及占比情况

层级年度	2005	2006	2007	2008	2009	2010	2011	2012	2013	2014
自治市/自治区										
支出额(百万欧元)	3 641.8	3 702.3	3 759.9	3 953.4	4 052.8	4 124.9	4 215.5	4 361.4	—	—
占总支出比(百分比)	45.3%	45.4%	44.4%	44.9%	44.4%	43.9%	44.8%	45.9%	—	—
州										
支出额(百万欧元)	3 393.8	3 445.6	3 634.6	3 741.2	3 861.2	4 010.2	3 942.1	3 823.5	4 051.7	4 167.6
占总支出比(百分比)	42.2%	42.3%	43.0%	42.5%	42.3%	42.7%	41.9%	40.3%	—	—
联邦政府										
支出额(百万欧元)	1 001.4	1 000.8	1 065.8	1 111.4	1 223.6	1 257.8	1 249.5	1 308.6	1 344.4	1 526.5
占总支出比(百分比)	12.5%	12.3%	12.6%	12.6%	13.4%	13.4%	13.3%	13.8%	—	—
总支出(百万欧元)	8 037.0	8 148.7	8 460.3	8 806.0	9 137.6	9 392.9	9 407.1	9 493.5	—	—

数据来自：Compendium cultural policies and trends in Europe：Germany [R].http://www.culturalpolicies.net .2016.1.

报纸不征增值税,积极扶持图书出版业发展。三是鼓励私营部门和文化艺术机构建立合作伙伴关系。一方面,英国文化、媒体和体育部(DCMS)对公共文化的财政扶持政策趋于凸显私人部门的作用——政府财政投入缩减了25%,2014—2015年度仅为11亿英镑;DCMS对英格兰艺术委员会的拨款也减少了29.6%(约1亿英镑),2014—2015年收到的财政拨款仅为3.5亿英镑……说明英国政府鼓励私人部门为公共文化发展提供资金扶持的政策大趋向。① 另一方面,强调对从事公共文化以及相关慈善性质的组织捐助资金的私营部门可以享受税收减免政策,驱使私人或营利性组织资助文化艺术,大量私人资金流入艺术、博物馆、遗产等具有慈善性质的机构;此外,支持与鼓励公私文化机构合作可以享受赋税减免——如果一个慈善或教育机构(如艺术组织)借用一个企业的员工所获得的补贴或所得工资适用于税收减免。

法国重视从税收上给予公共文化扶持。在法国,正常增值税税率是19.6%,但博物馆、遗迹、展览和文化遗址、电影院等适用于中等税率5.5%,特定的2.1%税率则适用于出版社、公共广播、新上演的戏剧作品的前140场表演等。② 法国重视文化设施建设,每年投入兴建公共图书馆、博物馆、影剧院等文化设施上的财政拨款高达几十亿法郎。例如,2010年,法国文化部发起"区域博物馆"计划,投入7 000万欧元用于扶持整个地区的博物馆建设项目。从法国国家层面资助公共文化的情况来看(见表2),2015年用于泛文化与文化研究的支出达287 200万欧元,远远高于媒体与产业类的支出,而且对于民族教育与研究的扶持力度也很大。此外,对文化遗产遗迹、博物馆、美术馆、无形遗

---

① Hesmondhalgh D, Nisbett M, Oakley K & Lee D. Were New Labour's cultural policies neo-liberal? [J].International Journal of Cultural Policy,2015,21(1):97—114.

② Perrin T, Delvainquiere J C, Guy J M. Compendium cultural policies and trends in Europe:France[R].http://www.culturalpolicies.net .2013(14th edition).

产等文化遗产以及文化艺术的扶持尤为突出。由表2数据可知,法国2015—2016年的文化预算呈现稳健的增长趋势,其中2016年法国文化部对使命型文化的预算占比高达80.1%,[①]说明文化预算目标侧重文化遗产的保护、文化创作与知识传播等公益性文化与文化创新等方面。

表2　2015—2016年法国公共文化支出与文化部预算情况

单位:百万欧元[②]

2015年法国政府公共文化主要支出情况			
文化与传播部门		其他相关部门	
文化与文化研究	2 872	民族教育、高等教育与研究	2 775
媒体,图书,文化产业(除广播)	561	体育、青年、大众教育与协会	1 025

2015—2016年法国文化部预算情况

预算分布类型	预算规模		占比
	2015	2016	2016
使命型文化	2 596.2	2 750.2	80.1%
175个遗产项目	752.3	869.8	25.3%
131个创作项目	736.1	747.4	21.8%
224个知识传播与民主文化项目	1 107.8	1 133.0	33.0%
高等教育与研究型文化	117.2	122.4	3.6%
186项文化与科学研究	117.2	122.4	3.6%
媒体、图书与文化产业	714.9	561.0	16.3%
180个出版项目	256.4	255.3	7.4%
334个图书与文化产业项目	268.9	276.5	8.1%
313个广播与无线电多样化项目	189.6	29.2	0.9%
总计	3 428.3	3 433.6	100.0%

Sources: Council of Europe/ERICarts, "Compendium of Cultural Policies and Trends in Europe, 18th edition", 2017.

---

① Council of Europe/ERICarts .Compendium of Cultural Policies and Trends in Europe [R], 18th edition, 2017.

② Perrin T, Delvainquiere J C, Guy J M. Compendium cultural policies and trends in Europe: France[R].http://www.culturalpolicies.net .2016.

俄罗斯对公共文化的财税扶持有明确的法律依据,而且资助力度很大。首先,从税收体系上确立对公共文化的资金扶持。俄罗斯的《公民和预算法典》规定,国家在文化领域中需承担融资义务,即政府应是文化事业单位的公共资金提供者,并规定对“文化历史遗迹修复工作,维护文化遗产与转移慈善货物、作品、服务”减免税收,对“属于艺术家或民间手工艺家的建筑和活动场所,用作工作坊或对公众开放的私人展览、图书馆、画廊、博物馆等建筑”免除税收,可见,俄罗斯对文化实施的税收优惠条款具体而明确。其次,俄罗斯实施的《文化古迹法》明确了国家和当地政府对不动产对象和相关的绘画、雕塑、装饰艺术等文化遗产给予资金扶持,规定政府要承担文化遗产项目的利用和保护责任。此外,俄罗斯积极通过资金资助方式扶持公共文化发展(见表3),2010年,俄罗斯用于博物馆与展览项目、图书馆、文化家园的财政支出规模是最大的,占文化类总支出的比重高达34.57%①。此外,从2013—2020年的规划来看,俄罗斯联邦文化和旅游发展国家项目重点任务定位于“保护和合理利用文化遗产,提高图书馆服务质量和增加可获得图书馆的途径,提高博物馆的质量和增加可获得的途径,确保档案集合的保存、收购和合理使用”等。

瑞士从制度上确保大量财政资金用于公共文化服务。一方面,联邦文化局(BAK)隶属的历史遗迹与文化遗产保护部门重视修缮和保护涉及国家利益的历史古迹,对国家图书馆与文化遗产传承相关的协调与推广项目进行全额或部分资助,主要财政投入由各州、市政府承担。另一方面,《联邦文化促进法》的相关规定保障了公共文化投入的可持续性。根据2012—2015年的预算,瑞士投入6.37亿瑞士法郎(约5.14亿欧元)专门对语言、音乐教育、阅读,艺术与文化项目给予扶持;与其他欧洲国家相比,瑞士对公共文化领域的资金投入多来源于社会

① Fedorova T, Kochelyaeva N. Compendium cultural policies and trends in Europe: Russian Federation[R]. http://www.culturalpolicies.net .2013(14th edition).

资本，如赞助人、文化基金会等私人或私企的资金；特别是民间基金会每年支出 10—20 亿瑞士法郎，其中 3—5 亿用于文化支出，支持力度大①。

表 3　2005—2010 年俄罗斯联邦预算公共文化支出

单位：百万卢布

分类	2005	2007	2010
文化，电影艺术和大众媒体	39 173.1	67 804.7	107 340.2
文化包括： 俄罗斯文化联邦目标项目(FTP) 资本投资 文化家园 博物馆和展览 图书馆 表演艺术	16 901.1	35 757.7	50 473.9 12 841.4 3 843.2 2 425.7 12 015.7 3 004.7 10 747.0
电影艺术	2 686.2	3 684.4	5 562.4
广播	10 918.3	20 704.3	36 725.1
期刊和出版业	387.2	3 345.0	4 103.2
应用研究	173.3	287.0	398.8
其他	8 107.0	4 026.3	10 076.9
合计：联邦预算支出	3 047 929.3	4 794 455.2	8 846 973.5
合计百分比(%)	1.3	1.4	1.2

在瑞典，政府扶持公共文化的力度逐年加大。从相关政策来看，《遗产纪念法案》(1988)、《广播电视公共服务融资法案》(1989)、《瑞典档案保护法案》(1990)、《图书馆法》(1996)、《区域文化活动政府补助分配法案》(2010)等都成为政府资助公共文化的法律依据。从数据来看，2008—2015 年，瑞典用于公共文化的支出总额增加幅度在 10%左右。特别是 2012 以来，国家对文化的支出呈现大幅增加(约占总投入

① Weckrle C. Compendium cultural policies and trends in Europe: Switzerland[R]. http://www.culturalpolicies.net .2014-11.

的 43%），区域政府在文化支出总量中的比重也明显上升；其中，2015 年用于大众教育的支出为 38 亿瑞典克朗，区域文化活动、博物馆与文化展览投入分别为 13 亿、14 亿瑞典克朗，还有 13 亿瑞典法郎用于戏曲、音乐和舞蹈等文化艺术领域①；从分布情况来看（见表 4），除了文化教育支出比重最高之外（34.0%），国家财政用于博物馆为代表的文化遗产的支出占比高（23.8%），而且是唯一呈现正增长趋势的资助行业，说明瑞典对文化遗产类公共文化的扶持明显高于其他领域。

表 4　2015 年瑞典国家层面文化支出情况

领域	支出规模 （1 000 瑞典克朗）	占比 （%）	趋势 （＋＋到－ －）
Ⅰ. 文化遗产	2 670 000	23.8	＋
历史古迹	920 000	7.9	
博物馆	1 395 000	12.4	
档案室	355 000	3.1	
图书馆	市政当局为公共图书馆提供基本资金		
非物质文化遗产/民俗文化	—		
Ⅱ. 视觉艺术	80 000	0.7	＋ －
美术/造型艺术/摄影/建筑/设计/应用艺术	—		
Ⅲ. 表演艺术	1 278 000	11.4	＋ －
音乐、音乐剧场、剧院、舞蹈	—		
Ⅳ. 书籍与报刊	311 000	2.7	－
Ⅴ. 视听与多媒体	310 000	2.8	＋ －
Ⅵ. 跨学科	—		

① Harding T.Compendium cultural policies and trends in Europe：Sweden[R].http://www.culturalpolicies.net.2016-11.

（续表）

领域	支出规模 （1 000 瑞典克朗）	占比 （%）	趋势 （＋＋到－ －）
文化关系、国外社会文化	—		
文化教育	3 800 000	34.0	
Ⅶ.其他	2 736 000	24.5	
总计	11 185 000	100	

资料来源：Myndigheten för kulturanalys；Council of Europe / ERICarts，“Compendium of Cultural Policies and Trends in Europe，18th edition”，2017。注：“—”表示尚未有具体统计数据。

美国对公共文化的财政扶持具有间接性。美国政府对公共文化的财政资助是有限的，且通过扶持文化非营利组织来主导公共文化的发展。一是美国对文化非营利组织实施免税政策，鼓励私人、企业投入公共文化。按照美国《国内税收法》规定，向法律许可的一切文化机构捐助款物的个人和单位可享受销售税与财产税的减免优惠政策；《免税组织指南》则规定交响乐团等 9 种文化艺术组织享受免税待遇，以此体现政府对高雅文化艺术与文化遗产的鼓励与保护①；州政府的财政拨款侧重对文化艺术领域的地方文化组织与文化团体给予资助，纽约市 25%的文化非营利组织得到过政府资金扶持；而对文化非营利组织实施税收减免政策的州政府高达 50 个②。二是鼓励私人与企业对文化艺术与文化非营利组织赞助与捐赠。美国征收高税率的遗产税和企业高达 33%的利润额的税率，与慈善捐赠免税的巨大反差，调动了企业与私人对公共文化捐赠的积极性，促使社会捐赠高达美国文化预算的半数。三是政府通过基金会资助公共文化服务是常态。例如，美国联邦政府对美国博物馆及图书馆服务协会、国家人文基金会、

① 苗瑞丹：《反思与借鉴：美国公共文化政策对我国文化发展成果共享的现实启示》，《学术论坛》，2013 年第 10 期。

② 杜晓燕：《美国财政政策对文化产业投融资的支持探析》，《财政监督》，2011 年第 12 期。

国家艺术基金会、肯尼迪中心等每年资助额高达 10 亿美元，刺激了文化艺术的繁荣；其中，美国国家艺术基金会（NEA）资助优秀的非营利性文化机构具有风向标的作用，刺激了艺术资助体系的多元化与公共文化的繁荣。①

三、文化基金会与公共文化服务建设：社会助推器

欧美各国通过文化基金会扶持公共文化建设，既体现一国对公共文化建设的“一臂之距”的管理原则，也体现了对公共文化扶持的多元思维、对公民文化权益的关注，推动着文化产品与文化服务供给方式的多元化。从表 5 可以看出，政府公共资金或文化基金会资助的文化艺术机构的服务价格远低于私营部门提供的文化产品的价格，真正承担着公共文化服务的基本功能。例如，2015 年，在比利时，公共或基金会资助的文化机构提供的艺术教育对于 11 岁以下的学生是免费的，对于 12—18 岁的学生每年仅收取 69 欧元；在法国，基金会资助的艺术教育最低每小时仅为0.88 欧元；在俄罗斯，艺术教育是免费的，博物馆入场费对 16 岁以下也实施免费政策……

文化基金会在公共文化培育、繁荣方面发挥着重要作用。在美国，鼓励文化基金会扶持文化发展形成了《基金法》《国家艺术及人文事业基金法》等完善的制度体系。美国的国家艺术基金会代表政府向文艺团体与艺术家提供资金扶持与技术援助，国家博物馆委员会专门资助博物馆与美术馆等……②。以美国弗吉尼亚美术博物馆为例，2015 年博物馆收入达 3 187.1 万美元，其中来自政府及公共基金会的投入为 1 049.6 万美元，而基金会、私人捐赠的收入为 1 126.2 万美

① 李妍：《精英 VS 大众？艺术 VS 政治？——美国国家艺术基金会的运行理念与奖助实践的变化》，《美术观察》，2016 年第 7 期。

② 熊澄宇：《世界文化产业研究》，北京：清华大学出版社，2012：77—81.

表 5　2015 部分欧盟国家与英国文化服务的价格比较

单位：欧元

国家	私营部门文化			公共或资助的艺术机构		
	音乐/专辑	图书/平装	电影/每场	博物馆/入场费	艺术教育/每小时	剧院/二类
澳大利亚	16.99	11.30	9.60	11/19 岁以上	14/50 分钟	85
比利时	21.50	8.30	10	13	<11 岁免费；12—18 岁 69 /年	85
保加利亚	10.26	10.2	5.13	3.06—5.11	社区 160.6/年	6.12—10.20
芬兰	18.95	10.9	13	12	22	30.50—99
法国	12.99	8.30	11.70/4（14 岁以下）	15/一般;免费（小于 18 岁/无业或享受福利救济金）	4.88（最低 0.88 欧;最高 13.3）	130
德国	13.99	10.9	7.3—10.8	10—12	25—36	39—60
希腊	17.99	9.89	7.50	6.50	25.00	30.00
荷兰	19.99	14.5	10.50	17.50	27.50	87—96
挪威	18	18	11	5	25	67
波兰	12.91	9.39	6.12—7.3	2.8—4.7	9.4—21.2	15.53—28.24
俄罗斯	15.3	—	5.7	成人：4.3；16 岁以上学生：2.1;16 岁以下免费	免费	126.4
西班牙	14.99	20	8.7	4	19.1	91
瑞典	18.2	22.7	20.67	16.15	13.46	36.61
英国	13.98	11.1	14	19.6	17.5	77—100.8

数据来源：European Institute for Comparative Cultural Research（ERICarts）based on data provided by Compendium authors from respective countries. Data collected during October-November 2015.

元[①]，可见基金会对弗吉尼亚美术博物馆的高效、高质运行起着至关重要的作用。在瑞士，1965 年就颁布了《瑞士文化基金会法》，联邦政府拨款资助成立瑞士文化基金会，大力扶持视觉艺术、音乐、文化人文学科、戏剧、舞蹈、文化等多个领域的发展，并重点扶持"艺术性及创造性作品的多样性发展，提高瑞士艺术文化的知名度，培育当代流行文化，鼓励文化交流"。一般来说，瑞士文化基金会采用四种方式扶持文化项目——遴选并资助优秀文化项目方式(约占 70%)，内部项目资助(约占 10%)、文化中心网络与海外办公室资助(约占 17%)、信息与推广材料资助(约占 3%)等[②]。在德国，萨克斯颁布的《非盈利与捐赠法案》规定捐赠不受 20%所得税的限制，并将建立基金会的免税津贴从 30 万欧元升到 100 万欧元[③]，极大地刺激了基金会的快速发展。在瑞典，文化基金会反映出国家、市场、民间社会、私人赞助和文化专业协会之间复杂的互动网络，致力于公民平等获得、享受、参与文化内容与议题，由此赋予了基金会重要的功能——大多数国家博物馆、档案馆的数字化与文化艺术项目的发展与实现都得益于不同基金会与社会组织的扶持，而文化志愿者为文化艺术每年工作的时间也达到了年均 100 小时[④]。

其次，文化基金会大力资助与扶持艺术家。一是法国通过文化基金会扶持艺术家。基金会对文化的赞助占到法国基金会的 22%——卡地亚基金会、法国基金会、皮埃尔·贝尔热伊圣罗兰基金会、让·吕克·拉加尔代尔基金会、人民银行基金会等对文化艺术发展做出了重要贡献。实际上，文化基金会除了资助优秀文化项目，更重要的是资

① 数据来自弗吉尼亚美术博物馆网站，https://vmfa.museum/.

② Weckrle C. Compendium cultural policies and trends in Europe: Switzerland[R]. http://www.culturalpolicies.net.2014-11.

③ Blumenreich U, Compendium Cultural Policies and Trends in Europe: Germany, http://www.culturalpolicies.net/web/germany.php? aid=1.

④ Harding T.Compendium cultural policies and trends in Europe: Sweden[R].http://www.culturalpolicies.net.2016-11.

助、扶持、培育艺术家。例如，法国的当代艺术国家基金致力于挖掘年轻艺术家，资助、培育艺术家的成长；而遍布法国各地的当代艺术地区基金会扶持的艺术家高达4 200位。二是德国通过各种不同的基金会资助艺术家，例如德国文化基金会、视觉艺术基金会、德国文学基金会、社会文化基金会、表演艺术联邦基金会、德国翻译基金会等给予艺术家大量的资金扶持。三是瑞士联邦文化处出资设立了艺术家特别基金——瑞士文化社会基金，为需要帮助的艺术家提供资金援助。四是美国艺术基金大多具有扶持艺术家的功能。例如安迪·沃霍尔视觉艺术基金会就是专门扶持视觉艺术家的基金会，它通过捐赠艺术家所在的非营利艺术机构满足扶持艺术家创作、展示与研究的目标；基金会旗下的"创意资本"项目致力于战略性投入(资金投入、咨询与推广服务)具有创新性艺术项目的艺术家，提高与培育艺术家的创作能力。"创新资本"和"职业发展计划与艺术家驻地创作计划"等项目已经资助艺术家近万人①。

再次，文化基金会在推动文化数字化方面也发挥着重要作用。法国于2002年针对新媒体项目设立了特别基金会，支持与资助创新性的广播节目与数字视听作品，将互联网与手机的文化特点融合到传统的艺术手法与传播方式中，并通过数字化设备增加艺术文化获得载体以便吸引更多的受众。瑞士联邦政府实施"四年计划"(2012—2015年"文化信息"计划)，鼓励将新信息技术应用于文化领域，致力于实现文化数字化，特别是通过瑞士文化基金会与联邦文化局的合作扶持与鼓励具有艺术价值的博物馆图像数字化与档案数字化等。韩国成立了游戏产业发展基金，扶持初创期的游戏企业发展，并设立了韩国游戏大奖；2010年出台《电子出版产业育成法》规定政府五年内投入635亿

① 冯涛，岳晓英：《美国的艺术资助机制及对我国艺术发展的启示——以安迪·沃霍尔视觉艺术基金会为例》，《江苏大学学报(社会科学版)》，2015年第3期。

韩元培育与扶持电子出版发展①。荷兰则于2013年和谷歌达成合作协议投入6 000万欧元促进新闻行业的数字化转型。

四、借鉴与建议：加快构建我国公共文化发展的多元保障体系

2017年10月，十九大报告指出，我国主要社会矛盾转化为人民日益增长的美好生活需要和不平衡不充分的发展之间的矛盾。人们对美好生活的向往意味着对丰富的高质量文化生活需求提出更高要求。换言之，完善公共文化服务体系、创新中华优秀传统文化、提升文化惠民工程建设质量变得重要而迫切。

首先，鼓励文化创新、对公共文化建设给予积极的财政政策扶持，构建制度自信与文化自信。文化创新是公共文化建设的重要内容，也是我国文化自信与中华文化传承、可持续发展和提升的核心与根本。文创创新的核心是文化人才。欧美各国对文化创新活动与创意人才的扶持力度明显高于我国。鉴于此，财税政策法规不仅要关注经济效果，还应将文化创新、创意人员数量等具有社会效益的指标考虑进来②。特别要从政策层面加大对创新活动、创意人才、文化领军人才的扶持力度——推行所得税减免优惠政策、设置文化类奖励、提供资金资助等，鼓励文化创新，培育一批文化领军人才，形成良性循环的文化创新生态。实际上，加大政府对公共文化服务的财税扶持，既是保障公民文化权益实现的基础，也是确立一国文化发展特色，激励、推动

① 陈玉凤，黄先蓉：《韩国数字出版法律制度的现状与趋势》，《出版科学》，2013年第1期。

② Collins A, Snowball J. Transformation, job creation and subsidies to creative industries: the case of South Africa's film and television sector[J]. International Journal of Cultural Policy, 2015, 21(1): 41—59.

文化持续发展的重要手段。① 近些年，对于公共文化发展的法制建设日趋完善，如《中华人民共和国文物保护法》（2007 修订）、《中华人民共和国非物质文化遗产法》（2011）以及 2017 年 3 月实施的《中华人民共和国公共文化服务保障法》等，为保障公共文化投入与建设提供法律依据。下一阶段需以开放的思维与“大文化概念”扶持与发展公共文化，积极与文化产业发展融合，达到活化公共文化、丰富文化产品供给、提升公共文化服务效能的目的。

其次，探索更有效率和长远效益的文化税收优惠政策，增强公共文化可持续发展的活力。采用税收优惠方式扶持公共文化发展是欧美各国通用的做法。纵观我国近些年对文化发展落实的税收优惠政策，多聚焦在文化企业、文化产业园区/示范基地等，忽略了文化建设的核心是人才，税收减免政策中对创意人才的忽视不利于公共文化生态的形成。从欧美国家的实践来看，爱尔兰《艺术家所得税豁免法》规定，艺术家在文学作品、音乐作曲、绘画、雕塑等领域的文化所得年收入不超过 25 万磅的艺术家免征所得税，年收入超 25 万磅的其超过部分按正常税率减半征收；②英国对作词家、作曲家、剧作家等创作周期长、收入水平低的特殊文化从业人员，建议采用税收分配到几年内进行纳税；加拿大也对作者、艺术家、制片人、音乐人、演员及其他创意人才实施税收减免政策，例如魁北克省，所得不超过 2 万加元的艺术家，其 1.5 万加元部分所得免于征税，收入超 2 万加元的部分减半征税，减免最高额度为 3 万加元。③ 我国文化税收优惠政策设计也应以开放的

---

① Losson, P. The creation of a Ministry of Culture: towards the definition and implementation of a comprehensive cultural policy in Peru[J]. International Journal of Cultural Policy, 2013,19(1):20—39.

② 郭玉军、李华成：《欧美文化产业税收优惠法律制度 及其对我国的启示》，《武汉大学学报》2012 年第 1 期。

③ M.Auburn, Utilizing Tax Incentives to Cultivate Cultural Industries and Spur Arts-Related Development[EB/OL].http://www.docin.com/p-305194001.html.

思维，既要针对文化项目实施税收减免政策，还要对文化创意人才实施所得税优惠政策，这是我国建立科学、完善的文化税收优惠政策体系应该思考的方向。

再次，鼓励文化社会组织与多元社会资本进入公共文化建设领域，培育公共文化生态。文化社会组织参与公共文化建设的实践在我国各大城市已经取得良好的运营效果，其成功经验的进一步推广将成为公共文化社会化发展的范本；而文化志愿服务在城市公共文化建设中开始扎根发芽，有才艺、有知识、有能力与有意愿的文化志愿者正以积极奉献、互助的志愿精神投入到公共文化建设中——2016 年 7 月，我国颁布了《文化志愿服务管理办法》，鼓励与引导着文化志愿者与文化志愿组织参与公共文化建设，推动其向着常态化、规范化与制度化轨道发展，文化公益生态正在悄然形成。此外，从欧美各国扶持公共文化建设的经验来看，确保公共文化发展资金来源的多元化是关键所在。一直以来，我国公共文化建设过度依赖政府，扶持资金会受到政府预算、国家战略、文化政策、实施效果等多种因素的影响，公共文化服务效率与服务效果有待提升。因此，鼓励与吸引多元化的社会资本进入公共文化领域是下一个阶段的文化法制创新重点。一方面，政府文化部门与私营企业可以签署合作伙伴协议，通过成立基金理事会的方式为公共文化建设提供多元化的资金来源；另一方面，通过税收优惠、捐赠免税等政策设计，鼓励与吸引来自非营利组织、商业机构以及私人投资者的文化资助；此外，优化文化社会组织与其他社会组织参与文化设施运营与公共文化服务供给的多元发展模式，真正形成公共文化与相关行业协同发展、互促共建的新格局。

美国公共文化服务建设的经验与启示

吴鹏宏*

为贯彻落实党的十八届三中全会关于构建现代公共文化服务体系的指示精神，促进我国文化事业进一步繁荣发展，2014 年 10 月 12 日至 10 月 31 日，文化部公共文化司举办第二期全国公共文化服务体系建设与管理赴美培训班，旨在学习美国公共文化服务体系建设与管理方式，结合我国实际，探索公共文化服务体系建设发展的新机制和新模式。

此次培训班由中央文化管理干部学院段周武副院长带队，成员有文化部公共文化司、文化部信息中心、文干院以及北京、上海、四川、山东、宁夏、湖北、云南、贵州省文化厅(局)公共文化处相关负责人和省直属公共文化机构负责人，总计 13 人。在 21 天的培训工作中，培训班成员历经旧金山、华盛顿、纽约三大城市，共聆听 4 场讲座，召开 8 次有美方公共文化机构负责人参加的座谈会，实地考察了 13 个美国公共文化服务机构(如图书馆、美术馆、博物馆、文化中心等)，查阅文字材料 2 万多字，掌握了大量第一手资料，圆满完成培训任务。

纽约作为世界级城市，一直是上海在发展建设中的国际对标城

---

* 吴鹏宏，上海市群众艺术馆馆长、上海市非物质文化遗产保护中心主任，中国文化馆协会常务理事，文化馆发展研究院学术委员会委员，上海市群文协会会长。

市，通过此次赴美培训，参观纽约大都会博物馆、公共图书馆、百老汇等文化设施，感受纽约城市文化氛围的现状，为进一步探索营造上海城市文化氛围的建设发展新机制、新模式提供借鉴。现将有关培训考察体会报告如下。

一、美国公共文化服务体系建设与管理的主要特点

通过培训学习，发现美国在公共文化服务体系建设与管理方面，主要有以下五个方面的特点。

一是政府进行间接扶持。美国公共文化管理体系采用的是“去中央化”的管理模式，即没有一个专门的行政部门对文化进行直接管理，而是形成了一套自上而下，从政府到社会对文化进行间接管理的工作体系。美国政府对公共文化不是“办”，也谈不上“管”，主要是引导扶持，可以说是间接管理，即通过出台激励、扶持政策，引导企业、非营利组织和个人资助公共文化的发展。

美国政府共有四级扶持公共文化的机制。首先，在国家级方面最高决策机构是总统艺术与人文委员会，负责研究艺术和人文方面的政策问题。委员会会员包括联邦政府机构的 12 位负责人和 33 名由总统任命的民间代表。其次是联邦文化赞助机构（国家艺术和人文基金会）和文化服务机构（史密森学会、国会图书馆、国家美术馆等），在各州、郡、市也设有文化艺术委员会或基金会。例如，国家艺术和人文基金会于 2012 年共投入公共文化扶持资金 1.46 亿美元，2013 年也投入了 1.6 亿美元左右的资金。这一数额非常小，主要是起到引导的作用。获得该资金的项目和组织由于大大提高了其可靠性和知名度，因此非常容易取得社会的认同和其他资金的扶持。同时联邦规定：国家艺术和人文基金每向一个文化组织拨款一美元，该组织需从政府以外的渠道争取 7 至 8 倍的配套资金或捐款，政府才可落实拨款。通过这一

方式，政府的间接管理得到了有效的发挥。

二是行业协会自律管理。美国政府的文化机构与公共文化艺术领域的各种行业协会保持着密切的联系，并通过帮助行业协会制定自律公约来对它们进行管理和制约。这些协会如图书馆协会、广播业者协会、电影协会等多数都制定了行为准则之类的自律条约，一方面约束行业从业人员的行为，另一方面也维护从业人员的权益。此外，协会还代表本行业对国会和联邦政府进行游说，在立法、政策的制定方面施加影响，对本行业提供知识产权保护服务，以及推广新技术的应用等，对美国公共文化事业的发展发挥了非常重要的作用。

三是社会投入成为主要渠道。美国联邦政府通过对税收的减免政策，鼓励和促进公共文化事业的发展。联邦税收法案规定，对非营利的美国文化艺术团体和机构免征所得税；凡赞助非营利文化艺术团体和机构的公司、企业和个人，其赞助款可免缴所得税，以鼓励社会力量支持美国公共文化事业的发展。在这些政策的激励下，美国社会各界对于公共文化的投入赞助成为公共文化事业的主要资金来源。2013 年，联邦对于公共文化的投入约为 1.6 亿美元，而私人基金会对于公共文化的赞助经费为 36 亿美元，其中福特基金会每年捐赠 8 000 万美元；大企业和公司每年投入公共文化的赞助约为 15.6 亿美元，几乎是联邦投入的 10 倍；而个人赞助公共文化资金每年达到 100 亿美元，占到总投入的 75%。在政策措施的激励下，社会各界的投入成为美国公共文化经费的主要来源。

四是理事会制度广泛建立。在公共文化机构推行组建理事会，是美国公共文化机构管理权与所有权相分离的一种管理理念的体现。这一制度可以追溯至 19 世纪中叶美国波士顿公共图书馆的建立以及理事会制度的确立。理事会是各个博物馆、图书馆、美术馆的最高决策机构，每年召开 2 至 3 次会议，主要决定馆长和管理人员的人选、资金来源和分配、重大活动和重要项目的实施等。例如，美国旧金山亚洲艺术博物馆的理事会由 27 人组成，理事会成员筹集到的资金成为博物馆最为重要的经费来源，重要的理事每年可为该馆筹集到 100 万美元以上的资金。理事会内部分设审计、人力、活动等专门委员会，对有关事项进行决策决定。理事会制度在美国公共文化服务机构广泛建立，为这些机构运转的科学化、规范化提供了非常可靠的保证。

五是志愿服务蔚然成风。在美国公共文化机构中，志愿者服务是一股非常重要的力量。目前，美国每年有 130 万人次参与公共文化志愿服务，共计服务 650 万工时，相当于投入 16 亿美元，部分博物馆的志愿者与职员的比例达到 4∶1。志愿服务成为升学、就业等重大人生事项的参考因素，如美国的高中生在毕业前必须完成 50—80 小时的社区志愿服务才能顺利升学。各个公共文化机构对于志愿者的素质要求相当严格，例如，美国旧金山亚洲艺术博物馆对于志愿者的培训长达 3 年，必须经过严格的考试方可进行志愿者服务工作；美国国会图书馆对于志愿者也要进行 5 周以上的培训。肯尼迪艺术中心共有 500 多名志愿者，在管理方面很有特色，例如此次为我们做介绍、导览的志愿者是一名 70 多岁的老太太，曾是一名联邦政府雇员，爱好艺术，退休后作为志愿者每周在中心服务 2 天，服务内容包括咨询中心接待、导游讲解以及各种行政管理与辅助工作。

综上，美国政府对于公共文化的引导和扶持成效是明显的，其行业管理、社会参与、法律扶持等方面的举措有效促进了公共文化的发展。另一方面，美国公共文化的发展也存在一些较为明显的问题，比如受联邦预算的影响，政府投入不够固定和充分；公共文化产品受市场驱动明显，技术运用过分，娱乐化色彩过于强烈而艺术性不足；在大众性、流行性、创新性、娱乐性的背后，文化产品的拜金主义、享乐主义、颓废主义以及暴力和色情等消极因素浓厚等。

二、纽约城市文化氛围营造特点

（一）非营利组织对纽约城市文化管理方面具有重要影响力

非营利组织在美国文化管理方面有着相当重要的地位，有别于政府部门和企业，是作为社会公益组织从事公共文化服务的，在经济上独立核算、自主经营、自负盈亏。它的资金来源大体可分为四部分：财政补贴，包括来自各级政府的拨款和项目经费；社会捐赠，包括个人捐赠、企业、基金会及国际组织提供的资助；服务收费，包括会员缴费、服务取酬；经营性收入，包括经营收入、投资收入、产品销售收入等。

纽约市承担文化工作的政府部门是文化事业局，其余都是依靠艺术协会开展文化工作，如纽约州艺术协会、曼哈顿艺术协会、布鲁克林艺术协会、皇后区艺术协会等。上述艺术协会行使着推动纽约市各地区文化艺术项目运作，以及提升与社区联系的职责。纽约的许多公共基金会曾隶属于政府，现已完全独立运作。例如，纽约市文化基金会的年度预算中，来自政府的经费支持只占12%，由此可见，纽约城市文化工作经历了由政府统管到完全市场化的一个过程。

纽约市政府在推动文化艺术项目上，主要是提供政策许可和资金支持。艺术机构为能从政府或者行业协会获得经费支持，需要提出申请来证明被资助项目的价值。政府基金会将挑选适合的项目进行资助，但政府不会协助组织宣传或销售门票，仅仅提供推广项目的机会，最后成功与否完全取决于艺术机构自身的营销成果。如果该艺术机构随意使用资助经费或推广项目不成功，今后将很难再获得政府资助。

（二）公共文化服务项目享受税收减免和优惠政策

据了解，美国主要通过税收减免和优惠的方式鼓励企业、非营利性组织和个人参与公共文化服务。美国《联邦税收法》规定,对非营利的文化艺术团体和机构以及公共电视台、广播电台等免征所得税,并对以促进文化、教育、科学、宗教、慈善事业发展为目的的非营利社会团体和机构免征赋税。凡赞助非营利文化艺术团体和机构的公司、企业和个人,其赞助款可免缴所得税,以此鼓励社会力量支持美国文化艺术事业的发展。此外,该法还规定非营利文化艺术团体可享受政府资助,接受公司和个人捐款。非营利文艺团体的宗旨是为社会公益事业服务,但其运作必须走市场化道路。

以纽约为例,全市的公共文化项目主要由当地艺术机构在运营管理,政府负责将公园、广场、楼宇等场地提供给艺术机构开展活动。例如,纽约市有个较出名的艺术机构叫纽约城市公园娱乐机构(City of New York Park and Recreation),负责定期在公园举办各类公共展览。艺术机构通过申请不同的基金(包括国家、个人、企业;联邦,州、市),演出筹足经费后方可在上述场地演出。

(三) 文化志愿者服务规模化

如前文所述,在美国公共文化机构中,志愿者服务成为非常重要的力量。目前,美国每年有 130 万人次参与公共文化志愿服务,共计服务 650 万工时,相当于投入 16 亿美元,部分博物馆的志愿者与职员的比例达到 4∶1。此次考察的如纽约大都会博物馆、公共图书馆等文化场所均有大批志愿者的参与,各个公共文化机构对于志愿者的素质要求相当严格,必须经过严格的考试方可进行志愿者服务工作。据了解,近一半的美国人曾参与过各类志愿者活动。志愿服务成为升学、就业等重大人生事项的参考因素。就大学生志愿者来说,美国每 10 个大学生里就有 3 个从事过志愿者服务工作。为此,美国自豪地宣称自己为“志愿者的国度”。文化志愿者服务呈现出规模化的发展趋势。

（四）具有独特的校园文化

校园文化与商业文化、市民文化的交融，是纽约城市文化的一个显著特点。纽约拥有纽约大学、纽约城市大学、哥伦比亚大学和大量的社区学院。上述大学的开放式校园文化，吸引着周边居民和大量游客，并与邻近的百老汇、大都会博物馆，以及分散在大街小巷的艺术画廊等，共同产生着极大的文化效应。这些场所提供的文化活动和展品，也以各种形式与教学研究结合在一起。

三、学习启示

（一）现代化管理是建设现代公共文化服务体系的前提

美国公共文化建设与管理在理念上是共同担责，即政府、社会和文化机构共同负责；在经费上是多元投入，即机构自筹是基础，社会赞助是重点，政府投入是引导；在运行模式上是董事会制度，即人员安排、资金筹措、重要活动、重大事项由董事会决定；在生存机制上是参与市场竞争，即公共文化机构与文化产业一样要接受市场的考验与选择，优胜劣汰。这一系列现代化的管理理念和举措，对于我们构筑现代公共文化服务体系大有裨益。

（二）以人为本是现代公共文化服务体系建设的根本宗旨

通过此次培训考察，笔者最大的感受就是：在公共文化服务硬件方面，我们国家经济发达的省、市、地区已基本达到甚至在某些地方超过美国，但是在服务软件建设上还有一定的差距，美国公共文化服务机构在以人为本，促进公共文化服务均等化方面有不少值得借鉴的地方。

例如，美国加州圣何塞市（San jose city）、费尔法克斯市（Fairfax city）两家公共图书馆让人感到不只是“图书收藏借阅的场所”，而是发挥了整个社区服务中心的作用。图书馆除了日常工作外，还具有邮寄业务、发放和指导填报税表、法律指导、就业培训、健康咨询、新来移民英语培训、疫苗注射、采集血样，以及作为总统选举时的演讲中心等诸多方面的功能。此外，美国公共文化机构特别关注残障、低收入和低教育水平的弱势群体，已经敞开大门、成为不少流浪汉的栖息之所。再如肯尼迪艺术中心的千禧舞台（Millennium stage），每天18：00起向公众开放1小时的免费演出，受到了公众的热烈欢迎。这些以人为本的举措，使得公共文化服务资源的社会效益得到了最大程度的发挥。

（三）公共参与是现代公共文化服务体系建设的重要条件

美国的公共文化服务，绝大多数都要依靠社会各界的共建。经费支持主要来自企业和个人赞助；活动的策划、开展和审核依靠有关社会机构进行；为公共服务的工作相当一部分依靠志愿服务来完成；社区公共文化活动和项目由群众自发提出、社会机构运作、群众自行测评结果等。这些把公众作为公共文化服务主角的做法，值得我国在打造现代公共文化服务均等化方面借鉴。

（四）因地制宜是现代公共文化服务体系建设的有效途径

美国的公共文化服务公众非常注重因地制宜、一地一策。比如公共文化活动的开展，在多种族杂居的地区，以各地特色艺术活动为主，在年轻人为主的地区，以前卫文化艺术活动为主。例如，此次考察的加州圣何塞市（San jose city）图书馆，采用市立公共图书馆与高校图书馆联合营运的模式，让圣何塞州立大学的学生与圣何塞市市民们共同使用资源，图书馆一边面向市民服务，一边面向学校为学生服务。在藏书方面，教学用书与公共图书馆综合性藏书相互兼顾。在运行管理方面，市立图书馆和大学图书馆经费和人员考核都不合并。在功能设置方面，市立图书馆和大学图书馆各有分区，但也存在交叉的地方，最大限度的整合资源，综合利用，成效显著。

四、可供上海公共文化服务体系借鉴的经验

对照培训考察中感受到的纽约城市文化氛围，结合上海公共文化工作的实际情况，为推进构建现代公共文化服务体系，进一步营造上海城市文化氛围，拟提出以下七方面建议：

（一）进一步深化文化体制改革，特别是公共文化单位内部改革

文化行政部门要彻底由“办文化”向“管文化”转变，强化宏观管理能力，一些日常公共文化服务项目如队伍培训、活动组织、文艺创作、评奖选拔等工作，要彻底交给公共文化机构或有关社会组织进行，这样既提高了公共文化微观运行的效能，又提高了政府宏观治理的能力。公共文化机构要建立标准化的绩效考核体系，克服目前政府有多少投入、公共文化机构做多少工作的“懒政”局面，切实提高公共文化服务机构开展公共文化服务的能力和水平。

（二）积极探索有中国特色的公共文化机构理事会制度建设

推行和建立理事会制度，无疑可以进一步推动公众和社会力量参与到公共文化机构的各项决策和建设中，从而强化这些机构的公共性，增加管理的公开透明度，促进其公共职能的深度实现。当前，在国有公共文化服务机构负责人实行上级行政部门任命制、经费主要依靠财政投入的实际情况下，要因地制宜，积极探索，强化建立理事会对于这些机构工作章程、标准等顶层设计的作用，有步骤地逐步扩大其职能作用。同时，在民办公共文化服务机构尝试建立理事会管理制度也将是一条有效途径。

(三) 进一步完善和落实上海公共文化税收减免和优惠政策

我国已经出台相关鼓励社会力量参与公共文化服务的税收优惠和减免政策,建议进一步完善实施细则和配套政策,加强落实,支持各类文化基金会和文化投资公司参与公共文化服务,支持民办公益性文化机构的发展,促进公共文化服务方式的多元化、社会化。

(四) 扶持和鼓励非营利组织的发展,促进公共文化服务主体多元化

上海应当结合实际,制定和完善关于非营利公共文化服务组织的法规和政策,明确非营利组织在公共文化服务中的功能定位,建立服务标准和评价体系,积极扶持文化基金会、行业协会,引导更多的投资主体参与公共文化服务。在政府的主导下,完善非营利公共文化服务组织的社会监管体系,尤其应加强财务监督,建立第三方审计制度。

(五) 大力发展文化志愿者服务,充实文化人才队伍

上海文化志愿服务具有广泛的群众基础和独特优势,如上海图书馆、中华艺术宫、上海博物馆等各公共文化场馆已纷纷组建志愿服务组织、招募文化志愿者、开展形式多样的文化志愿服务,在推动本市公共文化服务体系建设等方面发挥了积极作用。下一步,建议加强制度保障,加快出台文化志愿服务的政策文件,完善文化志愿者的招募、培训、激励和退出等各项管理机制,同时还要加强舆论宣传,培养群众参与文化志愿服务的意识,进一步扩大文化志愿服务的社会影响力。

(六) 推动校园文化与市民文化的融合

上海的校园文化丰富多彩,北有杨浦区的高校圈,西有闵行、松江、奉贤的大学城等等,形式多样的校园文化会对整个上海城市文化氛围的发展产生重要影响,这将是提升上海文化品味和市民文化素养

的一个重要因素。建议在推进开展文化进校园的工作基础上，设法让学校对市民开放更多校内讲座和校园活动，让校园文化辐射出去，从而促进校园文化与市民文化的融合发展。

（七）积极打造公共文化群众需求和评价平台

按照党的十八届三中全会精神和公共文化服务以人为本的宗旨，文化部门积极与有关第三方密切合作，对目前已经建成的一些数字文化平台可以进行完善提高，建立起群众对于公共文化服务的需求、评价和反馈机制，文化部门可以适时了解广大群众对于公共文化的需求、对于目前公共文化政策、项目和活动的反馈评价，做到有的放矢地开展公共文化工作，提高公共文化服务效能。

德国城市发展规划中的“社会文化”政策

周睿睿*

“社会文化”理念自提出至今还没有半个世纪的时间，但已成为德国文化政策的纲领性原则。“社会文化”在20世纪70年代末被首次提出，在那个时代，这一概念有着打破僵局，积极寻求变革的时代意义。但在时代意义外，该理念在与时俱进，从概念和实践上都一直在对新的现象和挑战作出回应。因此可以说，“社会文化”到今天为止依然是德国文化政策的指导性理念，而且一直没有过时。

该理念一经提出就激发了很多讨论。讨论焦点从非主流文化到动漫，从去中心主义到审查自由，以至于“社会文化”一度变成一个包罗万象，什么都能往里装的筐。从现今的视角看来，曾经有关“社会文化”的讨论固然过于缺少边界，过于理想主义，但在该概念被提出的1970年代末，正是这种“缺失边界”和“理想主义”的精神打破了原有关于“文化”迷思的桎梏，把“文化”从一小群精英团体的享乐活动扩充到“为所有人”和“从所有人”的社会性表达。

回顾总结，“社会文化”核心的几个方面也成为大浪退去后其留给德国社会最重要的政治和文化遗产：

---

* 周睿睿，德国汉堡大学社会与经济学院讲师。

一是对传统的“文化维护”的背离。“文化维护”的核心是将文化视为纯粹展现“美”的艺术行为，与此同时，大众作为文化的接收者在文化行为中处于完全被动的位置。固然，对传统文化艺术的审美在德国战后重建中发挥了帮助人们迅速找回自信，在迷茫时期建立信念的重要作用，它们也一直是维系一个民族的自尊心和一个国家的认同感最重要的纽带之一。“社会文化”并不主张抛弃传统的文化艺术，而是强调以更加主动的姿态和更加具有发展性的眼光看待文化艺术。

二是赋予文化一定的政治功能，期待文化履行民主化，互动性以及对社会现象进行批评和反思的作用。在此过程中，20 世纪 70 年代的“非主流文化”起到很大的调动作用，而它们成为了今天“亚文化”的前身。

三是强调文化的沟通功能而非展示功能。以文化作为手段进行社会工作，参与城市发展为文化和社会政策拓宽了操作空间。

四是文化发展的重心由自上而下变为自下而上，与内容和形式上更多民主化相伴的是责任的分摊。

五是拓宽文化的定义，将不同的表达形式囊括其中。

一、“社会文化”的两个维度

在发展过程中，社会文化的操作逐渐集中到了原则和地点这两个维度，最后将文化生活的中心点放在了城市。因为城市聚集了大量人口，是人们所生活的环境，同时也有基础设施能够支撑文化活动。德国城市议会在其中起到了非常关键的作用。德国城市议会是不同城市组成的联盟，自 20 世纪 70 年代以来，通过在每个城市派驻文化负责人的方式，建立起以城市为依托的去中心化文化政策结构。

第一个维度是文化的社会性原则。也就是容许甚至鼓励各地方文化机构找到符合自身条件的管理以及表达方式，从而一方面通过文化表达来反映社会的多元性,另一方面也使具有不同阶层,地域和民族特性的人获得表述和宣泄的途径。

第二个维度是开放新的文化活动地点,使每个城市乃至每个区都拥有符合自身特性的文化活动机构。

事实上,文化的社会性原则必须要通过文化地点的去中心化方得以体现。在这样一个打破旧平衡,建立新秩序的过程中,不可避免地出现了混乱的状况。与推倒一切重来相比,更现实的做法是:在旧的机构外建立新的机构,同时也允许旧机构的存在,对那些已有的,"过时"的机构则加以改造。

以纽伦堡市为例。纽伦堡与慕尼黑和柏林这样拥有全国闻名的大型公共文化机构的大都市不一样,纽伦堡市无论是在财力还是在现有文化资源上原本都并不出众。

二十世纪六七十年代成立了以博物馆教育及改造为主的艺术教育中心,纽伦堡市政厅及位于纽伦堡的日耳曼民族博物馆对位于纽伦堡地区的一系列博物馆和展览馆进行指导。但旧有的博物馆格局由于感受到威胁,依然对更有民主风格的"社会文化"采取抵制态度。因此,后来的尝试是一面放手让歌剧院依旧延续其"巴洛克艺术风格",一面又另辟新地,用以发展文化中心和其他文化商品店,以一开始就容纳更多文化艺术风格的后者来倒逼前者对新的艺术形式和题材开放。这其中以KOMM命名的社会文化中心是很好的例子。KOMM是德语"交流中心"的简写,位于纽伦堡市中心,占地3 500平方米。几十家社会性组织入驻此地,这其中以手工业,艺术和社会话题组织为主,也有餐饮业。正式运营KOMM的是KOMM协会,因此KOMM内部采用的是自治模式,但受纽伦堡市政管理。入驻此地的社会性组织负责人每月互通消息两次,以达到沟通的作用,方便不同品类的组织之间产生碰撞和融合。

二、“社会文化”的方法论

体现在具体执行上，社会文化的方法论就是“文化为所有人”和“文化从所有人”。

(一)“文化为所有人”

“文化为所有人”的提出者是赫尔曼·格拉瑟，他曾任法兰克福文化部门负责人和歌德学院院长。“文化为所有人”的宣传语以非常形象且贴近大众的方式表达了社会文化兼容并包的追求，它的核心论点就是把具体个人作为文化生活和文化政策的落脚点，以“文化公民权”作比喻，保障文化生活的参与度。但在几十年后回顾，如果细究其具体达到的效果，则颇有值得玩味之处。

“文化为所有人”自提出开始，文化机构就获得了大幅度的扩充，这的确为普通人提供了更加广泛，门槛更低的文化生活参与方式，而不断上涨的参与人数也极好地回馈了这些扩充的文化机构。同时也不能忘了，常常参与文化生活的人却依然只占到了总人口的10%左右。这些人口依然来自于较小的圈子，在社会学意义上，这些圈子被总结为SINUS：持有自由主义倾向的知识分子、本身就要从事艺术或自身业务与艺术领域有交集的人、对外希望把自身塑造成文化爱好者的人、本身对新鲜事物抱有好奇感和探索欲动人以及经济状况处于上层的人。所有这些人都属于上层中产阶级甚至更高阶层，且崇尚自我实现，自我解放，多元主义和探索欲在其价值观中占较重比重。换句话说，距离实现真正的“文化为所有人”还有很长的路要走。

与此同时，社会和文化的“剪刀差”也在加剧。尤其是在不同人群所能获取的选择的“剪刀差”在加剧。在社会中处于“非主流”位置的人，既很难参与欣赏文化活动，又很难自发作出一些文化表达。如果一个人所受教育程度既不高，又在经济上收入较低，那么此人在文化生活里处于弱势就是必然的了。如果一个人在他长大的过程中从来没有被教会欣赏文化,或者从不被鼓励进行自发的文化表达,那么他在长大后即使参与文化活动,或者被硬拉入文化场所,也会感到无所适从。

有鉴于此,"社会文化"也面临质疑:"文化为所有人"中的"所有人"是不是依然只是受过较好教育的人群,"社会文化"是不是依然也只是这些人群所偏好的那部分文化。按照上文的统计结果,即使所有票都顺利卖出,也依然只有10%左右的公民会欣赏到它们。但笔者认为,"社会文化"面临的质疑目前并不能从本质上动摇它的理论基础,因为这些问题更是不甚理想的社会现实,而非理念上的重大缺陷。

由此可见,文化教育和文化参与一如既往是实现文化普及和文化民主化至关重要的环节。"社会文化"经过几十年的扩张,在德国境内,前者的重点目前在于青少年,后者的重点目前在于大城市里的欠发达城区以及中小型城市。不少城市推出了文化普及推广项目和真对中小学生的"文化书包",其中绝大多数是社会团体合作的。

比如,纽伦堡的青少年儿童音乐教育项目"MUBIKIN"就由纽伦堡市政厅,纽伦堡音乐高等学院和其他两家基金会共同推出。2015年以来,不少城市也推出了"文化票"。埃森的文化票是埃森话剧院,埃森爱乐乐团和杜伊斯堡—埃森大学合作的,纽伦堡的文化票由纽伦堡市民基金会,纽伦堡市社会与文化部门和纽伦堡话剧院等几家部门联合推出。具体的操作是:如果某场文化活动有剩余票,则剩余票就作为"文化票",由专门的办事处通知在当地基金会或办事机构注册的居民,如有该居民意愿到场参加,则免费发送文化票。有的城市只发送个人,有的城市发送给家庭,这样全家一起参加文化活动,有助于为青少年的成长提高家庭文化氛围。

(二)"文化从所有人"

在"文化为所有人"之后被提出的是"文化从所有人",它有两点主旨：一是鼓励广泛的文化表达，打破小圈子的壁垒；二是赋予文化机构更多在过程和结果中的决议权。

诚然，在“社会文化”被提出之前，普通市民也早已通过历史协会，读书沙龙，教堂唱诗班，艺术赞助等方式获得文化表达及文化创作的机会。但“文化从所有人”本身要提倡的更是一种有别于这种传统模式，从底层而起的做法。因此，在开始阶段有意地避过了那些传统社会机构。但是，人们在千禧年前后发现，这样的做法把很多传统民间机构或者如教堂这样的社会机构的现成平台给浪费掉了。因此人们改换了方法，通过以公共资助及民间社团资助文化商店深耕社区及城市社会部门联络不同市区的方式，终于打通了较为传统和更为潮流的不同类型机构合作的路线。

经过几十年探索，这样的合作渐已成型。很多是市民自发组织的，也有些是市区赞助的，这也就符合了“文化从所有人”的初衷。在这个过程中新成立了不少文化机构，其中有的最后走上了专业化发展的道路，有的依然以公益性质继续存续。

专业化发展的典型代表是纽伦堡市的“桥节”，该活动在纽伦堡市内的“特奥多尔—豪斯桥”周围举行，故而得名。桥节的出发点是当地居民无法仅仅满足于纽伦堡市政官方举办的文化活动，且全德国有影响力的乐队在纽伦堡过于难得一见。因此初步的构想就是“在音乐圈外”组织，既不囿于固有模式，又不过度迎合潮流，而是满足组织者——也就是纽伦堡当地人的口味。桥节活动采用“双舞台”的模式。一个舞台采用露天形式，以流行音乐吸引年轻人，另一个舞台采用半封闭式，以小众文化艺术吸引更具有专业品味的人。两个舞台在内容和形式上均有所区分也互为补充。桥节的经济来源则主要有两部分：一部分是私人捐赠，一部分是租赁摊位以售卖食品或商品所得的租金。2001 年开始举办的时候只有 500 人参加，2017 年参加者人数达到 2 万以上。桥节是一个通过“文化从所有人”实现“文化为所有人”

的很好的案例。

三、“社会文化”中的多方合作

最先采纳“社会文化”实践的是青年运动,新的文化教育机构,地方以及社区史活动。在这之后才并入了以各地方文化为特征的流行文化。

如话剧院,歌剧院,交响音乐厅和博物馆等在传统社会中被认为是“大型”和“经典”的公立文化机构,则由于并不愿降低准入门槛,在开始阶段被视为落后。同样的还有歌舞剧院,民俗文化和各式各样的文化协会,因为其提供的内容过于缺少反思精神,也被认为是“不够进步”的。在以往生活中扮演一定教育角色的进修学校以及图书馆也是后来才慢慢融入“社会文化”的浪潮中。

由此可见,“社会文化”的推行并非一帆风顺。即使是在其概念中心的市区也是如此。中小学,教堂,社会机构和文化培训机构都因为理念的不同以及资源的不愿给予遭遇了很大阻力。作为“社会文化”开始阶段盟友之一的青年文化运动也很快与其分道扬镳。即使是在其发源地纽伦堡,“社会文化”在一开始也很难打破艺术形式与艺术形式,机构与机构间的藩篱。

这样的情况在千禧年即将到来之时才有了较大改观、这是几十年来不懈努力的结果。纽伦堡成立了“大场地文化工作组”,以把不同的文化机构及个人,不同的文化形式整合到同一个场地或活动的方式促进彼此间的磨合。此外,纽伦堡市自 20 世纪 70 年代开始规定“年度文化话题”,1971 年的第一届话题“丢勒”就给全德国起到了一个榜样作用。纽伦堡通过这样的方式联合起千千万万个小的文化机构,使它们一起为“年度文化话题”这样的大事件努力,从而使文化事件成为了自己的一张名片。

这个过程带来的另一个后果是培养了无数大大小小的合作伙伴。调查显示,1974 至 2019 年间,纽伦堡提供文化类服务的机构翻了四番,其属性也多种多样,从商业盈利性质到公共慈善性质。很多原本小规模的慈善民间组织经由几十年的锻炼成长为当地重要的文化事业承办方,比如儿童剧院和“历史为所有人”。一些“小地点”成了社区文化中心。而上文提到的孵化器 KOMM 也发展迅猛。二十几年间的发展已使纽伦堡当地的民间文化网络基本成型,该网络囊括了各个层面,各种艺术种类以及各种运营模式。尽管进入 2010 年后,纽伦堡市对文化事业的扶持力度减弱了,但文化事业依然能不受影响地继续保持繁荣的状态,就得益于已经可以自主运行的文化网络。

四、经验回顾

经过几十年的发展和摸索,“社会文化”在提高公民素质,丰富文化生活,增强认同感,减轻国家负担等方面取得了巨大进步。但也并非全无争议。以下几点可以算作推广过程中的经验:

(一) 结构

首先从结构上来说:以“社会文化”为内容核心的德国当代文化政策把公民的“参与权”放在中心位置,并以“文化公民权”为口号与德国宪法中的国家义务产生呼应。具体到实践上来,在公共文化政策这一块,其实践的权重以市,联邦州和联邦层面的顺序依次增加。一切由财政收入支持的公共文化机构和文化项目首先由地方决定其拨款的去向和细节,遵循的是自下而上的分配原则。

这样做的原因固然和德国的社会结构和消费习惯密不可分:文化产品及文化活动的消费者主要来源于受过良好教育的中产阶级,而他们本人就或多或少拥有经济，文化和社会方面的资源。自下而上的原则有利于调动城市中产阶级的积极性，毕竟，比起遥不可及的“国家”来说，人们更了解眼前日日可见，与自身生活息息相关的城市和社区，也更愿意为此投入。对民间公共文化组织的一系列税收上的优惠也使这些投入更有说服力。城市中产阶级的投入因此减轻了税收的压力。

（二）整合和沟通

通过强调公共文化行为里的整合和沟通的方式，使布尔迪厄提出的文化资本和社会资本得到整合。整合通过两种行为来完成：其一是整合具有同一特质的人以及群体。该特质既可以是内容上的，也可以是形式上的。比如具有相同背景的移民群体，或者同样重视经济效应的文化服务机构。其二是在同一地点整合不同的艺术种类以及艺术表达，发掘其共通之处。前一种更适用于人口同质化较高的小城镇，而后一种更适用于人口成分较为复杂的大城市。

理论上来说，整合的过程暗含了两个步骤。首先，文化活动本身就有增强认同的作用。无论是接收方还是出产方，都有其特定的路径依赖——接收方会倾向于去消费和接收那些符合自己口味的文化作品，出产方会倾向于去以延续自身创作风格的方式继续出产文化作品。双方都会在和自己价值观及兴趣取向相近的群体里，以自己感到舒服的方式继续消费和产出文化作品。因此特定的文化路径依赖可以把人团结成人群，起到加强地方认同感的作用。接下来，在生活方式日益多元化的现代都市里，作为“生活共同体”的城市的生活质量也受到不同文化偏好和不同表达方式间的人群的沟通质量的影响，并很大程度上决定于不同人群间相互的理解和认同的质量。用纽伦堡市长的话来总结，就是以“团结的城市社会”为目标，以“对话中的城市生活”为途径。在同一地点，通过“年度文化话题”等项目整合不同的艺术种类以及艺术表达这种“社会文化”的活动方式就为沟通和认同提供了场所。

（三）市场

尽管文化政策的原则是保证文化活动尽量少受市场干预，但从“社会文化”工作中却催生了一批中小型文化企业。尽管它们都在尽力争取受众，但同时它们也发扬了“社会文化”的精神，即以地方为出发点，囊括尽可能广泛的文化形式。这类中小型文化企业的发展路径恰好与最开始打着叛逆旗帜的非主流文化相反：后者在初始阶段拒绝成为“国家的奴隶”，但很快会为了稳定的地方财政预算支持而互相之间大打出手。

过去几十年以来，影响了德国宏观文化事业的因素有很多：全球化，互联网以及人口结构变化等等。但笔者认为，最不可忽视的背景是更加宽容的社会风气，教育的大幅度推广以及社会的整体小康。这使得“文化公民”作为一个稳定的人群出现，他们可以自在地选择从高雅到流行不同的文化种类，并且在口味上比较兼容。一个“文化公民”的面貌大概是这样的：从事设计行业，最常去的文化场所是书店，常常阅读小说，喜欢收看综艺节目，爱参加当地一年一度的文化活动，平时自己闲暇参与的文化活动有造型艺术和文学沙龙等。如上所述，在一个个体身上，多种消费习惯和社会行为是并行不悖的。

受此影响，文化行为出现了越来越明显的原子化倾向，社会行为则越来越具有文化倾向。前者使得地方和地区取代国家成为城市文化政策的概念中心和实际运作场所。后者使得对文化行业的消费成为加强城市地方认同和促进经济发展的顶梁柱。

在“市场”观念的主导下，不可避免地会出现关于文化节日的讨论。文化节日可以成为一座城市的名片，也能为当地通过“附加盈利”

的方式带来不少收入。同时，上文所提到的“文化公民”中的绝大多数也乐见其发生。但它在艺术界却遭到不少“将文化艺术出卖给市场”的批评。

（四）经历型社会和大事件

随着旅游业的兴起和工业社会的固化，大型活动的形式和数量都在增加。仅纽伦堡当地就有不同的博物馆之夜，戏剧之夜，文化之夜，城市节以及露天活动。这类大型活动的主办方常常是市文化机构，并且由于其公共性质常常免费。比如，在博物馆之夜，市民可以在特定的时间段内（一般是某一天晚上到夜间）免票参观所有的博物馆，在戏剧之夜，市民也同样可以以此方式在不同的剧院观看话剧、舞剧，歌剧等等。而城市节则是集当地历史和民俗特色于一体的持续多日的活动，演出者既有专业人士也有受过短暂培训的普通民众，市民可以既当观看者，又当表演者。

城市居民对“大事件”的看法也很两极：绝大部分人对“大事件”的看法是正面的，认为它在给乏味的日常生活增色之余也能加强当地人的认同感，同时具有一定的文化艺术教育作用，即使电视和网络已经相当普及，但这些“大事件”带来的现场感还是线上活动望尘莫及的。但是少数人，尤其是文化从业者和艺术家，则认为这是文化艺术媚俗的一种体现。这些文化从业者和艺术家原本希望的是通过展会和艺术年会这样的“大事件”促进同行者的交流，但“大事件”的平民取向却不得不使他们迁就普通人的口味。

“社会文化”是当今德国文化政策的核心理念。这番表述可以说明“社会文化”理念在德国文化政策的纲领和实践中的重要性：“（文化政策）首先是教育政策，其核心是公民的个人发展及公民的社会，交往和审美方面可能性的变革及这些需求的满足……其中心是社会文化”。本文回顾了“社会文化”的发展历程，讨论了在其中出现的主要经验，认为现在的“社会文化”的平衡张力张力存在于四角关系中：文化—城市发展—社会—可持续性。“社会文化”为提高公民素质，构建城市生活圈和认同感，增强公民的文化参与，提高自主性，促进文化生活多样化发展提供了一种思路。

英国公共文化发展及对中国的启示

赵　云[*]

一、英国公共文化发展的基本状况

正所谓逆水行舟，不进则退。在社会积极变革发展的时代，英国如何保持其文化实力？2016 年，波特兰软实力文化单项排名中，英国居第二位，仅次于美国，同年中国居第九位。2018 年，美、英在这一领域依然保持排名不变，中国则上升一位，日本从 2016 年的第十位上升至第六位，势头迅猛。

2016 年英国 DCMS（英国数字化、文化、媒体和体育部）发布的《英国文化白皮书》（以下简称《白皮书》），作为英国政府对文化发展的指导性文件，提供了对英国公共文化政策进行深入理解的依据。时任英国首相的卡梅隆在《前言》中表示，公共文化应当是能够吸引包容全部大众，并能够对每一个人平等开放的。该届政府国务大臣埃德·维济也表示，该文件的作用乃是为了激发想象，鼓励上进，并希望通过艺术和文化传承的方式，与其他国家增进交流，为世界各国的艺术人才提供机遇并营造更加融洽的国际环境。

---

* 赵云，美国加州大学戴维斯分校发展心理学学士，英国邓迪大学国际市场学（城市品牌及数字管理方向）硕士。研究领域为城市品牌、数学管理。

2016年版《白皮书》表达了四个主要信息。其一，文化提供的机遇应该对于任何个体都是平等的；其二，文化财富应当造福全国人民；其三，应通过展现文化实力提升国家的国际声望；其四，保持对文化的持续投资，坚持建设以及合理重组。《白皮书》还将文化的价值分为三个部分。其一，内在价值，即美和文化自身；其二，社会价值，即教育价值和对人民健康（不论生理或心理）的提升；其三，经济价值，即帮助经济发展并提供工作机会。

在《白皮书》中我们可以看到，英国政府对文化进行了大量的投入，其中既包括对文化项目的直接政府补贴，其接受者为英格兰艺术委员会、英格兰遗产委员会，通过委员会负责对特定文化项目进行审核，并发放补贴；还有国家彩票的部分收入，或为英格兰艺术委员会注资，或转化为文化遗产博彩基金，从而为公共文化事业提供资金来源。英国政府还对一些企划进行直接注资，如邓迪维多利亚和阿尔伯特博物馆等项目。

以英国艺术委员会为例，该委员会支出项目包括艺术组织或个人，博物馆以及图书馆。除此之外还设立艺术委员会发展基金，用于提升艺术委员会的多样性、覆盖性，提升管理效能，增加社会人士进入艺术领域的渠道。委员会资助项目中，除了传统艺术形式之外，还对个人艺术家和艺术项目进行投资。资助的流程大体包括申请者先进行问卷调查，然后递交申请材料进行审核，审核批准后就可以获得政府补贴。欧洲一些国家如冰岛、芬兰等也有类似的项目资助。这些欧洲发达国家在近代艺术界、文化界取得的优势地位并非偶然。大批高质量人才在利用公共文化资源证明自身价值的同时，也加入了公共文化建设，如捐赠展品给艺术博物馆等，形成了英国文化欣欣向荣的局面。

根据相关统计数字，2014年，英国通过博物馆、画廊、图书馆和艺术领域带来直接利益54亿英镑，占英国当年经济总量的0.3%，相较

2010 年增长 59%。而由此引申的旅游收入则达到 260 亿英镑，占 GDP 的 2%。不得不提的是，英国的 GREAT 企划作为国家品牌的宣传，2012—2015 三年间共花费 1.135 亿英镑，极大地增加了英国公共文化在世界各地的影响力。英国作为文化出口大国，与我国也有着非常密切的合作。如上海每年都会引进多场英国的重量级演出，以及歌剧、话剧的在线直播，使得以莎士比亚为代表的英国戏剧文化在我国部分地区获得相当大的认同。

在英国，文化遗产教育已经深入人心。英国各类文化机构除了在校内外开设不同的文化教育课程之外，还通过社区活动加强青少年对于公共文化的参与度。设置相关的学习评级制度（科目包括设计、音乐、戏剧、音乐、体育、科技等），使参与到公共文化建设的青少年得到足够的学习机会和保障。在保障文化权益方面，英国政府规定，学生不论肤色或家庭收入，均享有等同的机会，使得更多的人愿意参与到文化领域当中。不过，由于低收入家庭在公共文化中的参与度连年降低，英国政府在相关领域正在努力探索，通过改善公共文化供给结构来使更多的人参与进来。

英国对文化在国家内部的传播非常重视。在《白皮书》中，政府倡议全体公民共同参与到公共文化中，共享公共财产的益处。《白皮书》中提到 2017 年英国文化城市的评选，该评选预计将为获选城市带来价值约为 6 000 万英镑的收益。英国政府还同医学方面的专家合作，研究公共文化如何为边缘人群（如阿尔茨海默病患者、自闭症患者等）带来更加积极的影响，加大公共文化在各族群中的接受度和参与度。除了政府之外，英国的文化委员会和文化基金、博物馆，图书馆联盟和国家艺术机构及委员会等核心组织都参与文化建设，增加项目的专业性并降低对口的难度。

在地区性发展方面，英国政府将权利下放，以中央资源资助地方政府，根据自身情况进行相应发展。英国的地方性参与合作者不仅包括当地政府，还包括旅游界和文化界的民间参与者、当地的学校、卫生管理部门以及当地志愿者组织，从多个角度获取信息进行合作，从而能够更好的贴合当地人民的需求。

在英国，历史建筑也属于公共文化的范畴。这些历史建筑都由英国政府设立的遗产经营委员会拨款，进行自给自足的治理。同时每年遗产委员会从国家彩票遗产基金中抽取 2 500 万英镑作为拨款，进行后续的资助和新建筑的保护。英国的博物馆中拥有大量的文化瑰宝。根据英国国家博物馆数据，馆藏品国际长期出借 993 件，其中我国占 293 件；国际短期出借共 7 969 件，其中我国占 1 088 件。英国国家博物馆还主动推出展品的巡回展览，以及通过文物研究性共享等措施，协同其他博物馆组织提高对文化的理解程度，通过广泛的合作提升公共文化交流的深度，提高公共文化工作者的素质。

根据 2019 年 10 月官方的数据，预计今年接受英国官方资助的博物馆参访人数将超过 5 000 万人，增长率约为 5.5%。其中伦敦的大英博物馆、泰特现代艺术馆、自然历史博物馆和伦敦维多利亚和阿尔伯特博物馆占据领先地位。根据官方统计，非伦敦地区博物馆参访人数也有了显著提升，其中年轻人和外国人占比增加。这些数据表明青少年对公共文化产生了明显的兴趣，更体现了英国公共文化在国际上的影响力。

但英国并未就此满足，新的公共文化政策已经出炉。2019 年 10 月 12 日，英国政府正式宣布将启动一项共 2.5 亿英镑的文化发展基金，通过推动地区公共文化发展、资助年轻的文化从业者等方式，加强人们对公共文化的认识，从而让更多国民参与到公共文化的发展中去。以对约克郡的国家铁路博物馆改建的企划为例，该项目将对博物馆基础设施进行修缮，对珍贵的展品、建筑等进行维护，从而保障它们的完全性，英国政府希望通过对这座博物馆的改善，提供更多高质量的工作岗位，建设新的住宿区，从而在投资公共文化的同时，实现对地方经济的推动作用。

在信息时代，英国与时俱进，在公共文化领域不断加强数字化、信息化管理。大英图书馆对馆藏的部分古籍进行了分类和数字化输入，使得对特定主题（如中世纪历史、宗教、诗歌等）有兴趣的人士能够通过在线阅读古籍获取必要的知识。大英图书馆还在推动英国所有图书馆的在线合并，使得所有图书馆在网络空间实现一体化，优化书籍转移的渠道，使读者能够更加便捷的寻找并获取所需的图书。英国博物馆对大量的展品进行了扫描和数码输入；许多博物馆采用了数字资产管理系统，对数字化的文化资源进行有序管理，避免其丢失，并满足异地游客的预览需求。英国国家画廊对各种展品进行在线共享，利用现有的社交网络平台推送相关的数字资产，一方面达到宣传的作用，另一方面利用在线音频来对特定展品的创作背景和意境进行解析，使公众可以在云端享受到公共文化和艺术教育的福利，对艺术品获得更加立体的理解。英国一些文化机构还对市场化的文化资源如歌剧、话剧、交响乐等进行对国内外的在线直播，实现了文化资源最广泛的共享，同时还将其输入云端进行永久保存。

二、英国公共文化政策对中国的启示

中国与英国在国情方面有很大的差异，在文化政策上直接生搬硬套并非最优之选，但可以取其精华，对我国相关文化政策的制定将有重要的参考价值。

中国目前虽然已经成为世界第二大经济体，却依然还在扶贫攻坚的道路上奋斗。有限的公共文化投入如何能够做到政策高效，落实到位，切实符合人民群众的需求，是现阶段公共文化建设的当务之急。我国在公共文化的投入方面，博物馆和图书馆依然处于相对弱势地位，对这些文化机构加大投入势在必行，而如何因地制宜，合理分配资源,是提高投入效率的关键,在当今数字化的年代,如何将科技发展所造就的机遇转化为发展的动力,亦是重要的课题。

通过对《英国文化白皮书》的解读,我们不难发现,英国文化政策有三个重要原则,第一,尊重公众平等的文化权益;第二,积极促进公共文化与文化产业协同发展;第三,充分利用现代科技手段推动文化的传播与共享。这三个方面,对于中国未来公共文化建设具有重要的借鉴意义。

2017 年 3 月 1 日,《中华人民共和国公共文化服务保障法》正式开始实施,为维护人民群众的基本文化权益提供了法律保障,表明中国政府在保障公众平等文化权益方面,正在与世界接轨。

英国的文化政策并没有对公共文化和文化产业作出"一刀切"式的划分,而是更加注重文化的公益性与市场价值的互动。反观我国,对于公共文化的公益性存在理解上的误区,甚至有些地区认为只要属于公共文化范畴,就应该"免费",造成文化设施的建设和运营成本很高,难以实现可持续发展。英国文化政策的基本思路,是在"社会—经济"的棋盘上布局文化,即通过新建和改建基础公共文化设施,在提升公众文化素养的同时,创造更多的就业机会,带动地方经济的发展。这对于我国未来公共文化建设提供了一个新的视角。

另外,我们需要意识到,这是一个数字的时代。如今手机已经成为每个人手中的必需品,微信、微博等软件占据了许多人的碎片时间。发掘数字资产,并对数字工具进行更加有效的利用是与时俱进的选择。数字资产,顾名思义,就是数字化的资产,它包含了图片,视频,音频,数字化文本,以及使用者的数字化信息等等。通过对数字资产的在线投放和管理,可以拓宽公众对公共文化设施进行访问的渠道。将来,通过在线巡游、即时 VR 访问,AR 辅助等方式,可以进一步缩短时间和空间的距离,使公共文化服务更加便利。

英国在推动整个博物馆、图书馆系统一体化方面值得我国学习。

英国通过推广统一标准的数字化资产的输入,使得对于馆藏的管理和转移更高效。鉴于数字资产的重要性,可以通过对 DAMs(数字资产管理系统,即 Digital Asset Management system)的互联互通来实行更有效的数字化管理。

DAMs 的基本原理是通过元数据(Metadata)结合分类学(Taxonomy)和指定词表(Controlled vocabulary)进行数字资产的分类,从而使得数据储存更有序、数据获取更高效。它的主要功能包括:

(1) 通过结合元数据的资产输入进行数字资产管理;

(2) 提供搜索功能从而更高效地查找所需数字资产;

(3) 能使用各种方式过滤、去除错误/重复信息;

(4) 能够透过算法、滤镜等工具对数字资产进行格式转化(Format conversion)和内容变形(Content morph),可参照视频格式转换器及手机照相滤镜功能;

(5) 在时间推移后持续累积数字资产,并能结合用户需要进行必要的新旧组合;

(6) 同一资产的同期多处使用;

(7) 过往资产其他用途再运用;

(8) 可以结合其他插件(Add-on)如用户关系管理系统(Customer Relationship Management system, CRMs)和数字版权管理系统(Digital Rights Management system, DRMs),来执行不同的工作职能。

DAMs 属于一个相对较新,但具有较强功能性的系统。根据数据所在的定位,可以将它分为本地型(On-site)、云端型(Cloud-based)以及混合型(Hybrid)三种类型。DAMs 现在的主要供应商包括 Adobe、Aprimo、Bynder 和 Cloudinary 等,其中有很多集中在美国硅谷地区。而使用该系统的群体包括个人(艺术家、导演等)、企业(任天堂,索尼等)以及博物馆(伦敦维多利亚和阿尔伯特博物馆、卢浮宫等)。

我们以伦敦维多利亚和阿尔伯特博物馆为例，说明 DAMs 的使用。该馆数字交互管理 Andrew Lewis 在解释该馆对 DAMs 的使用时提到，通过 DAM 系统管理，能够长期留存高质量的数字资产并在网站不同区域进行应用，同时可以对社交媒体进行格式化推送，从而提升效率并避免错误。例如，同样一个展品的图片，可能同时在好几个地方使用（地图定位、展品解析、展品列表等），通过 DAMs，官方网站在多处使用的同一张图片可以使用同一个副本，使得该展品的形象保持一致，也方便用户对该展品进行查找，避免检索时产生谬误。

尽管 DAMs 有诸多功能可以协助用户进行数字资产的管理、变更和使用，根据 DAM 业内专家顾问 Theresa Regli 所提出的 DAM 能力模型，DAMs 的成功运用需要有以下几点：

（1）考虑好是否需要数字资产管理系统；

（2）选择合适的数字资产管理系统（即功能，着重点，地区—是否会产生传输延迟）；

（3）足够的资金；

（4）考虑如何进行系统的添加；

（5）对用户组进行合理的培训；

（6）管理层对该项目十足的，长期的支持；

（7）整个项目组的积极参与；

（8）不对 DAMs 的功能进行过度解读。

DAMs 在博物馆信息管理中正在发挥非常重要的作用。建立相互连通的 DAMs 有助于公共文化领域内的互通互助，并通过多渠道进行数字资产的推送连接，使得对公共文化的推广更加高效，同时可以利用 CRM 系统等插件对于在线资产的使用情况进行汇总，进而优化整体公共文化策略，提高用户的使用效率，更可以不断改进在线文化体验，使得更多人能够便捷的获取公共文化资源。

建立统一的 DAMs 之后，通过云端连接还可以与世界各地的合作伙伴进行资源共享和交换,通过统一的控制词汇和分类学规则,减少资产转移后因为格式不同而造成的转换更新延迟,使得大众获取公共文化资讯的准确度和效率大幅提升。对于相同类型的数字资产,通过DAMs分类后可进行筛选,有助于更加便利地选择优质资产进行在线投放。

这一方面的应用我们亦可以借鉴其他成功案例。如日本京都地区除了京都官方网站之外,还有京都各大区的单独网站,如"茶之京都""海之京都"等,此外还在网站底端链接其他相关网站,如日本旅游,日本婚纱照等等。通过DAMs的互通互联,不但使得文化品牌的形象保持一致,且能够达到资源共享1+1>2的效果。

DAMs如果能够实现高度互联,还可以对公共文化资源进行再分配。宏观的来访数据作为数字资产的一部分,也可以在网站进行投放,从而使得大众对某一公共文化场所的当前和预计使用率有所了解,并根据这些使用数据选择同类但使用率较低的另一场所。我国的公共文化设施,在拥有相似资源的情况下,往往使用率差别很大,有些人满为患,有些则门可罗雀,造成了文化资源分配不均的现象。通过DAMs和社交网络中对文化资源的连接推送,可以进行公共文化资源的分流,使得群众文化体验大幅提升的同时,也保障了文化资源的合理利用。

DAMs的存在,可以有效保留社会各界在享受公共文化服务过程中留下的包括视频,音频,图片或是文字等使用印记。通过DAMs,可以回顾查看这些数字形式的服务信息,不仅丰富了已有的文化资产库,同时也可以避免因为时间流逝而造成高质量资产的流失。对于已有的数字化或非数字化文化资产,亦可以通过DAMs将其在云端和本地进行多重备份,从而保障该资产的安全。

我们还可以利用插件的形式,使博物馆的数字资产应用与图书馆的数字馆藏进行联动。在博物馆、图书馆实现数字化的前提下,我们可以利用模糊和相关搜索功能，在使用者终端进行附加资讯的推送。如在实体展馆扫描某展品的二维码，或在 VR 访问时接触某一展品之后，就可以连接图书馆数据库，查找书籍中展品相关的知识以及其文化背景，从而为公众提供更好的文化体验。通过此举可以使享受公共文化服务的公众提升自身的知识储备，加强对文化的理解，同时公众也会有更高的热情为公共文化资源进行宣传，带动更多的群众投入公共文化的建设和服务中去，进而在资讯的传播当中，让更多人通过自身的经历表达对文化的理解和认同。

最后，在公共文化建设的过程中，除了考虑到我国自身的文化特色与人民文化需求之外，在有条件的情况下亦需要考虑到如何结合品牌战略，助力地区、省市、乃至国家提升品牌形象。英国的公共文化建设承担了为英国国家品牌营造良好环境的重任。英国的公共文化建设不单单是提供了些许公共文化项目中的工作岗位，更是带动了国家旅游业、教育业和消费品行业的发展，提升了整个地区的国民素质和文化水平，使外资营商在本地区有更多的人才选择，将整个地区品牌上升到新的高度，由此推动经济的发展，再带来新的机遇和更多的投资，并结成新的合作同盟，进而通过文化的力量形成了一个经济社会发展的良性循环。英国的文化政策除了维持国家在文化上的积极形象之外，还吸引了更多海外人士，通过各种渠道免费为英国做宣传，从而提升了整个国家在世界范围内的影响力。我国在文化的对外宣传和推广方面还有很大的提升空间。作为一个幅员辽阔，历史悠久，文化丰富的国家，如果能够不断提高公共文化投入水平和管理水平，将会对整个国家软实力的提升带来质的飞跃。

参考文献

[1]《中华人民共和国公共文化服务保障法》2016 年 12 月 25 日第十二届全国人民代表大会常务委员会第二十五次会议通过。

[2]《关于加快构建现代公共文化服务体系的意见》2015 年 1 月 14 日中共中央办公厅、国务院办公厅发布。

[3] British Government (2019) *Record breaking year for museums and galleries in England*. Available at: https://www.gov.uk/government/news/record-breaking-year-for-museums-and-galleries-in-england (Accessed on: 2nd November 2019).

[4] British Government (2019) *Museum Partnership Report: Understanding the national museums' partnership activities in* 2017 *to* 2018. Available at: https://www.gov.uk/government/publications/museum-partnership-report-understanding-the-national-museums-partnership-activities-in-2017-to-2018 (Accessed on: 1st November 2019).

[5] British Government (2019) *New £ 250 million Culture Investment Fund launched*. Available at: https://www.gov.uk/government/news/new-250-million-culture-investment-fund-launched (Accessed on: 1st November 2019).

[6] British Library (2019) *British Library to investigate possibility of a 'single digital presence' for UK public libraries*. Available at: https://www.bl.uk/press-releases/2017/august/single-digital-presence-announcement/ (Accessed on: 5th November 2019).

[7] Collections Trust (2014) *Andrew Lewis: Digital Asset Management, what is it and why do it?* Available at: https://collectionstrust.org.uk/resource/what-is-digital-asset-management-why-should-you-do-it/ (Accessed on: 5th November 2019).

[8] DCMS (2016) The culture White paper. Available at: https://assets.publishing.service.gov.uk/government/uploads/system/uploads/attachment_data/file/510798/DCMS_The_Culture_White_Paper__3_.pdf/ (Accessed on: 1st November 2019).

[9] Regli, T. (2016) *Digital and Marketing Asset Management: The Real Story about DAM Technology and Practices*. New York, Rosenfield Media.

[10] USC Center of Public Diplomacy (2019) *The soft power 30 by Portland*. Available at: https://softpower30.com/? country_years = 2016%2C2019 & sort_by = culture (Accessed on: 1st November 2019).

[11] VisitBritain (2019), *Britain's image overseas*. Available at: https://www.visitbritain.org/britain% E2% 80% 99s-image-overseas (Accessed on: 1st November 2019).